국가와 감염병

국가와 감염병: 역병^{疫病}에서 질병 X^{Disease X}까지

초판 1쇄 인쇄 2023년 5월 25일
초판 1쇄 발행 2023년 6월 8일

—

지은이 이현주 김재형 김현선 김 호 박흥식 신규환 안명옥 앤 G. 카마이클 이남희 최은경·이종구
펴낸이 이방원

책임편집 안효희   **책임디자인** 박혜옥

마케팅 최성수·김 준   **경영지원** 이병은

—

펴낸곳 세창출판사
    신고번호 제1990-000013호 **주소** 03736 서울특별시 서대문구 경기대로 58 경기빌딩 602호
    전화 02-723-8660 **팩스** 02-720-4579 **이메일** edit@sechangpub.co.kr **홈페이지** http://www.sechangpub.co.kr
    블로그 blog.naver.com/scpc1992 **페이스북** fb.me/Sechangofficial **인스타그램** @sechang_official

—

ISBN 979-11-6684-196-5 93900

이 저서는 2020년 대한민국 교육부와 한국연구재단의 지원을 받아 수행된 연구임(NRF-2020S1A5C2A02092567).

이 화
의료사
총서 3

국가와 감염병

: 역병疫病에서 질병 X Disease X까지

이현주 김재형 김현선 김 호 박홍식
신규환 안명옥 앤 G. 카마이클 이남희
최은경 · 이종구 지음

세창출판사

머리말

역사적으로 다양한 감염병의 유행은 인류의 존속을 위협해 왔다. 감염재생산지수*와 치명률이 높은 질병은 짧은 시간 내에 대규모 인구 집단을 감염시키고, 많은 생명을 앗아간다. 감염병이 크게 유행한 사회는 대규모 인명 피해를 비롯해 정치, 경제, 사회, 도덕 및 심리적 측면에서 다양한 혼란을 경험하게 된다. 예로부터 대체로 역병疫病**의 시대에 국가의 통치력은 시험대에 올랐으며, 그 존속이 위협받기도 했다. 2019년부터 시작된 COVID-19의 시대는 초유의 글로벌 감염병 확산에 대한 국가의 바람직한 대응 및 역할이 무엇인지에 대해 많은 논의를 불러일으켰다.

일찍이 2018년 2월 세계보건기구WHO: World Health Organization는 세계가 주목해야 하는 질병 리스트를 발표하면서 '질병 X Disease X'라는 항목을 추가했는데, 이는 미래에 인류에게 위협이 될 수 있는 미지의 질병을 일컫는 용어이다. 이를 발표한 이듬해 말에 첫 발병 케이스가 보고된 COVID-19도 이에 해당한다고 하겠다. 2020년 1월 30일 WHO는 이 질병에 대해 '국제공중보건위기상황(Public Health Emergency of International Concern, PHEIC)***'을 선포했는데, 2020년 3월, COVID-19는 전 세계 최소 114개국으로 확산되

---

* 한 명의 감염자가 다른 몇 명의 사람을 감염시키는가를 수치화한 지표.
** 대체로 급성으로 전신 증상을 동반해 집단적으로 발생하는 감염병을 뜻하는 한자 표현.
*** 국제적 질병 확산으로 인해 타 국가에 공중보건 위기가 초래될 가능성이 있거나, 국제사회의 공동 대응이 필요할 수 있는 위기 상황을 의미하는 용어.

었고, 3월 11일, WHO는 이 질병에 대해 감염병 최고 경고 등급인 '팬데믹pandemic'을 선언했다. 지난 3년간 COVID-19로 인해 6,869,692명(2023년 5월 5일 기준)의 소중한 생명이 사라졌다. 언제 발생할지 모르는 신종감염병 발생의 위험과 국경과 대륙을 넘는 감염병의 대규모 확산 가능성은 발달된 의과학 기술과 보건 시스템, 그리고 통치 체계를 갖추고 있다고 자신하는 21세기 국가에서도 여전히 풀기 어려운 난제로 남아 있다.

이화여자대학교의 이화사학연구소는 2020년 여름 한국연구재단의 인문사회연구소 지원사업에 선정되어 같은 해 9월부터 '질병과 국가'라는 주제로 연구를 해 오고 있다. '질병과 국가' 연구사업팀은 고대부터 현대까지 동·서양에서 국가 또는 그에 준하는 공동체의 질병 대응 및 관리에 대한 연구를 위해 각종 세미나, 강연, 학술대회 등의 프로그램을 운영하고 있으며, 2021년 봄부터 '이화의료사총서'를 통해 그 연구 결과를 더 많은 연구자 및 대중들과 공유해 오고 있다. 그 첫 결실로 2021년 4월에는 개인의 일상생활에서 국가의 보건 정책까지 다양한 층위에서 치료와 건강, 의약지식과 질병통제의 경험과 실제를 사회적·문화적 관점에서 고찰한 『질병 관리의 사회문화사: 일상생활에서 국가정책까지』가 출간되었다. 2022년 4월에 출판된 『국가의 질병관리 역사: 질병 통제에서 보건 의료까지』는 1차년도 연구의 성과물로 동·서양의 역사에서 각 국가가 구성원의 질병을 예방·치료·관리·통제한 의도, 목적, 방법 등에 대한 고민 그리고 그 실천의 내용을 담았다. COVID-19 팬데믹이 한창이었던 2차년도 동안에 이화사학연구소의 '질병과 국가' 사업팀은 국가의 감염병 유행 통제와 관리에 초점을 맞춘 연구를 진행했고, 다양한 학술프로그램을 운영하는 것과 더불어 2021년 11월에는 '감염병과 국가대응: 역병疫病에서 메르스MERS까지'라는 주제로 추계학술대회를 개최했다.

『국가와 감염병: 역병^{疫病}에서 질병 X^{Disease X}까지』(이하 『국가와 감염병』) 는 '감염병과 국가대응' 학술대회에서 발표된 연구와 국내외 감염병 관련 연구자들의 글을 모아 구성한 '이화의료사총서'의 세 번째 책이다. 본 총 서에서는 중세 시대부터 현대까지 페스트, 콜레라, 말라리아, 두창, 한센 병, 중증급성호흡기증후군^{SARS: Severe Acute Respiratory Syndrome}, 중동호흡기증후군 ^{MERS: Middle East Respiratory Syndrome}, COVID-19, 그리고 기타 감염병 유행에 대항 한 국가의 질병 통제의 역사를 살펴본다. 다양한 동·서양의 시공간 속에 서 역사적 경험을 되돌아보며, 본 총서에서는 국가의 감염병 통제 전략 의 발달, 대응 전략의 성공과 한계, 그리고 미래의 국가들에 남겨진 문제 점을 진단한다. 이를 통해 이 책이 앞으로 있을 또 다른 질병 X의 위기에 대응하기 위한 더 나은 미래의 국가상을 구상하는 데 필요한 밑거름을 제공할 수 있기를 희망한다.

총 10개의 장이 수록된 『국가와 감염병』은 '국가와 감염병 대응 전 략의 진화,' '국가 감염병 통제의 이상과 현실,' '국경 없는 감염병과 국가' 라는 세 개의 부로 구성되어 있다.

우선, 제1부인 '국가와 감염병 대응 전략의 진화'에서는 초기 근대부 터 현대까지 국가가 고안한 몇몇 감염병 통제 전략을 각각 페스트, 콜레 라, 말라리아에 관련된 역사적 사례를 통해 되짚어 본다. 1장은 현대 국 가에서는 이미 필수적인 제도로 자리 잡은 사망등록이 영국과 이탈리아 의 초기 근대 국가에서 등장하고 제도화되는 과정을 추적한다. 저자는 이 제도가 초기 유럽의 르네상스 국가들이 페스트와 같은 두려운 감염 병 유행에 대응해 국가가 질병 통제에 개입할 법적 권리를 획득하기 위 해 고안한 제도였음을 보여 준다. 2장에서는 현대 국가에서도 일상적으 로 이용되고 있는 감염병 통제 방식인 해항 검역에 대해 역사적으로 고찰한다. 이 장은 일본 제국의 식민지였던 타이완과 조선의 케이스를 중심으로 20세기 초 콜레라 방역에 있어 해항 검역의 활용을 두 지역의 지정학적 상황에 기반해 비교사적으로 분석하고 있는데, 두 지역 모두 식민지 상황에 있었지만 서로 다른 방식으로 콜레라 유행에 대항하여 상이한 결과를 낳은 점이 흥미롭다. 한편, 현재는 곤충 매개체 박멸이 우리가 일상적으로 실천하는 주요 감염병 예방 전략의 하나이지만, 19세기 말에 인류는 말라리아와 황열병 등의 감염병 확산에 있어 모기와 같은 곤충이 매개체 역할을 한다는 것을 처음 알게 되었다. 1부의 마지막 장인 3장은 2차 세계대전기 미국의 말라리아 통제 사례를 중심으로 미국의 말라리아 대응이 모기 박멸에 집중하게 되는 과정과 그 의미를 전시 심리 통제와 관련해 분석한다.

제2부 '국가 감염병 통제의 이상과 현실'에 수록된 네 편의 글은 국가의 감염병 통제 정책을 지역과 중앙 정부, 개인(지식인, 시민, 환자)과 국가의 관계 등 다양한 층위에서 논의하고 있어 감염병 통제를 위한 국가 제도와 실천을 문제적 관점에서 바라볼 수 있게 도와준다. 4장은 산악지역인 양호 지역을 중심으로 지방 소외와 지역 자체 지원 정책의 마련 등 명청시대 중앙 정부의 역병 대응 방식의 제한적 성격을 논한다. 5장은 조선 말기 지식인인 경화사족 홍길주가 자선 의국 '용수원'을 중심으로 구상한 공공의료의 이상향을 재구성해 냈다. 6장은 미국의 두창 예방 백신 케이스를 중심으로 19세기 주state 정부의 백신의무접종법 도입에 대한 시민 사회의 저항과 이에 따른 접종정책의 변화를 다룬다. 7장은 일제 강점기에서 현대까지 완치와 세균 진단에 초점을 맞춘 한센병 환자 통제 정책이 환자의 사회구성원으로서의 권리를 박탈하고 이들에 대한 낙인과 차별을 강화시켜 온 역사를 고찰한다.

지난 3년의 COVID-19 팬데믹을 통해 우리는 감염병의 유행과 관련된 문제들이 일국의 차원에서 논의될 수 있는 사안이 아님을 피부로 느꼈다. 이러한 문제의식을 반영하고 있는 제3부 '국경 없는 감염병과 국가'는 기후와 같은 자연현상과 대규모 감염병 유행의 관련성, 인간과 미생물의 초국적 이동과 신종감염병 발생의 위험에 대비한 국가 내 그리고 국가 간 감염병 유행 통제 방식을 논의한다. 제3부를 여는 8장은 국가의 대응을 직접 논의하고 있지는 않지만, 우리에게 '국경 없는 감염병'의 유행을 이해하는 데 중요한 관점을 환기시키기에 매우 유용하다. 이 장은 기후와 같은 광대한 지역에 걸친 자연현상과 사회경제적 위기, 페스트의 발생과 확산이 연동되어 중세 말 문명적 대전환으로 이어지는 과정을 논증함으로써, 광대한 지역에 걸친 대규모 유행병이 국가라는 프레임만으로는 논의될 수 없는 여러 요인들에 의해 영향을 받는다는 것을 보여 주고 있다. 9장은 2015년 중동호흡기증후군의 유행에 맞선 국립중앙의료원의 대응을 당시 의료원 원장으로 재직했던 저자의 회고를 통해 생생하게 재구성하고 있어, 글로벌 시대 신종감염병 유행에 대한 국가의료기관의 대응의 예를 미시적 관점에서 살펴볼 수 있는 소중한 기회를 제공한다. 마지막으로 10장은 국내외 감염병 관리 체계의 발전을 보다 장기적이고 거시적인 관점에서 조명한다. 이 장은 19세기에서 21세기에 걸친 국제사회의 감염병 대응 체계 발전과 이에 따른 한국의 감염병 관리 체계의 변화, 그리고 최근 코로나 팬데믹이 몰고 온 글로벌 보건 거버넌스의 위기 등을 논의한다.

　　『국가와 감염병』은 독자에 따라 매우 다양한 각도에서 읽힐 수 있을 것이다. 중세에서 현대에 이르는 상이한 시공간을 다루고 있을지라도 이 책에 수록된 글들은 다음과 같은 점에서 우리가 확장된 시각으로 국가의 감염병 통제 방식에 대해 생각해 보는 데 기여하고 있다.

우선 『국가와 감염병』에 수록된 글들은 현대를 살아가는 우리에게 매우 익숙한 사망 조사와 등록, 검역과 격리, 질병 매개체 통제, 예방 접종, 치료기관 등 감염병 통제의 방법들이 사실은 특수한 역사적 맥락 속에서 형성되어 온 역사적 산물임을 일깨워 준다. 이러한 맥락을 구성하는 데에는 감염병 유행의 위험, 의학과 과학 기술의 발달, 공중보건학적 요소들뿐만 아니라 전쟁, 식민통치, 기후와 같은 여러 비의학적 요소들이 함께 영향을 미쳤다. 국가가 감염병 통제를 위해 동원하는 여러 방식들은 한 사회가 공유하는 사회제도, 정치·경제 상황, 생물학적 환경, 그리고 가치관과 문화의 영향 속에서 탄생하고, 변화했으며, 지금도 변화하고 있음을 확인할 수 있다.

또한, 이 책은 국가의 감염병 통제를 위한 다양한 기획이 도전과 저항을 받으며 수용되었음을 보여 준다. 지역 공동체, 의료인, 지식인, 환자, 시민 등 여러 국가 구성원들이 국가 주도 감염병 대응 방식에 대해 비판하고, 관련 국가 정책을 제도적으로 보완하고 수정하는 일에 기여해 왔고, 감염병 통제에 있어 국가의 역할은 역사적으로 재정의되어 왔다. 국가의 역할은 병원체와 감염인 통제를 넘어 사회·경제적 지원과 인적·물적 자원의 배분을 통한 사회 안정 확보, 연구재원 조달과 관련 연구기관 및 제도의 운영, 치료기관 설립과 활용, 연구 및 공공의료 인력 육성을 통한 감염병 대응에 있어 필수적인 장기적 사회 기반 마련, 치안 공백과 국가 안보까지 실로 폭넓게 확장되었다. 더 나아가 공동체 건강 확보를 위해 환자의 인권 및 시민권이 확보되는 장치를 마련하여, 국가의 감염병 통제 정책에 대한 윤리적·법적 정당성을 확보하고, 국가 구성원의 자발적 참여와 협조를 이끌어 내는 것은 과거뿐만 아니라 우리 시대 국가의 중요한 과제로 남아 있다.

한편, 특히 제3부의 글들은 우리가 처한 현실과 미래의 위험에 대한 현명한 대처를 위해 바이러스, 세균, 질병 매개체의 확산과 감염병의 유행을 초국적 관점 및 글로벌 관점에서 바라보고 논의하는 것이 얼마나 중요한지를 환기시킨다. COVID-19 팬데믹은 감염병의 위협이 일국의 차원에서는 해결되기 어려운 초국적 문제라는 점, 이 문제의 해결을 위해 국가 간 협의와 공조가 필수적이라는 점에 대해 큰 공감대를 형성했다. 과거나 지금이나 무역, 이주, 전쟁과 같은 다양한 인간 활동은 인체를 비롯한 생물과 무생물의 이동을 매개로 한 병원체의 이동을 가속화시킨다. 최근 몇 세기 동안의 교통의 혁신적인 발달은 기존에는 닿기 어려웠던 지구촌 곳곳을 더 직접적으로 빠른 시간 내에 연결시키며, 편리와 함께 위험도 증가시켰다. 이 외에도 인공적·자연적 원인에 의한 생물 서식지의 변화와 이동, 기후와 같은 자연계의 변화 또한 신종감염병의 등장과 대규모 유행에 영향을 미치는 중요한 원인이라고 할 수 있다.

국가의 감염병 대응과 통제의 역사를 살펴봄으로써 효율적이고 적절한 감염병에 대한 대응을 위해 국가가 고려해야 하는 부분이 병원체와 감염인 통제의 범위를 훨씬 더 크게 벗어난다는 것, 한 국가에 유용한 방식이 다른 국가에는 그렇지 않을 수도 있다는 것, 따라서 실질적으로 감염병 유행 통제를 위한 국제 공조를 이끌어 내기 위해서는 해결해야 하는 수많은 문제점이 산재해 있다는 것을 명확히 포착할 수 있었다. 이와 같은 접근 방식은 무엇이 더 나은 국가의 감염병 통제 방식인가라는 질문에 대한 답을 찾는 것을 더 어렵고 복잡하게 만들지만, 이에 대한 논의를 더 풍성하고 깊이 있게 만들 것이라 생각한다.

『국가와 감염병』 저자들은 서로 다른 시간과 공간을 배경으로 국가와 감염병이라는 주제에 대해 다양한 각도에서 접근하고 있다. 따라서 각 장의 내용이나 주장은 무엇보다 저자의 의견을 존중해 구성한 것으로 본 총서의 모든 저자가 공유하는 의견이 아님을 밝혀 둔다. 이는 앞서 설명했다시피 본 총서의 목적이 역사적으로 존재해 온 또는 우리가 현재 경험하고 있는 국가와 감염병의 문제에 대한 조속한 해답을 찾기 위함이 아니기 때문이기도 하다. 2023년 5월 5일 WHO가 길었던 COVID-19 '국제공중보건위기상황'을 3년 4개월 만에 해제했지만 국가와 감염병의 관계에 대한 고민은 더 나은 삶과 미래를 위해 앞으로도 계속되어야 한다. 『국가와 감염병』이 우리가 걸어온 역사적 발자취뿐만 아니라 21세기 우리에게 놓여 있는 문제에 대한 더 많은 논쟁과 더 진지한 논의를 불러일으키는 데 기여할 수 있는 책이 되길 희망한다. 마지막으로 이 책의 출판까지 열정과 노고를 아끼지 않으신 모든 분께 감사의 마음을 전하며 부족한 머리말을 이만 마무리하도록 하겠다.

2023년 5월 길었던 COVID-19 팬데믹의 끝자락에서
저자를 대표하여
이현주

국가와 감염병

차 례

1부
국가와 감염병 대응 전략의 진화

역병의 시대 초기 국가 사망등록의 두 가지 예

앤 G. 카마이클
이현주 역

국가는 어떻게, 언제, 왜 민간인의 죽음에 대한 서면 기록을 남기게 되었을까? 이 장에서는 페스트 시대 초기 서구 유럽의 두 국가를 중심으로 이 질문에 대한 답을 찾아본다. 되풀이되는 페스트의 유행은 후기 중세 유럽의 모든 통치 세력의 안전을 심각하게 위협했다. 평범한 사람들의 사망을 등록하는 것은 이에 대한 새로운 통치적 대응으로부터 비롯되었다. 물론, 페스트가 한 지역 내에 거주하는 주민과 이방인들의 정보를 수집하는 유일한 동인이었다고 볼 수는 없지만, 페스트의 유행은 현재 국가가 일상적으로 이용하는 인구등록절차가 발달하는 데 중요한 역할을 했다. 오늘날 사망자 수, 사망원인, 그리고 인구동태통계vital statistics1의 사용은 시민들이 종종 당연시하는 국가의 필수적인 목적에 기여한다. 그

━━ 1 역주: 출생, 결혼, 사망 등 인구에 대한 수량 정보.

러나 다른 한편, 2020년 초부터 계속되어 온 COVID-19 팬데믹으로 사망자 집계에 대한 논쟁이 공론화되는 동시에 소셜 미디어에서는 희생자를 잃은 슬픔을 애도하는 사람들을 위해 사망자의 수보다 사망한 사람들의 이름이 더 중요한 공간이 만들어지기도 했다.

가장 이른 시기에 제작된 것으로 보이는 현존하는 도시의 『사망기록부*Books of the Dead*』[2]는 1380년대 중반에 피렌체에서 발견된 것으로 도시의 무덤을 파는 사람들*gravediggers*을 감시해 갈취와 기타 매장과 관련된 무도함을 저지르지 못하게 하기 위한 것이었다.[3] 1400년대까지 북부와 중부 이탈리아의 몇몇 도시들은 페스트가 번지는 것을 막기 위해 건강한 공동체와 페스트 희생자의 접촉을 분리해, 페스트로 인한 각각의 죽음을 확인하고 등록했다. 덜 도시화된 영국에서는 헨리 8세*King Henry VIII*가 각 교구에서 출생, 결혼, 그리고 사망 정보를 기록하고, 교구를 담당하고 있는 주교에게 그 정보를 보내도록 명령했다. 그 기록부는 결혼이나 출생 기록을 통해 교구에 실제로 살고 있는 사람들에 대한 정보를 제공했기 때문에 법원이 계약 및 재산 교환에 관련된 사람의 신원을 확인하는 데 도움이 되었다. 사망 확인은 주로 유언장이나 유언을 공증하는 것과 같은 다른 법적 목적을 위해 이용되었는데, 돌발적이고 심각한 페스트의 유행은 일상적인 경제 거래 및 법적 처리를 어렵게 만들 수 있었다.

---

2   역주: 책처럼 철이 되거나 이름 붙었지만, 기록부(register)의 형태로 되어 있기 때문에 상기한 바와 같이 번역함.

3   본 저자의 책 *Plague and the Poor in Renaissance Florence*, Cambridge: Cambridge University Press, 1985, pp. 27-58; D. Herlihy & C. Klapisch-Zuber, *Tuscans and their Families, A Study of the Florentine Catasto of 1427*, abridged translation of *Les Toscans et leur familles*, London: Yale University Press, 1985[1978], electronic resource, chapter 9 참고.

1부 국가와 감염병 대응 전략의 진화

제임스 C. 스콧^{J. C. Scott}의 글 중 기억에 남는 구절에서와 같이 "국가처럼 보기" 위해 사람의 이름을 확인하고 그 수를 세고자 하는 노력은 일반적으로는 아직 살아 있는 사람을 대상으로 한다.[4] 오늘날 시민이 국가경제, 자원 그리고 사회생활에 참여하기 위해 (대체로 출생 시에) 국가에 신원을 등록하는 것은 필수적이다. 실로 대부분의 사람이 국가에 등록된 그 어떠한 신원도 없이 살고 죽는, 국가가 볼 수 없는 사람들의 곤경을 이해하기는 어렵다.[5]

역사적 문헌을 통해 국가의 특성과 특징이 다양하게 정의되어 왔지만, 대체로 19세기 이전에는 근대국가가 등장하지 않았다는 것이 보편적으로 받아들여지고 있다.[6] 1700년을 전후로 이탈리아와 영국에서 등장하는 르네상스 국가^{Renaissance states}는 이후 나타나는 국가의 특징을 일부 보이기도 했다. 이들 국가는 일반적으로 재산, 그리고 세금 부과의 대상이 되는 자산으로 사람들의 신원을 파악했으며, 가난한 사람들에게는 국경을 확장하거나 방어하는 일을 하는 군대에 복무하도록 강요했다.[7] 중앙 행정관료제가 만들어지면서 전근대 시대의 국가는 시민을 서로를 구분하고, 각각의 사람들이 국가나 통치자의 우선순위와 관계를 맺는 방식을 확립해 가면서 시민을 "읽어 내기 쉽게^{legible}" 만들었다. 더 나아가 이러

---

4 J. C. Scott, *Seeing Like a State: How Certain Schemes to Improve the Human Condition Have Failed*, London: Yale University Press, 2000[1998].

5 S. Szreter, "The Right of Registration: Development, Identity Registration, and Social Security-A Historical Perspective," *World Development* 35, 2007, pp. 67-86.

6 C. Tilly, "War making and state making as organized crime," *Bringing the State Back In*, Cambridge: Cambridge University Press, 1985, pp. 169-191; "Cities and states in Europe, 1000-1800," *Theory and Society* 18(5), 1989, pp. 563-584.

7 J. Kirshner, "Introduction: the state is 'back in'," *Journal of Modern History* 67, suppl., 1995, pp. S1-S10.

한 근대 국가는 체계적으로 수집된 출생과 사망에 대한 인구학적 층위의 기록을 참고하면서 훨씬 더 광범위한 "인구혁명vital revolution"을 추종했다. 그러한 혁명은 1700년대와 1800년대에 걸쳐 진행되었는데, 역사인구학자historical demographer들은 국가기록관리의 이러한 변화를 통해 "근대 인구증가"(1700년대 후반)라고 부르는 것의 시작과 원인, 그리고 모든 연령대에서 사망률이 크게 감소(1800년대 후반)하는 시점을 파악할 수 있었다.[8] 이와 같은 인구혁명은 전적으로 시민을 다루는 중앙집중식 관료제를 설립하고 운영하는 것을 기초로 진행되는데 이는 감염병에 직면한 이탈리아와 영국의 초기 "국가states"가 취했던 특징적인 행동이었다.

1. COVID-19: 팬데믹으로 인한 의혹과 국가 차원의 사망 데이터

2022년 5월, 세계보건기구WHO: The World Health Organization는 SARS-CoV-2 팬데믹의 첫 2년 동안의 전 세계 사망률 추정치를 발표했다. 통계학자와 역학자들로 구성된 국제적인 팀이 이 추정치를 추산하기 위해 노력했다. 비록 많은 국가가 사망자와 사망원인을 파악할 자원, 인력 그리고 등록에 필요한 기반시설을 갖추고 있지 못했을지라도 이들은 국가 단위의 월별 사망자 수와 COVID-19으로 인한 사망자를 기초 데이터셋data set으로 작업을 했다. 그러나 WHO의 컨설턴트들은 "초과 사망excess mortality"[9]으

---

8   G. C. Alter & A. G. Carmichael, "Classifying the dead: Toward a history of the registration of causes of death," *Journal of the History of Medicine and Allied Sciences* 54, 1999, pp. 114-132.

9   역주: 한 해 예상 평균 사망자 수인 기대 사망을 넘는 초과 사망의 추산은 COVID-19으로

로 분류된 보고되지 않은 900만 건의 죽음이 더 있을 것으로 확신했다. 사용 가능한 기본 데이터에 엄청난 결점이 있다는 것을 인식하게 되면서 이들은 1990년대 이래로 다양한 유엔UN: United Nations 기관이 목소리를 높여 요청했던 체계적인 인구등록 시스템의 확립에 더 많은 투자를 할 것을 촉구했다.[10] 개선은 바람직하지만, 완벽은 불가능하다. 역사적 연구에서 보이는 바와 같이, 정말 이상적인 상황이라 할지라도 개별적인 사망기록으로부터 집계된 숫자는 어떤 죽음이 중요한가를 정하는 데 있어서 중요한 우선순위와 결정, 즉 어떤 사람을 포함시키고 배제할 것인가를 불명확하게 만든다.[11]

한편, 사망원인(들)을 확정하는 것은 글로벌 팬데믹 기간 중 공중보건학적 의사결정에 있어 핵심적 사안이다. 2005년에서 2009년까지 모든 사망의 38%만이 국가 당국에 보고되었고, 그중 대부분은 WHO의 국제질병분류ICD: International Classification of Diseases에 해당하는 사망원인이 없이 보고

— 인한 공식 사망자 집계에 잡히지 않는 COVID-19 사망자 수와 COVID-19이 사회에 미친 영향을 더 실제에 가깝게 이해하는 데 중요하다.

10 벤저민 뮬러(B. Mueller)와 스테파니 놀런(S. Nolen)의 요약 참고. "Death Toll During Pandemic Far Exceeds Totals Reported by Countries, W.H.O. says," *New York Times*, 5 May 2022, updated 6 May 2022. https://www.nytimes.com/2022/05/05/health/covid-global-deaths.html?searchResultPosition=2. 금세기 이전에 세계보건기구(WHO)는 설문조사와 수학적 모델을 기반으로 출생과 사망을 계산했다. 그러나 2000년대 초반 천년발전목표(MDGs: Millennium Development Goals)는 더 나은 데이터 수집을 목표로 했고, 건강 관련 기반시설을 위한 자금은 새로운 목표에 맞추어 수여되고 있다. P. W. Setel et al., "A Scandal of Invisibility: Making Everyone Count by Country Everyone," *Lancet* 370, 3 Nov. 2007, pp. 1569-1577; C. AbouZahr et al., "Civil registration and vital statistics: Progress in the data revolution for counting and accounting," *Lancet* 386, 3 Oct. 2015, pp. 1373-1385.

11 이 분야 연구에 대해서: D. Bouk, K. Ackermann & D. Boyd, "A Primer on Powerful Numbers: Selected Readings in the Social Study of Public Data and Official Numbers," *Data & Society*, 23 Mar. 2022. https://datasociety.net/library/a-primer-on-powerful-numbers-selected-readings-in-the-social-study-of-public-data-and-official-numbers/.

되었다.[12] 가난한 국가에서 국제질병분류의 기준에 따라 사망원인을 파악하는 데 드는 비용은 너무 비쌌고 지금도 비싸다. 상기한 5년의 기간 동안 WHO는 사망등록과 사망원인 파악을 개선하기 위해 '언어부검verbal autopsy'이라고 불리는 질문지questionnaire를 고안해 냈다. '언어부검'은 훈련을 받았지만 비의료인인 사람이 더 큰 공중보건학적 목표를 달성하는 데 기여할 수 있도록, 누락된 증거의 일부를 제공하는 디지털 소프트웨어이다. 마을 단위의 조사원들은 지난 6개월 이내에 가족을 잃은 세대의 세대주를 식별하고 인터뷰한 후 태블릿이나 다른 장비에 답변을 입력했고, 세부정보는 중앙등록소로 전송되었다.[13] 세심하게 수행된 이와 같은 인터뷰는 개인정보를 정부관리에게 제공하길 꺼려 하는 보편적 저항을 줄이면서 생존자들이 사랑하는 사람을 애도하고 추모할 수 있게 해준다.[14]

팬데믹의 위험을 이해하기 위해 사망 데이터를 이용하는 역학자들은 처음에는 과학이 발전한 국가에서 수집된 의학적 증거를 이와 같은 자료를 얻을 수 없는 지역에 대한 대용품으로 이용할 수 있으리라 믿었다. 그러나 SARS-CoV-2 감염은 고령층과 만성질환을 가진 사람들 사이에서 더 치명적이었다. 전반적으로 가난한 국가에는 젊은 인구가 더 많았고, 결과적으로 신종 바이러스에 매우 취약한 사람들의 수가 더 적었다. 그렇다면 이들은 덜 위험했을까?

이들 국가의 사망원인 관련 증거의 대부분이 인력이 잘 갖춰진 도

12 The World Health Organization's summary of the latest International Classification. https://www.who.int/standards/classifications/classification-of-diseases (2022.07.25. 검색).

13 D. de Savigny et al., "Integrating community-based verbal autopsy into civil registration and vital statistics (CRVS): System-level considerations," *Global Health Action* 10, 2017, pp. 1-14.

14 S. Nolen, "Gift from the Grave," *New York Times*, 19 Apr. 2022.

시 소재의 병원에서 수집되었기 때문에 그렇게 보일 수 있었지만, 가난한 국가의 인구 구성과 감염 위험에 대한 가정은 잘못된 것이었다. 잠비아, 루카사의 한 시체안치소에 사체가 보내진 사람들에 대한 연구에서 2020년과 2021년 동안 COVID-19 양성 빈도가 매우 높다는 것이 발견되었는데, 이러한 연구 결과는 중앙아프리카의 가족들이 선진국에서 나타나는 감염률을 피할 수 있었다는 생각을 반박한다.[15] 그러나 부유한 나라에서도 문화적 선택이 COVID-19 감염과 사망률에 중요한 영향을 미친다는 것이 명백해졌다. 예를 들어, 크게 타격을 입은 미국에서 많은 성인이 공기 중 바이러스 병원체의 급속한 전파를 완화할 수 있는 세 가지 기술—적절한 마스크를 일상적으로 착용하는 것, (가능할 때) 백신을 접종받는 것, 그리고 감염 여부 테스트와 사례 추적과 같은 질병통제를 위한 표준적인 현대 역학적 접근을 하는 것— 을 거부했다. 따라서 좋은 데이터를 얻을 수 없는 지역의 감염병 유행의 윤곽을 추론하기 위해 최첨단 인과 증거를 이용하는 것은 매우 어렵고도 복잡한 통계적 분석임이 증명되었다.

또한 불행하게도 미국의 임상의들은 점점 더 소셜 미디어에서 정치화된 난제에 직면했다. 희생자가 COVID "때문에" 사망했는가(즉, 직접적인 바이러스 감염에 의한 사망), 또는 COVID와 "함께" 사망했는가(코로나 테스트에 양성 반응을 보였지만 다른 근본적인 건강상의 문제로 인한 죽음), 아니면 그 사람이 COVID 감염 케이스가 많은 기간에 사망했는가? 역학자들은 이제 "COVID 기간 중 사망" 범주를 분석한다.[16] 과거 유행병 시기에도 필연적

---

15 다음의 요약 참고. F. Kreier, "Morgue data hint at Covid's true toll in Africa," *Nature* 603, 31 Mar. 2022, pp. 778-779.

16 역주: 10번 각주와 해당 문단 참고.

으로 유행하는 질병 때문에 사망하는 게 아니더라도 질병이 유행하는 기간에 사망하는 것이 매우 흔했지만, 이는 우리가 역사적 자료로 분석해 낼 수 있는 특징이 아니다. 팬데믹은 분명히 병원이 과부하 상태에 이르렀을 때, 또는 아마도 두려움으로 인해 환자들이 적시에 필요한 돌봄을 받지 못했기 때문에, NON-COVID 사망률을 정상적인 연간 수준보다 증가시켰다. 동시에 의사들은 종종 많은 COVID 환자들을 복잡한 임상 관리가 필요한 "합병증co-morbidities"의 범주에 일괄 포함했다.[17] 심지어 해부를 할 때에도 병리학자들은 사망진단서에 이와 같은 환자들의 죽음의 주요 원인과 기여 원인을 구분하기 위해 고민할 수 있다.[18]

COVID의 글로벌 경험을 이해하는 것은 전근대 페스트와 전염병을 연구하는 우리에게 큰 도움이 된다. 페스트의 역사에서 대규모 사망의 원인을, 공동체의 의료 및 지원 네트워크를 불안정하게 만든 1차 병원체의 독성 탓으로 돌리는 경향이 압도적이고, 역사가들은 대충 모든 죽음을 "페스트 사망자 수"의 범주로 묶어 버린다. 이와 동시에 우리 현대인은 속담에 있듯이, 나무는 보고 숲은 보지 못하면서 새로운 사망률의 위기를 이해하는 데 사용된 데이터를 너무나 빨리 신뢰해 버리는 듯하다. 그러나 500여 년 동안 일상적인 사망등록에 누구를 포함시킬지를 결정하는 것은 국가사망통계를 내는 데 문젯거리였다. 전염병이 유행하는 시

---

17 합병증의 범주에는 일반적으로 비만, 당뇨, 면역 결핍, 또는 암을 진단받은 환자들이 포함된다.

18 P. Boyle, "How are COVID-19 deaths counted? It's complicated," *American Association of Medical Colleges News*, 18 Feb. 2021. https://www.aamc.org/news-insights/how-are-covid-19-deaths-counted-it-s-complicated (2022.07.25. 검색). 논쟁적이거나 의심스러운 죽음의 원인을 조사하는 것은 법의학적이다. S. Timmermans, *Postmortem: How Medical Examiners Explain Suspicious Deaths*, Chicago: University of Chicago Press, 2007, pp. 1-34.

1부 국가와 감염병 대응 전략의 진화

기에 발생한 개별 죽음의 원인을 추측하는 것은 의학적 그리고 수학적 확신에 기반한 신중한 대응을 요구한다. 의료분석가가 사망원인에 대해 충분한 진단을 내릴 수 있게 하는 언어부검은 디지털 기술과 무선 통신 네트워크를 통해 보고되는데, 여기서 개발된 기술은 불완전한 증거가 남겨져 있는 과거 유사한 질병 유행과 관련된 역학^{dynamics}을 이해하는 길을 열 가능성이 있다.

COVID는 WHO의 언어부검 사용을 가속화시킨 듯하다. 왜냐하면 완벽하지는 않더라도 사인에 대한 충분한 정보는 공중보건당국이 팬데믹의 규모와 심각성을 추적하는 데 도움을 주기 때문이다. 흥미롭게도 매우 초기 버전의 "언어부검(사망자의 가족과 이웃 주민들을 인터뷰하는)"은 수백 년 전 밀라노에서 이용되었다. 르네상스 도시에서는 대학교육을 받은 내과의^{physician}와 교육을 받고 면허도 있는 외과의^{surgeon}가 인터뷰를 바탕으로 사망에 대한 정보를 수집하기 위해 고용되었다. 이 사람들이 사후부검을 했는데, 이는 말 그대로 그들이 시체를 눈으로 봤다는 의미이다. 그들의 평가에 영향을 준 당시의 의료 체계가 현대병리학의 관점에선 이질적인 것이기 때문에, 최근까지 학자들은 국제질병분류 체계에 포함되지 않아 신뢰할 수 없는 원인처럼 그들이 보고한 사망원인을 무시했었다.[19]

---

19 오늘날 우리는 "부검"이라는 용어를 사후 해부에 대해 사용한다. 몇몇 시 당국은 저명한 의료인들에게 흑사병 사망자의 해부를 요청하기도 했다. K. Park, *Secrets of Women: Gender, Generation, and the Origins of Human Dissection*, New York: Zone Books, 2010, p. 293, note 7 참고. 그러나 새로운 유행병을 병리학적으로 이해하기 위한 해부는 1710년까지 다시 시도되지 않았다. M. P. Donato, *Sudden Death: Medicine and Religion in Eighteenth-Century Rome*, V. Mazzei (trans.), London: Routledge, 2014. 현대의 진단 시스템 속에서 어떻게 이러한 것들이 유용하게 이해될 수 있는지를 보여 주는 연구로, 1480년 밀라노의 사망원인을 분석한 최근 학제 간 연구가 있다. https://www.medrxiv.org/content/10.1101/2021.02.10.20249093v2 (a study still under peer review) 참고.

영국에서도 페스트를 감시하기 위해 사망과 사망원인에 대한 충분한 정보를 모았다. 런던 교구의 서기는 페스트에 대해 사전 경고하라는 왕과 시장의 요청에 응해 전문가의 사망 진단과는 거리가 먼 세대별 관찰과 정보 수집, 인터뷰를 했는데 이를 위해 나이 든 여성 '조사원'에게 의존했다. '인구학의 아버지'로 불리는 존 그란트^{J. Graunt}는 이런 문맹의 진단자, 그리고 그들이 보고한 사인을 경멸했음에도 불구하고 1662년 팸플릿에서 그들이 수집한 자료를 이용해 전염병이 돌던 해 런던에서 사망률 변동과 사인에 대한 중요한 관찰을 해 낼 수 있었다.[20] 끝으로 언어부검과 전근대의 비교는 얼마나 새로운 기술의 발전이 중요한지를 보여 주는데, 제지 기술의 채택으로 평범한 사람들에 대한 초기의 관료적 정보 수집이 계속될 수 있었고, 광대한 국가문서고의 창설이 가능하게 되었다.[21]

2. 르네상스 시대 사망등록: 밀라노와 런던의 일반적인 차이

런던의 '사망표^{Bills of Mortality}'는 대략 100개의 도시와 교외 교구의 사망 등록부로부터 매주 집계되었다. 여기서 우리가 관심을 가지는 국가등록 시스템은 바로 이 교구의 등록부이다. 도시 전체를 아우르는 포괄적인

20 J. Graunt, *Natural and Political Observations… Made upon the Bills of Mortality*, London: the Royal Society, 1662, reprinted in P. Laslett (ed.), *The Earliest Classics*, Folkestone: Gregg, 1973.

21 J. Bloom, *Paper before Print: The History and Impact of Paper in the Islamic World*, London: Yale University Press, 2001. 이슬람 통치하의 북아프리카, 중동, 그리고 중앙 유라시아에 걸쳐있는 지역에서는 더 일찍은 아니더라도 10세기부터 종이를 만들고 사용했다.

사망등록부인 밀라노의 '사망기록부Books of Dead'는 새로운 공작이 수도의 장인匠人 공동체를 지원하고 보호하겠다고 약속하면서 만들어진 것으로 보인다. 이는 수백 년 전 지방의 행정관과 국가 수준의 통치자들이 어떻게 사망등록과 관련된 문제에 접근했는지를 보여 준다. 유럽의 다른 통치자들보다 수십 년 정도 생각이 앞서 있었던 프란체스코 스포르차F. Sforza 공작은 대중의 건강과 복지를 증진하는 것이 전반적으로 경제적 번영을 촉진하고 사업가들에게 혜택이 된다는 것을 깨달았다. 빈곤층에 대한 국가 주도의 자선 지원은 현세에서는 시민 지도자의 부를 키웠고, 그들이 내세를 위한 영적인 신용spiritual credit을 쌓을 수 있게 했다.[22] 런던의 사망표는 널리 알려져 있지만, 밀라노의 르네상스 시기 사망기록부는 의학이나 공중보건의 역사를 연구하는 역사학자들에게도 그다지 잘 알려져 있지 않다.

밀라노 공작령과 튜더 왕가의 영토 모두에서 사망등록은 초기 국가의 관료적 통제와 중앙화된 기록관리의 면모를 드러낸다. 흥미롭게도 밀라노의 공작과 영국의 왕 모두 처음에 의료 당국보다는 신뢰할 수 있는 성직자들에게 의존했다. 초기 국가의 수장들이 나중에 이러한 정보로 무엇을 했는지, 어떤 전문가들을 신뢰했는지 하는 모든 것은 페스트로부터 그들의 국민, 가족, 그리고 궁정을 보호하고자 하는 열망에서 시작되었다. 예를 들어, 튜더 왕가의 페스트에 대한 두려움과 유사하게 스포르차의 전임자인 비스콘티 공작가가 느꼈던 페스트에 대한 공포는 공국 전체를 아우르는 감시 시스템, 궁정 중심의 여행통행증, 그리고 경비대와 검

---

22 F. Vaglienti, "Marginalia: Esempi di umane miserie nei Registri dei Morti di età sforzesca," *Saggi di storia e diplomatica per Giuliana Albini*, Milano: Bruno Mondadori, 2020, pp. 383-399.

문소 시스템을 창립하게 한 원동력이었다. 밀라노의 공작들과 영국의 왕들은 그들의 영토 내에 있는 국민과 이방인의 죽음에 대한 회고적 분석 retrospective analysis을 통해 오늘날 우리가 감염병의 위험을 모니터링하는 데 이용하는 시스템의 기초를 발전시켰다.

1) 밀라노의 사망기록부

1400년에 밀라노의 비스콘티 공작가는 북부 이탈리아의 광대한 '영토 국가territorial state'를 통치했다. 페스트가 유행했던 그해에 공작은 그의 공국에 거주하는 사람들을 보호하기 위한 감시 시스템을 고안하여, 국가의 안보와 관련된 모든 문제에 대해 공작의 궁정위원회와 직접 소통하는 국경 관리들을 임명했다. 위원회는 '볼레트(bollette, bills)'라고 불리는 공문서의 발급을 감독했는데 여기에는 지방 당국에 대한 지시사항 그리고 공국 내에서의 안전한 무역을 원활하게 하기 위한 초기 여권 시스템이 포함되어 있었다.[23] 1399년에서 1402년까지의 파괴적인 페스트의 유행을 시작으로, 새로운 위험 또는 감염 케이스가 발발할 때마다 비스콘티 공국 감시 시스템의 페스트 관련 요소들은 개선되었다.

1450년 스포르차 가문이 비스콘티를 대체하자 새로운 공작은 페스트가 유행하는 해에만 운영되었던 앞선 초기 비스콘티의 페스트 정책에서 나아가 혁신적인 공중보건국을 수도에 설립했다. 국가의 관료적 관리 및 문서 기록 혁명의 일환으로 새로운 스포르차 행정부는 지역에 훨씬 더

---

23 A. G. Carmichael, "Registering deaths and causes of death in late medieval Milan," *Death in Medieval Europe: Death Scripted and Death Choreographed*, J. Rollo-Koster (ed.), London: Routledge, 2017, p. 212.

큰 책임을 상정했다.[24] 따라서 전통적인 밀라노의 위생 법령을 강제하며, 페스트의 유무와 관계없이 모든 해에 발생한 모든 사망을 등록하도록 했다.[25] 도심 사무소의 한 구역에서, 서기가 보고된 사망 케이스를 기록하며 공식적으로 사망기록부를 작성했고, 공작에게 편지로 보낼 일일 사망자 명단을 복사했다. 놀랍게도 이러한 일상적인 사망보고에는 유아의 죽음, 심지어는 사산된 아기의 죽음도 포함되었다. 만약에 사망에 전혀 의심할 만한 사항이 없으면 사무소에서 매장 허가증을 발행해 주었지만, 페스트가 사망의 원인일 가능성이 있으면 해당 세대의 구성원과 고인이 마지막에 앓은 질병에 대한 내용을 상세하게 더 기록해 두었다.[26] 서기관은 페스트에 대한 전언과 소문 또는 재산이 있는 밀라노 시민의 죽음에 대해 공작의 비밀의회를 통해서나 공작 자신에게 직접 전달했다.

1500년대까지 밀라노에서 태어났거나 살고 있는 모든 사람의 사망을 등록하는 것은 관례가 되었다. 1600년대에 이르자 밀라노의 보건행

---

24 프란체스코 스포르차 공작은 1450년에 비스콘티 공국을 재정비하기 위해 치코 시모네타 (C. Simonetta) 서기관이라는 비범한 인물을 영입했다. 치코는 스포르차를 '화제의 인물'로 만들기 위해 거대하고, 상호 운용적인 국가조직을 설립했다. 본 저자의 아래의 챕터 참고 "Registering deaths and causes of death in late medieval Milan," pp. 209-236. 15세기 중반부터 시작된 방대한 국가문서고의 설립에 대해서는 다음의 연구 참고. P. Dover, "The paper of politics and the politics of paper," chapter 4, *The Information Revolution in Early Modern Europe*, Cambridge: Cambridge University Press, 2021, pp. 91-148.

25 보건국의 원내 기록은 1502/1503년 새해 전날에 있었던 화재로 인해 소실되었다. 저자가 찾은 1450년대 이후 기록은 서신과 대략 19개의 묶음의 사망기록부로 구성되어 있다. 면허가 있는 도시의 내과의와 외과의들은 그들이 돌보는 사람들의 사인에 대해 보고해야 하는 의무가 있었지만, 카텔라노(catelano)라고 불리는 보건국 의사들은 이들의 진단에 이의를 제기할 수 있었다. 본 저자는 이러한 공직의 기원은 다음의 책에서 논했다. "The legal foundations of post-mortem diagnosis in later medieval Milan," *Death and Disease in the Medieval and Early Modern World: Perspectives from Across the Mediterranean and Beyond*, L. Jones & N. Varlik (eds.), Suffolk: York Medieval Press, 2022, pp. 67-98.

26 Carmichael, "Registering deaths and causes of death," pp. 220-226.

정관은 이제는 스페인이 통치하는 예전 공국의 전 지역에 대해 공중보건정책과 집행을 지휘했다. 현존하는 사료에서 질병의 위협을 헤쳐 나가기 위해 초기 국가가 창조했던 대규모 행정기반시설을 분명하게 볼 수 있는데, 대량의 서신이 사무소의 안팎으로 이동했고, 소수의 조사관 무리가 모든 위생정책에 대한 위반 사항을 감시했다. 이 사무소에 임명되었던 유명한 의사들은 초기 근대 의학 저술의 종류를 확장시켜, 사무소에서 대중선언문, 권고문, 보고서, 그리고 건강 관련 경고 등을 발행하게 되었다.[27] 한편, 1630년에 페스트 정책을 이끈 의료심사위원회에 있었던 한 내과의는 위원회가 페스트를 조사하고 관리하는 일을 명예롭게 수행했음을 시민들에게 확신시키기 위해 후일 1648년에 대중 역사를 썼는데, 이 글에서 그 의사는 뒤늦은 국가지침의 공표 그리고 페스트를 통제할 의무가 있었던 사람들의 나태함, 부패 그리고 잘못된 관리를 비난하기도 했다.[28]

2) 런던 교구 등록부와 후기 사망표

이에 비해 1600년대 런던의 사망표는 시민들이 구매할 수 있는 문서였다. 이 사망표는 애초에 상업성을 가진 모험적 사업이었기 때문에 그 자체로 직접 국가의 목적을 분명히 보여 주지는 않았다. 그러나 런던

---

27 L. Di Giammatteo & J. A. Mendelsohn, "Reporting for action: Forms of writing between medicine and polity in Milan, 1580-1650," *Civic Medicine: Physician, Polity and Pen in Early Modern Europe*, J. A. Mendelsohn, A. Kinzelbach & R. Schilling (eds.), London: Routledge 2020, pp. 135-160.

28 Di Giammatteo & Mendelsohn, "Reporting for action: Forms of writing between medicine and polity in Milan, 1580-1650," pp. 153-154.

사망표의 편집에 이용된 문서들(각 도시와 교외 교구의 출생, 결혼, 그리고 사망기록)은 우리가 보유한 가장 초기의 국가 인구동태통계이다. 이러한 자료의 수집은 1538년 헨리 8세가 수석장관의 조언에 따라 자신의 충실한 주교들에게 명령을 내리면서 시작되었다. 토마스 크롬웰T. Cromwell이 초기 튜더 국가를 재조직하면서 필요한 경우 법적 수단으로 사용될 수 있는 교구민에 대한 정보를 지역 교구가 보존하도록 요구했다. 따라서 기록은 개인의 신원과 거주지를 확인하는 데 이용되었으며, 그것으로 재산의 이전을 돕고 상속이나 권리청원을 증명했고, 여기서는 사망등록서보다는 출생이나 결혼에 관한 기록이 더 중요했다. 크롬웰의 계획으로 교묘하게도 국가는 교구 서기를 무급으로 이용할 수 있었다.

이 기록부에는 가톨릭 교회를 떠나 헨리의 국교회에 가입한 사람들에 대한 정보만 기록되었고, 이것이 국가 주도의 페스트 통제의 일환으로 설계된 것은 아니었다.[29] 그러나 개인적으로 오랜 기간 헨리 8세는 사냥을 위해 마련된 오두막이나 성에서 다른 곳으로 이동할 때 또는 런던에 있는 자신의 궁정으로 돌아올 때 페스트에 걸릴지 모른다고 두려워했었다. 이러한 공포 때문에 일찍이 1510년대에 헨리의 왕실 고문 중 한 사람이 교구 서기에게 모든 페스트로 인한 사망을 시장과 왕실에 보고하라는 명령을 내렸고,[30] 교구 서기는 페스트로 인한 사망을 확인하는 위험한

---

29 S. Szreter, "The Parish Registers in Early Modern English History: Registration from Above and Below," chapter 7, *Identification and Registration Practices in Transnational Perspective: People, Papers and Practices*, I. About, J. Brown & G. Lonergan (eds.), London: Palgrave Macmillan, 2013, pp. 113-131.

30 P. Slack, *The Impact of Plague in Tudor and Stuart England*, London: Routledge & Kegan Paul, 1985, p. 148. 토마스 울시(T. Wolsey) 추기경은 1518년 초부터 런던에 검역과 다른 페스트 규제를 부과하는 왕실 조례를 전달했다. 다음의 문헌을 함께 참고. E. C. Roger, "*To be shut up:* New Evidence for the Development of Quarantine Regulations in

임무를 교구가 지원하는 나이 든 여성들에게 맡겼다. 엘리자베스 1세의 치세 동안 1570년대까지 조사원들은 사망원인을 보고했다.[31]

런던의 사망표는 1603년 페스트 유행 때 런던 교구의 서기 길드에 의해 처음으로 인쇄되었으며, 이 출판물의 한쪽 면에는 교구별 사망자 통계가, 다른 면에는 조사원이 보고한 사망원인이 기록되어 있었다. 교구 자료에 가톨릭 신자, 유대인, 또는 국교회에 반대하는 종파에 소속된 사람들의 사망은 포함되어 있지 않았지만, 사망표를 구매하는 사람들은 이와 같은 누락에 대해 별 관심이 없었다.[32] 1665년 런던 페스트가 시작되기 3년 전, 바느질 용품 판매상이었던 존 그란트는 『사망표에 대한 자연적 그리고 정치적 관찰*Natural and Political Observations Made Upon the Bills of Mortality*』이라는 매우 영향력 있는 소책자를 출판해 신뢰할 수 없는 자료에도 불구하고 영리한 시민이 어떻게 수와 인과관계를 해독해 낼 수 있는지를 보여 줬다. 일반 시민들은 사업기록을 하는 것처럼 사건과 사람을 수치화할 수 있었고, 계절, 연도, 보고된 사망원인, 그리고 광범위한 연령 범주에 따라 규칙적인 사망 패턴을 식별해 낼 수 있었다. 이와 같은 방식으로 시민들은 정부의 조치나 정책뿐만 아니라 의학과 과학 분야에 종사하는 학자들에게도 영향을 미칠 수 있었다. 그란트를 시작으로, 영국과 프랑스의 '정치 산술가들*Political Arithmeticians*'은 사망을 수치화하는 것이 공공정책과

Early Tudor England," *Social History of Medicine* 33(4), 2019, pp. 1077-1096.

31 J. C. Robertson, "Reckoning with London: Interpreting the *Bills of Mortality* before John Graunt," *Urban History* 23, 1996, pp. 325-350; R. Munkhoff, "Searchers of the dead: Authority, marginality, and the interpretation of plague in England, 1574-1665," *Gender & History* 11(1), 1999, pp. 1-29.

32 W. Slauter, "Write Up Your Dead," *Media History* 17, 2011, pp. 1-15; J. Wernimont, *Numbering Lives: Life and Death in the Quantum Media*, Massachusetts: MIT Press, 2018, pp. 22-49.

의료에 유용한 지침을 제공해 줄 수 있다는 것을 지방과 중앙정부, 과학 및 의학 학회, 그리고 식자층 전체에 설득시키기 위해 노력했다.[33] 오늘날, 과학자와 사회학자들은 후일 '인구통계학의 아버지father of demography'로 불리는 그란트를 거의 보편적으로 이 분야의 설립자로 인정한다. 아이러니하게도 그란트는 사망할 때까지 열렬한 가톨릭 신자였는데, 그래서 그의 죽음은 사망표에 결코 포함되지 못했다.[34]

3. 페스트와 국가의 개입 의무

사회학자 스테판 티머만스S. Timmermans는 "죽음은 사회가 주목하기까지 […] 공식적이지 않다"고 요약했다.[35] 전근대이든 근대이든 특정 죽음이 어떤 사회의 건강한 구성원들에게 경종을 울릴 때, 이러한 죽음은 공동체에 대한 잠재적 위협 여부를 판단하기 위한 조사를 촉발시켰다. 이와 같은 조사는 문화적으로 그리고 법적으로 규정된 권력구조에 의해 형성된다. 누가 사망원인에 대한 논쟁을 해결할 수 있는가? 어떤 사람이 신뢰 가능한 증언을 제공할 수 있으며, 누가 조사를 하거나 판결을 내릴 권한을 가지는가?[36] 오늘날 의심스러운 죽음에 대한 조사의 모든 단계는

---

33 A. Rusnock, *Vital Accounts: Quantifying Population in Eighteenth-Century England and France,* Cambridge: Cambridge University Press, 2002, pp. 15-39.

34 그란트의 짧은 논문의 오랜 시간 지속된 가치에 대해서는 K. J. Rothman, "Lessons from John Graunt," *The Lancet* 347, 1996, pp. 37-39 참고.

35 Timmermans, *Postmortem,* p. 1.

36 C. Hamlin, "Forensic Cultures in Historical Perspective: Technologies of Witness, Testimony and Judgment (Justice?)," *Studies in the History and Philosophy of Biological and Biomedical Sciences* 44, 2013, pp. 4-15.

초기 국가의 사망등록이 보인 더 기초적인 과정과 목적의 흔적을 찾아보기 어려울 정도로 고도로 기술화되었다.

결론적으로 높고 예측하기 어려운 사망률을 기록한 위기의 세기를 지나 안정된 구조를 갖춘 국가가 등장하게 되는데, 이 과정에서 의학 이론보다는 법적 체계가 국가의 대응을 이끌었다. 페스트는 공공기관의 개입을 필요로 하는 반복되는 공동체의 비상사태였다. 전통적인 종교와 자선기관이 대응할 수 있는 능력을 초과해 사람들이 죽었고, 내과의와 외과의들은 환자를 한 명씩 치료했기 때문에 급성 전염병으로 인한 위기의 규모나 속도에 대해 다룰 수 없었다. 페스트 감염자들은 며칠 안에 사망했고, 고학력의 의사들이 선호하는 치료에 신중하게 접근할 시간은 거의 허락되지 않았다. 의사들이 대중을 대상으로 집필한 페스트 관련 논문에서 페스트의 발병을 완화하는 데 필요한 일부 환경적인 치료법에 대해 조언하기도 했지만[37], 다른 의사들은 많은 돈을 지불하는 환자들을 따라 더 안전한 시골 휴양지로 떠나 버렸다. 따라서 도시의 안정을 되찾을 거라는 시민들의 확신을 회복하기 위해서는 질서를 유지하고 부유층의 재산을 지키는 것이 필요했다.

요컨대, 페스트의 발생은 공권력의 개입을 요구했고, 강압적 조치를 정당화하기 위해 페스트가 개인의 사망원인인지를 결정하는 것이 더 필요했다. 국가는 페스트에 감염된 집에서 생존한 사람을 가택에 격리할

---

37 중세 후기에 감염병을 통제하기 위한 환경 기반 개입에 대한 최근의 두 연구로 다음을 참고. L. Jones, *Patterns of Plague: Changing Ideas about Plague in England and France, 1348-1750*, Montreal: McGill-Queens University Press, 2022; J. Coomans, "Plague in urban healthscapes," chapter 5, *Community, Urban Health, and Environment in the Late Medieval Low Countries*, New York: Cambridge University Press, 2022 전자책 참고.

1부 국가와 감염병 대응 전략의 진화

것인가 또는 도시에서 쫓아내 야영장이나 전염병 병원으로 보낼 것인가, 그리고 언제 이들이 더 이상 공중보건에 위협이 되지 않는다고 판단할 것인가 등을 포함하는, 이러한 사람들을 어떻게 다룰 것인가를 결정하는 힘, 즉 법적 권리를 요구했다. 개인의 자유에 대한 권리를 주장하기 위해서는 의학이 아닌 법적 절차가 필요했던 것이다.

해항 검역과 동아시아: 1919~1920년 타이완과 조선의 콜레라 방역[1]

신규환

1919년 3월, 태국에서 발생한 콜레라는 5월 중순 베트남을 거쳐 5월 말에는 중국 산터우[汕頭]로 진출했다. 산터우의 콜레라는 광둥[廣東], 푸저우[福州], 상하이[上海]로 확산되었고, 7월 초 푸저우와 상하이의 콜레라는 타이완[臺灣]과 만저우[滿洲] 등을 거쳐 일본과 한반도로 퍼져나갔다. 타이완에서는 1919년 7월 7일부터 11월 26일까지 3,836명의 콜레라 환자와 2,693명의 사망자가 발생했고, 치명률은 70.2%였다.[2] 일본에서는 상하이에서 출발하여 모지항[門司港]에 도착했던 상선 하얼빈마루호[哈爾濱丸號]에서 7월 22일 첫 번째 콜레라 환자가 발생했다. 그 후 일본의 콜레라는 도쿄[東京], 교토[京都], 오사카[大阪], 요코하마[橫濱], 고베[神戶], 나가사키[長崎]

---

1   이 글은 『중국사연구』 124(2020.02.)에 실린 저자의 「海港檢疫과 동아시아: 1919-20년 臺灣과 朝鮮의 콜레라 防疫」을 수정·보완한 것이다.
2   臺灣總督府警務局, 『大正八九年コレラ病流行誌』, 1922, p. 18.

등으로 확산되어 그해 11월까지 유행했다. 오키나와[沖繩]에서도 콜레라
가 유행했는데, 타이완의 지룽[基隆]을 통해 확산된 것이었다. 1919년 한
해 동안 일본에서는 407명의 콜레라 환자와 356명의 사망자가 발생했고,
치명률은 87.5%였다.[3] 조선에서는 1919년 8월 9일 만저우에서 열차를 타
고 온 승객이 경기도 시흥에서 처음 콜레라 환자로 확인되었으나 병세가
속발하지는 않았고, 8월 12일 평안북도 용천군 용암포 연안에서 콜레라
환자가 발생한 후 매일 환자 발생 수가 350명에 이를 정도로 9월 중순과
10월 중순 사이에 콜레라 유행이 정점에 달했다. 이후 10월 하순부터는
환자 발생이 감소세로 접어들어 12월 28일을 끝으로 콜레라가 종식되었
다. 1919년 1년 동안 조선의 콜레라 환자 수는 16,991명, 사망 11,084명,
치명률 65.2%에 이르렀다.[4]

1920년 4월, 중국 쓰촨성[四川省] 충칭[重慶]에서 첫 번째 콜레라 환자
가 발생한 이래로, 타이완에서는 4월 10일부터 1921년 1월 30일까지 콜
레라 환자 2,700명, 사망 1,675명, 치명률 62.0%를 기록했다.[5] 일본에서
는 6월 7일 고베항에서 콜레라 환자가 발생한 이후, 환자 4,969명, 사망
3,417명, 치명률 68.8%를 기록했다.[6] 조선에서는 6월 29일 경남 창원에
서 콜레라 환자가 발생한 이래로 환자 24,229명, 사망 13,568명, 치명률
56.0%를 기록했다.[7]

조선에서는 6월 20일, 일본 후쿠오카항[福岡港]에서 출발하여 평안남

3 山本俊一, 『日本コレラ史』, 東京: 東京大學出版會, 1982, p. 161.
4 朝鮮總督府, 『大正八年虎列刺病防疫誌』, 1920, pp. 13-16.
5 臺灣總督府警務局, 『大正八九年コレラ病流行誌』, p. 18.
6 飯島涉, 『ペストと近代中国: 衛生の「制度化」と社会変容』, 東京: 研文出版, 2000, pp. 238-239.
7 朝鮮總督府, 『大正九年コレラ病虎防疫誌』, 1921, pp. 17-18.

도 진남포항鎭南浦港에 일본기선 진코마루호[神光丸號]가 입항했고, 6월 26일 조선인 인부 2명에게서 콜레라가 발병했다. 6월 29일에는 경상남도 창원에 정박 중인 일본어선 묘진마루호[明神丸號]에서 일본인 뱃사공 1명이 콜레라로 사망했다. 진남포를 통해 들어온 콜레라는 평안남도와 황해도에서만 유행했지만, 경상남도로 들어온 콜레라는 전국 12도로 전파되었다. 1919년의 콜레라가 중국, 만저우를 거쳐 한반도로 확산되고, 중국, 타이완을 거쳐 일본으로 퍼져 나갔다면, 1920년의 콜레라는 타이완, 일본을 거쳐 한반도로 확산되는 양상을 보여 주었다.

이처럼 일본 선박들의 동아시아 해항 루트는 일본 제국의 감염병을 확산시키는 주요한 통로였다. 일본은 19세기 말 제국의학을 기초로 콜레라와 페스트 등 급성 감염병에 대한 방역 인프라를 구축하고 있었고, 해항 검역을 비롯한 각종 방역 활동을 통해 감염병의 확산을 억제하기 위해 노력했다. 1919~1920년 콜레라는 일본 제국이 구축한 방역 전선의 이상 유무를 확인할 수 있는 사건이었고, 콜레라의 급속한 확산으로 일본 본국과 식민지는 모두 당혹스러운 상황에 직면했다. 특히 콜레라 피해자 규모는 조선이 가장 심각했고, 무엇보다 전년 대비 조선은 콜레라 환자는 143% 증가, 사망자는 122% 증가하였고, 일본은 환자가 1,220%, 사망자가 960% 증가하였다. 반면 타이완은 환자 142%, 사망자 161% 감소하였다. 일본과 조선에서는 1920년 콜레라 유행이 전년보다 더 심각한 상황이었던 것에 비해 타이완에서는 콜레라 유행이 전년보다 억제되는 양상이었다.

국내 학계에서 1919~1920년 콜레라의 유행과 식민당국의 방역대책에 대해서는 이미 적지 않은 연구가 축적되어 왔다.[8] 식민지 조선에서 콜레라 방역의 특징은 위생경찰로 대표되는 식민당국의 강제적인 일방적인 검역 활동으로 나타났으며, 방역 재정의 부족 속에서 위생경찰의 등장으로 방역 활동이 효율적으로 전개된 것으로 평가되었다. 민간은 식민 당국의 강제적인 방역에 반발하기도 했지만, 방역단防疫團 조직 등 자발적이고 조직적인 대응으로 콜레라 방역에 대응하기도 했다.[9] 반면 국내 연구에서는 같은 시기 타이완과 일본의 콜레라 유행에 대해서는 거의 언급하지 않았고, 해외 연구에서도 타이완과 일본에서 콜레라 방역이 성공적이었다는 점이 강조될 뿐 콜레라 방역에 관한 비교사적 연구는 거의 진행되지 않았다.[10] 그런 점에서 식민지 조선과 타이완의 공의제도와 위생에 관한 최근 연구가 주목된다. 이 연구는 콜레라 방역의 성과를 직접적으로 비교한 것은 아니지만, 비교사적 연구를 통해서 식민지 조선의 의료 인프라와 의료 서비스가 식민지 타이완과 비교해서 상대적으로

---

8 대표적으로 Park Y. J., "Anti-Cholera Measures by the Japanese Colonial Government and the Reaction of Koreans in the Early 1920s," *The Review of Korean Studies* 8(4), 2005; "Sanitizing Korea: Anti-Cholera Activities of Police in Early Colonial Korea," *Seoul Journal of Korean Studies* 23(2), 2010; 정민재, 「일제하 한국에서의 전염병 발생과 대책」, 한성대학교 사학과 석사학위논문, 2006; 백선례, 「1919·20년 식민지 조선의 콜레라 방역 활동: 방역 당국과 조선인의 대응을 중심으로」, 『사학연구』 101, 2011; 金穎穗, 「植民地朝鮮におけるコレラの大流行と防疫對策の変化: 1919年と1920年の流行を中心に」, 『アジア地域文化研究』 8, 2012; 신규환, 「제1·2차 만주 페페스트의 유행과 일제의 방역 행정, 1910-1921」, 『의사학』 21(3), 2012 등의 연구가 있다.

9 Park Y. J., "Anti-Cholera Measures by the Japanese Colonial Government and the Reaction of Koreans in the Early 1920s," *The Review of Korean Studies* 8(4), 2005; "Sanitizing Korea: Anti-Cholera Activities of Police in Early Colonial Korea," *Seoul Journal of Korean Studies* 23(2), 2010; 백선례, 「1919·20년 식민지 조선의 콜레라 방역 활동: 방역 당국과 조선인의 대응을 중심으로」, 『사학연구』 101, 2011; 金穎穗, 「植民地朝鮮における コレラの大流行と防疫對策の変化: 1919年と1920年の流行を中心に」, 『アジア地域文化研究』 8, 2012.

10 일본과 타이완의 1919~1920년 콜레라 유행에 대해서는 飯島涉과 魏嘉弘 등의 연구가 있다. 飯島涉, 『ペストと近代中国: 衛生の「制度化」と社会変容』, p. 251; 魏嘉弘, 「日治時期臺灣亞洲型霍亂之硏究(1895-1945)」, 臺灣師範大學 歷史學系 博士論文, 2012; 蔡承豪, 「流感與霍亂: 臺灣傳染病情個案之探討(1918-1923)」, 『臺灣學硏究』 15, 2013.

낙후되었다는 결과를 도출하였다.[11] 이 연구는 타이완과 조선의 콜레라 유행과 피해 양상이 크게 달랐던 이유를 설명하는 데 시사하는 바가 크다. 다만 이 연구는 1919~1920년 콜레라 유행을 직접 다루고 있지 않기 때문에, 식민지 조선의 전반적인 의료 인프라의 부실이 감염병 확산에 어느 정도의 영향을 주었는지 가늠하기 어렵다는 한계가 있다. 그밖에 1919~1920년 콜레라 방역에 관한 대부분의 국내 연구 역시 식민지 조선의 콜레라 방역에서 위생경찰, 호구 검역, 방역단의 역할 등 주로 국내적인 요인들만 강조하고 있기 때문에, 그 성과를 객관적으로 평가하기 어려운 점이 있었다.

20세기 초 동아시아 각국은 주로 항만을 통해 상호 교류하였는데, 해항 검역은 해외로부터 유입되는 감염병을 선제적으로 차단할 수 있는 국가 방역의 일차 방어선으로 방역 행정 전체의 향방을 결정짓는 중요한 분야였다. 이 글은 1919~1920년 콜레라 방역 중 해항 검역에 주목하여 식민지 조선과 타이완이 어떻게 달랐는지를 비교사적 시각에서 검토해 보고자 한다. 이를 통해 동아시아 각국에서 방역의 성과가 왜 서로 다르게 나타났는지를 확인하고, 더 나아가 국가 방역에서 출입국 검역의 중요성을 확인해 볼 수 있을 것으로 기대한다.

---

11 문명기, 「식민지 '문명화'의 격차와 그 함의-의료부문의 비교를 통해 보는 대만·조선의 '식민지 근대'」, 『한국학연구』 46, 2013, pp. 58-62; 문명기, 「일제하 대만·조선 공의(公醫) 제도 비교연구: 제도 운영과 그 효과」, 『의사학』 23(2), 2014, pp. 184-185.

1. 식민지 타이완의 해항 검역과 콜레라 방역

1) 타이완의 검역 법령 제정과 승선 검역

타이완총독부는 1896년 「선박 검역 잠행규칙船舶檢疫潛行規則」을 반포한데 이어, 1899년 일본의 「해항 검역법」(1899. 2. 14., 법률 제19호)을 기초로 「타이완 해항 검역 규칙」(1899. 8. 23., 율령 제23호)을 공포했다. 「타이완 해항 검역 규칙」 전문 3조는 사실상 일본의 「해항 검역법」을 따른다는 내용이다. 일본의 「해항 검역법」은 선박, 승객, 승무원에 대한 정선, 검역, 소독 등을 규정하고, 검역 관리와 경찰 관리의 통제하에 검역이 진행되도록 한 법령이었다. 「해항 검역법」은 검역 대상 감염병의 종류나 검역 기간 등에 대해서 명시하지 않은 포괄적인 규정이었다. 「해항 검역법 시행규칙」(1899. 7. 13.)이 검역 대상 감염병의 종류나 검역 기간 등에 대해서 명시했는데, 콜레라, 두창, 성홍열, 페스트, 황열 등 5종이었으며, 콜레라와 황열은 5일간, 페스트는 7일간의 정류 기간을 설정하였다. 이어서 타이완총독부는 「타이완 해항 검역 시행규칙」(1899. 9. 7.) 등 검역 법규를 반포했고, 일본의 「해항 검역법 시행규칙」과 동일한 검역 대상 감염병과 동일한 정류 기간을 공표하였다.[12]

타이완총독부는 지룽 해항 검역소[基隆海港檢疫所]와 단수이 해항 검역지소[淡水海港檢疫支所]를 설치하여 본격적으로 검역 업무를 개시했다. 1899~1910년까지는 지룽 해항 검역소가 검역 업무를 지휘하는 역할을

---

12 「海港檢疫法」, 『官報』, 1899. 02. 14., pp. 194-195; 「海港檢疫法施行規則」, 『官報』, 1899. 07. 13., pp. 215-217; 「臺灣海港檢疫施行規則」, 『官報』, 1899. 09. 07., pp. 97-98.

담당했다. 타이완총독부는 1911년 지룽 해항 검역소를 총독부 직할로 하여 지룽 항무소[基隆港務所]와 단수이 항무 출장소[淡水港務出張所] 개편·확충하고, 검역 업무는 지룽 해항 검역소의 검역과가 담당하도록 했다. 1916년 10월부터는 다거우 임시 해항 검역소[打狗臨時海港檢疫所]를 운영하기 시작했다. 1920년 타이완총독부는 다거우를 가오슝으로 개칭하였다. 1924년 이후로는 항무소가 지방청 산하로 개편되면서, 해항 검역 업무가 타이베이 항무부[臺北州港務部], 가오슝 항무부[高雄州港務部] 등으로 이관되었다. 1911년 이후 타이완의 해항 검역은 전문 항무기관(1911년의 항무소, 1924년 항무부 등)의 책임하에 진행되었다. 항무소 등은 '특별경찰관청'이었으며, 항무소장과 항무부장은 모두 경찰 출신들로 각 지방 경무부장이 겸직하고 있었다.[13]

1919년 4월, 중국 푸저우와 산터우 지방에서 콜레라가 유행하자, 타이완총독부는 각 지방관과 지룽 항무소, 다거우 해항 검역소에 통보하여 감염병 상황에 예의 주시하도록 했다. 7월 7일 평후다오[澎湖島]에서 첫 번째 콜레라 환자가 발생했는데, 감염병의 유행 경로가 불분명했다. 평후다오는 푸저우, 샤먼[廈門], 산터우, 광저우 등지의 선박이 타이완으로 들어오는 선박의 첫 기착지로, 평후다오의 콜레라 유행은 콜레라가 타이완으로 확산해 가는 것을 보여 주는 첫 번째 신호였다. 타이완의 콜레라는 평후다오, 지룽, 타이난[臺南] 등 세 방향에서 타이완 전역으로 확산되었다. 평후다오의 콜레라 발생을 인지한 타이완총독부는 7월 9일, 다거우 해항 검역소를 시작으로 중국식 범선을 포함한 모든 선박에 대한 해

<hr />

13 「打狗臨時檢疫所」,『臺灣日日新報』, 1916. 10. 11., p. 5; 梁瓈尹,「國家與檢疫: 日治時期臺灣海港檢疫制度之研究」, 臺灣師範大學 歷史學系 碩士論文, 2009, pp. 2-3, 68.

항 검역을 지시했다.[14]

표 1 1919~1920년 타이완 콜레라 유행 상황[15]

1919년				1920년			
지역	최초발견 (월일)	환자수 (명)	사망수 (명)	지역	최초발견 (월일)	환자수 (명)	사망수 (명)
펑후다오	7. 7.	72	28	가오슝	4. 10.	362	238
타이베이	7. 15.	1,656	1,377	타이난	5. 22.	1,289	783
타이난	7. 23.	1,039	665	타이베이	7. 29.	3	3
신주[新竹]	8. 4.	41	28	타이중	8. 1.	1,016	651
이란[宜蘭]	8. 12.	1	1	펑후다오	10. 20.	30	불명
타오위안[桃園]	8. 18.	98	71				
타이중	8. 19.	34	26				
자이[嘉義]	8. 26.	183	82				
타이둥[臺東]	9. 11.	568	321				
아거우[阿緱]	10. 27.	144	94				
계		3,836	2,693	계		2,700	1,675

1919년 7월 15일, 푸저우에서 지룽에 내항한 고호쿠마루호[湖北丸號]
에서 콜레라 환자가 발견되었다. 7월 18일, 방역 당국은 푸저우와 산터우
를 콜레라병 유행지로 지정하고, 유행지에서 출발했거나 경유한 선박은
지룽 항무소(단수이 출장소 포함) 및 다거우 임시 해항 검역소에서 「해항 검
역규칙」에 의거하여 검역을 실시하도록 했다. 7월 19일, 지룽 항무소는
검역위원을 위촉하고, 푸저우, 산터우, 펑후다오 등을 콜레라 유행지로

---

14 「打狗と虎疫」, 『臺灣日日新報』, 1919. 07. 11., p. 7.
15 臺灣總督府警務局, 『大正八九年コレラ病流行誌』, pp. 41, 139.

간주하여 선박에 대한 검역을 실시했다. 지룽과 타이베이 지구에서 콜레라 상황이 심각해짐에 따라, 단수이항은 중국식 범선의 주요한 입출항이 되었고, 단수이 당국은 이 지역민 전체에 대한 건강검진을 시작하고 출입 선박에 대한 검역을 실시했다.[16] 7월 23일, 타이난[臺南] 홍마오항[紅毛港]에서 수 명의 콜레라 환자가 발생했다.[17] 8월 10일, 일본 내무성이 타이완을 콜레라 유행 지구로 지정함에 따라 타이완을 출발한 선박은 5일 동안의 정류 기간을 거쳐야 일본 내지에 상륙할 수 있었다. 8월 13일, 타이완 방역 당국은 샤먼을 유행지로 추가 지정했고, 선박회사에는 선의[船醫]를 탑승시켜 검역을 실시하도록 했으며, 제국 영사의 예방접종 증명서를 휴대하지 않은 자는 승선할 수 없도록 지시했다. 8월 31일, 오사카 상선회사[大阪商船會社]는 지룽과 샤먼 노선에 선의를 탑승시켜 자체적으로 검역을 실시하는 승선 검역을 실시했다.[18]

콜레라 발생지 혹은 경유지를 거친 선박에 대해서는 지룽, 단수이, 다거우 등지에서 해항 검역을 실시하였다. 해항 검역소가 설치되지 않은 항구에서는 경찰의, 공의, 경찰관 등이 검역을 실시하고, 의심 환자가 있는 선박은 가장 가까운 검역소로 회항시켜 검역을 받도록 했다. 해항 검역 방법은 다음과 같다. 해당 선박에 대해서 항무의관[港務醫官], 항무의관보[港務醫官補], 검역위원 등이 임시 검역을 실시한다. 승객 및 승무원의 건강 상태를 시찰하고 진단한 이후 의심자에 대해서는 분변 검사를 실시하도록

---

16 臺灣總督府警務局, 『大正八九年コレラ病流行誌』, pp. 37-38; 「虎疫檢疫始まる」, 『臺灣日日新報』, 1919. 07. 19., p. 7; 「淡水に健康診斷」, 『臺灣日日新報』, 1919. 07. 27., p. 7.

17 梁瓈尹, 「國家與檢疫: 日治時期臺灣海港檢疫制度之硏究」, p. 86.

18 「遂に虎疫流行地と指定さる愈愈船舶に檢疫を屬行」, 『臺灣日日新報』, 1919. 08. 10., p. 7; 臺灣總督府警務局, 『大正八九年コレラ病流行誌』, pp. 101-102; 「對岸航船と船醫新たに乘組ます」, 『臺灣日日新報』, 1919. 08. 31., p. 7.

한다. 화물 등 콜레라 병독 오염이 의심되는 것에 대해서는 소독을 실시한다. 선박 내의 배설물은 소독을 실시하고 소독하지 않은 배설물은 항구 내에서 배출하지 못하게 한다. 승객 또는 승무원 중에서 환자 또는 사망자 중 의심자가 발견되면 신속히 격리병사로 수용하고, 병독 감염이 의심되는 자는 격리하여 2회 이상의 검변을 실시하도록 한다.[19]

1919년 7월 초에 시작된 타이완의 콜레라 유행은 11월 말이 되어서야 종식되었다. 1919년 콜레라 환자와 사망자 수는 각각 3,836명과 2,693명에 달했다. 1919년 콜레라 유행 기간 타이베이는 콜레라 환자의 43.17%(1,656명)를 차지할 정도로 피해 상황이 가장 심각했다. 타이베이는 타이완의 수도로 단수이와 지룽이라는 항구를 통해 중국, 일본, 조선 등과 직접적인 교류가 이루어지는 곳이고, 타이완 내부에서 감염병이 발생할 경우에도 기차와 내지 교통로를 통해 쉽게 확산될 여지가 있었다. 따라서 타이베이의 콜레라 확산을 억제하기 위해서는 단수이와 지룽을 거점으로 한 해항 검역에 더 많은 지원이 필요했다.

1920년에는 전년도의 전철을 밟지 않기 위해, 타이완총독부는 유행지 지정을 확대하고, 더욱더 엄격한 검역을 실시했다. 1920년 4월, 다거우에서 첫 환자가 발생한 이래로 타이난을 거쳐 7월 말에는 타이베이로 확산되었다. 1920년 7월, 타이완총독부는 푸저우, 원저우[溫州], 상하이, 오사카, 효고[兵庫], 야마구치[山口], 후쿠오카, 나가사키, 조선 등을 유행지로 지정하고, 이 지역에서 출발한 선박은 「해항 검역규칙」에 따라 항구 밖에서 5일 동안의 검역을 실시했다. 정박과 동시에 선내 화장실을 봉쇄하고, 변기 사용을 금지했으며, 선원과 승객의 분변을 전부 채취하여 검

---

19 臺灣總督府警務局, 『大正八九年コレラ病流行誌』, pp. 99-101.

변을 실시했다. 세균 검사 결과, 균이 발견되지 않으면 정선을 해제하고 하선을 허가했다. 정박 중인 선박의 분변은 모두 생석회와 약물 등으로 소독 후에 항구 밖에서 정박을 풀게 했다. 만약 콜레라 유행 지구에서 출발한 선박이 해항 검역을 실시할 수 없는 곳에 도착하게 되면, 검역소가 있는 곳으로 회항하여 검역을 받게 했다.[20] 다만 일본과 타이완을 왕래하는 정기선에 대해서는 내무성과 총독부의 협의하에 제한적으로 편의 사항을 제공하도록 했다.

1920년 7월 29일, 타이베이에서 첫 환자가 발생하자, 전년도에 심각했던 콜레라 유행처럼 심각한 피해에 대비하고자 일본 내무성과 타이완 총독부는 협의를 통해 승선 검역을 실시하기로 했다. 승선 검역은 타이완과 일본을 오가는 정기선에 선의가 탑승하여 항해 중 선내에서 선원과 승객 전원을 대상으로 검변을 실시하는 것이었다. 8월 15일, 고베항에서 출발한 홍콩마루호[香港丸號]에는 모지항에서 관의[官醫]가 승선하여 첫 번째 승선 검역을 실시하였다. 첫 번째 승선 검역에서는 별다른 이상이 발견되지 않았지만, 관의 혼자서 600~700명의 선원과 승객을 모두 검역하는 데는 한계가 있었고, 지룽 항무소의 검역 지원을 받아 꼬박 하루가 연장된 후에서야 입항할 수 있었다.[21]

타이완에서 승선 검역은 이미 1898년 페스트 유행 시기에 시작되었다. 오사카 상선 회사[大阪商船會社]와 니폰 우선 회사[日本郵船會社] 등이 독자적으로 선의를 탑승시켜 검역 활동을 전개한 바 있다. 1919년 8월, 타

20 桐林茂·藍田俊郎 編,『臺灣海港檢疫史』, 臺北: 臺北州港務部檢疫課, 1936, p. 18.
21 臺灣總督府 編,『臺灣總督府事績提要』, 1920;『(復刻本)臺灣總督府事務成績提要』43, 臺北: 成文出版社, 1985, pp. 634-637;「第一回乘船官醫」,『臺灣日日新報』, 1920. 08. 22., p. 6; 臺灣總督府警務局,『大正八九年コレラ病流行誌』, p. 178.

이완에서 콜레라가 유행하자 방역 당국의 지지하에 오사카 상선 회사는 승선 검역을 시작했다. 선박 회사들이 승선 검역에 적극적이었던 것은 선박 회사의 상업적인 동기가 크게 작용했다. 지룽-모지-고베 노선을 운용했던 오사카 상선 회사와 니폰 우선 회사 등은 검역에 따른 선박 운항 시간의 장기화를 우려했다. 지룽항에서 출발한 선박은 모지항까지 2.5일이 소요되는데, 「해항 검역법」에 따라 5일간의 정류 기간을 거쳐야 했기 때문에, 2.5일간 모지항 밖에서 정류 기간을 보내야 했다. 또한 유행지에서 출발한 선박은 추가적으로 일본 제국 내에 도착한 첫 번째 항구에서 2일간 정류하면서 검변을 거쳐야 했기 때문에, 지룽-모지 정기노선은 콜레라 유행 시기에는 최소 7일이 소요되었다. 또한 모지항에서 다시 출발하여 고베항에 도착한 경우에도 감염병 유행지인 지룽항에서 출발한 여객선이기 때문에 또다시 검역을 받아야 했다. 이것은 여행객들의 불만을 초래했을 뿐만 아니라 상업적으로도 커다란 타격을 주었다. 예를 들어, 바나나 운반선의 경우 정박 시간이 길어질 경우 바나나의 부패로 인해 큰 손실을 입게 되었다. 바나나는 타이완 해외 수출의 10%를 차지할 정도로 중요한 수출 상품이었다.[22] 이 밖에도 수산물, 우롱차 등 타이완의 주요 수출품들도 타격이 불가피했다.

승선 검역은 선박에 선의를 탑승시켜 지룽항에서 출발 전 24시간 이내에 승객 및 선원의 검변을 실시하고, 노선 운항 중에도 검변을 실시하는 방안으로 검역의 효율을 높이면서도 정박 시간을 최소화할 수 있는 방안이었다. 또한 선박 회사들은 모지항에서 추가적으로 소요되는 이틀

---

22 「定期船惡疫豫防法施行」,『臺灣日日新報』, 1898. 5. 10., p. 3;「定期船の打擊」,『臺灣日日新報』, 1919. 08. 12., p. 7; 臺灣總督府,『臺灣事情』, 1922, 第20章 貿易と金融, pp. 13-14.

간의 검변 기간을 축소시키고자 자체적으로 모지항 임시 격리수용소를 운용하는 방안을 제안하였다. 이에 따라 지룽에서 출발한 선박은 콜레라 의심 환자를 모지항 임시 격리수용소에 격리시키고, 정류 기간 없이 고베로 향할 수 있게 되었다. 선박 회사들은 승선 검역과 임시 격리수용소의 운용이라는 획기적인 방안을 일본 내무성에 제안했고, 1919년 9월, 일본 내무성과 타이완총독부가 이를 전격적으로 수용하였다. 육상 검변과 선의의 선상 검변이 일본 내무성의 승인을 받게 됨으로써 지룽-모지-고베 노선은 별도의 검역 없이 곧바로 운행할 수 있게 되었다.[23]

그러나 실제로 선의 혼자서 다수의 선원과 승객 전원에 대해 검변을 실시하는 것은 쉽지 않은 일이어서, 의심 환자에 대해서만 분변 검사를 실시했다. 얼마 후 방역 당국은 승객의 부담을 줄이고 방역의 성과를 높이기 위해 「선내 검역 판법船內檢疫判法」을 일부 개선했다.

"첫째, 콜레라 환자나 사망자 발생 시 의법 조치한다.

둘째, 만약 입항 선박이 유행 지구에서 출발한 지 5일 이내인 경우에는 정선을 명하여, 신속히 선원과 승객에 대한 검변을 실시한다. 검변에 이상이 없다면 법정 기간에 이르지 못했다고 해도 정선을 해제할 수 있으며, 승선과 하역을 막지 않는다.

셋째, 법정 기한을 초과한 선박에 대해서는 채변을 실시하고 검사

---

23 「停船檢疫問題」, 『臺灣日日新報』, 1919. 09. 07., p. 7; 「門司へ收容所大阪商船の奮發」, 『臺灣日日新報』, 1919. 09. 07., p. 7; 「門司へ收容所同社船は停船せず」, 『臺灣日日新報』, 1919. 09. 07., p. 7; 「停船檢疫問題倉岡技師内務省と交渉の結果」, 『臺灣日日新報』, 1919. 09. 07., p. 7; 「停船檢疫問題倉岡技師與内務交歩」, 『臺灣日日新報』, 1919. 09. 07., p. 8; 「停船檢疫問題」, 『臺灣日日新報』, 1919. 09. 08., p. 4; 梁瓈尹, 「國家與檢疫: 日治時期臺灣海港檢疫制度之研究」, pp. 97-101.

결과가 나오지 않았다 해도 입항을 허가한다. 아울러 승객들의 상륙 후의 소재지를 철저하게 조사하여, 보균자가 발견되면 소재지 지방청에 그 사실을 급보하여 처리하도록 한다."

이후 타이완-일본 정기선에 대해서는 선내 검역이 실시되었는데, 감염병 유행과 환자 발생 시에는 선원과 승객 전원에 대해서 분변 검사를 실시하고, 평시에는 승선 검역의가 선원과 승객에 대한 건강검진만을 실시하도록 했다. 또한 선내 검역이 평시에도 제도화됨에 따라 입항 시 정선停船 후 검역의의 정선 검역은 폐지되었다.[24]

1920년에는 가을철 날씨가 추워진 탓에 콜레라 유행이 급속히 잦아들었고, 타이완총독부는 11월 7일 유행지 지정을 일제히 해제했다. 그럼에도 불구하고, 12월 1일부터는 승선 검역을 제도화하기 위해 지룽 항무소와 모지 항무부에 각각 2명의 의사를 채용하도록 했다. 그 재원은 일본 내무성과 타이완총독부가 각각 부담하기로 했다. 아울러 효고현 항무부, 후쿠오카 항무부, 지룽 항무부 등에 무급 촉탁의도 추가로 배치하여, 유사시 승선 검역을 실시할 수 있도록 했다.[25] 1920년 타이완에서 콜레라 환자와 사망자는 각각 2,700명과 1,675명이었다. 그렇지만 타이베이로 입항하는 선박의 승선 검역은 성공적이어서 해상에서 유입된 환자는 한 명도 발생하지 않았고, 타이베이 시내에서도 3명의 환자만이 발생했을 뿐이었다.

---

24 「第一回乘込宮醫野間實秀氏香港丸にて來臺」,『臺灣日日新報』, 1920. 08. 21., p. 7;「船舶檢疫簡單」,『臺灣日日新報』, 1920. 09. 02.;「神戸、門司、基隆の港外檢疫は廢止」,『臺灣日日新報』, 1920. 11. 30., p. 7.

25 臺灣總督府警務局,『大正八九年コレラ病流行誌』, pp. 197-198.

2) 위생경찰과 공의 제도의 강화

1911년 5월, 타이완총독부는 지룽항에 항무 설비를 확충함과 동시에 「타이완총독부 항무소 관제[臺灣總督府 港務所官制]」를 반포하여 지룽 항무소와 단수이 항무출장소를 설치하고 해항 검역 및 가축 검역 등의 업무를 처리하도록 했다. 당시 항무소는 특별경찰관청으로 각 지방청장 소관이었고, 1920년 지방 관제 개편에 따라 각 지방 경무부장이 항무소장을 겸직하게 되었다. 특히 타이완 북부는 항무소 중심으로 검역 기관이 완비됨에 따라 검역 행정도 완비되는 추세에 있었다. 반면 타이완 남부는 재정이나 인력 부족 등으로 검역 활동에서 부실함을 면치 못했다. 항무소는 규정에 따라, 서무과, 항무과, 검역과 세 개 과로 구성되었다. 항무과는 항구 지역 내의 경찰과 위생업무를 담당하고, 검역과는 해항 검역과 가축 검역 등을 담당하며, 서무과는 기타 사항을 담당하였다.

타이완 해항 검역의 특징 중의 하나는 승선 검역, 격리수용소 운용 등 검역 방법을 강화하는 것과 더불어 해항 검역이 위생경찰 및 공의 제도와 밀접한 관련을 맺고 있었다는 점이다. 검역을 주도하던 지룽 항무소와 항무 출장소의 책임자들이 모두 경찰들이었고, 항구 지역에 거주하는 공의들을 신속하게 동원하여 검역 업무에 협력하게 하는 일이 해항 검역의 성패를 좌우했다. 효율적인 검역과 방역 행정을 위해 위생경찰과 공의의 확보와 동원은 가장 중요한 일이었다. 1919년 콜레라가 가장 심각했던 타이베이의 경우, 8월 6일에 경사[警査] 정원을 70명을 증원했고, 타오위안[桃園], 신주[新竹], 타이중[臺中] 등 3개 지역에서 경찰 57명을 지원받았다. 의사 인력은 공의를 소집하고, 개업의를 촉탁하며, 타 지방의 공의를 지원받아 확보했다. 그 결과 8월 하순 타이베이의 검역 종사 인원은

총 630명에 달했다. 또한 부족한 인원은 보갑역원保甲役員과 장정단壯丁團의 지원을 받았다.[26]

1919년 콜레라 유행에서 환자의 조기 발견은 무엇보다 시급한 과제였다. 이를 위해 의사의 검진뿐만 아니라 의생醫生을 활용하여 감염병 환자를 진단하고자 했다. 또한 투서함을 설치하여 환자 발견 및 밀매장 등에 관한 정보를 파악하고자 했다. 특히 '검병적 호구조사檢病的 戶口調査' 또는 '건병적 호구조사健病的 戶口實查'를 통해 환자 발견을 강화하고자 했다. 1919년 타이완에서 환자 발견 방법에는 해항 검역, 기차 검역, 여객 검역 이외에 호구 검역, 의사 보고, 환자 가족의 신고, 밀고, 사체 검안, 검변 등 다양한 방안이 동원되었지만, 각각의 방안이 차지하는 위상을 정확히 파악하기 어렵다. 다만 1919년 콜레라 방역에서 해항 검역이라는 일차 방어선이 사실상 붕괴되었기 때문에, 호구 검역 등을 통한 환자 색출 작업이 강화될 필요가 있었다. 타이완총독부는 호구 검역을 위해 조사구역을 3단계로 나누었는데, 즉 위험구역-예방구역-일반건강 조사구역 등으로 구분하였다. 이러한 구분에 따라 위생경찰이 위험구역은 매일 1회 이상, 예방구역은 2일에 1회 이상, 일반건강 조사구역은 5일에 1회 이상 순찰을 실시하였다. 이러한 방식으로 타이베이에서는 125,315호에 대한 호구 검역을 실시하여 196명의 환자를 발견하였다. 호구 검역에 의한 환자 발견 비율은 1919년 타이베이의 경우, 환자 1,656명 중 11.84%를 차지하였다. 이것은 일본의 콜레라 방역에서 호구 검역이 차지하는 비중 6.38%보다는 높은 것이었지만, 50% 이상을 상회하는 조선과 비교해서는 현격하

---

26 梁瓈尹, 「國家與檢疫: 日治時期臺灣海港檢疫制度之研究」, pp. 68-69; 臺灣總督府警務局, 『大正八九年コレラ病流行誌』, pp. 97-98.

게 낮은 것이었다.[27]

1920년 콜레라 유행 시 타이베이에서 발생한 첫 번째 환자는 7월 29일 타이중 인근 장화군[彰化郡]에서 온 일본인 남성이었는데, 경찰서 입감 중에 콜레라 환자로 판명된 후 사망하였다. 두 번째 환자는 10월 16일 시먼제[西門街]에서 발견된 일본인 여성 1명이었고, 마지막으로 발견된 환자는 11월 7일 청난제[城南街]에서 발견된 일본인 남성 1명 등이었다.[28] 이들은 모두 국내외 출입국과는 상관없이 음식물 섭취 등을 통해 발병한 것으로 해항 검역과는 상관없는 사람들이었다. 따라서 1920년 타이베이에서는 해항 검역 등 출입국 검역의 일차 방어선과 지역 사회에서 실시한 호구 검역 등 이차 방어선이 효과적으로 유지되었다고 평가할 수 있다.

2. 식민지 조선의 해항 검역과 호구 검역

1) 콜레라 유행 상황과 해항 검역

조선의 근대적 검역은 1885년 8월 해관 총세무사 부속 의사로 알렌이 검역 업무를 시작하고, 1886년 「온역장정溫疫章程」(1886. 6. 19., 전문 8조)이 제정되면서 인천, 부산, 원산 등 3개의 항구에서 시작되었다. 「온역장정」

---

27 臺灣總督府警務局, 『大正八九年コレラ病流行誌』, pp. 117-118, 195-196. 1916년 일본에서 콜레라 환자의 발견은 호구 검역에 의한 것은 6.38%였고, 대다수인 66.10%는 의사 신고에 의한 것이었다. 內務省衛生局防疫課 編, 『大正五六年虎列剌病流行誌』, 1919, p. 286.

28 「市內西門街に虎疫發生此際一般市民は大に自重警戒せよ」, 『臺灣日日新報』, 1920. 10. 19., p. 7; 「虎疫發生 城南街に」, 『臺灣日日新報』, 1920. 11. 08., p. 5; 「虎疫患者死亡傳染徑路は不明」, 『臺灣日日新報』, 1920. 11. 09., p. 7.

은 감염지로부터 오는 선박의 의무적인 검역 실시, 선박 승무원·승객에 대한 의사의 검사, 검사 후 감염자가 없는 선박의 항구 진입 허용, 감염 선박의 격리, 감염 환자의 피병원避病院29 격리와 사망자 처리, 환자·사망 자에 대한 소독, 검역 불응 선박·선주·승객의 처리 등을 규정했다.30 감 염병 유행지에서 오는 선박의 입항을 규제하고 검역을 단행함에 따라 군 함 검역과 소독 문제 등을 둘러싸고 서구 열강들과 갈등에 휘말리기도 했다. 이후 조선정부와 대한제국정부는 「검역규칙」(1895. 7. 4.)과 「전염병 소독규칙」(1899. 9. 7.), 「검역정선규칙」(1899. 9. 13.)을 반포하는 등 검역 주 권을 지키기 위한 일련의 노력을 쏟았다.

조선이 식민화됨에 따라 탁지부의 세관 업무 중의 하나였던 검역 사 무는 조선총독부의 세관 업무로 이관되었다. 조선총독부는 「해항검역에 관한 건」(1911. 1. 21., 제령) 5조와 「해항검역수속」(1911. 1. 24., 훈령 제6호) 10조 를 반포했다. 「해항검역에 관한 건」은 검역 관리의 주도로 선박, 승객, 승 무원의 정선, 검역, 소독 등을 시행하도록 규정하고, 이를 따르지 않을 경우 벌금을 부과하도록 했다. 「해항검역수속」은 콜레라, 성홍열, 페스 트, 황열 등의 감염병에 대해서 검역을 실시하고(제1조), 승객과 승무원의 검역 기간을 페스트는 10일, 콜레라와 황열은 5일로 했다(제3조). 「해항검 역수속」 역시 검역 관리의 역할을 중시했는데, 선박, 승객, 승무원의 정 선, 검역, 소독 등은 모두 검역 관리의 판단에 따르도록 한 것이었다(제2 조, 제3조, 제8조). 1912년 5월, 조선총독부는 「해항검역수속 개정」(1912. 5.

---

29 피병원은 근대적 격리병원(isolation hospital)이 등장하기 이전 동아시아 각국에서 감염 환자를 격리 수용하기 위한 일종의 격리시설을 지칭한다.

30 「瘟疫章程設定에 關한 件」, 『舊韓國外交關係附屬文書』 第1卷(海關案1), 고려대학교아세 아문제연구소 영인본, 1972.

4., 훈령 제54호)을 통해, 해항 검역에 필요한 사항을 경무총장이 정하도록 규정함에 따라 해항 검역 사무는 경무총장의 위생 사무로 통합되었다.[31]

1915년 6월, 「전염병예방령」 중에 검역 사무를 규정했으며, 1915년 7월, 「선박, 기차, 여객검역규칙」이 반포되었다. 이 규칙에 따라 검역위원의 승인 없는 하선이나 하역이 금지되었다. 따라서 검역 업무에서 검역위원의 권한은 절대적이었다. 1915년 8월, 「검역위원 처무규정」에 따르면, 검역위원장은 경무부장의 지휘·감독을 받아 경무부 관내에서 감염병 예방 사무의 감독, 선박, 기차 여객의 검역 및 감염병 예방에 관한 사무와 검역위원을 지휘·감독하도록 했다.[32] 이와 같이 감염병 예방에 관련된 검역 사무 등은 경무청이 주체가 되어 경찰 혹은 경찰서를 중심으로 이루어졌다.

조선총독부는 동아시아 전역의 감염병 정보에 관심을 가졌고, 일본제국이 관할하는 군·외교·정부 네트워크를 활용하여 『조선총독부관보』는 1919년 1월부터 매주 단위로 감염병 정보를 보고하기 시작했다. 만저우리[滿洲里] 및 하얼빈 등 북[北]만저우(만철위생과), 장춘[長春] 및 다롄[大連] 등 남[南]만저우(관동도독부 경무부), 블라디보스토크(블라디보스토크 주재 일본 총영사관), 칭다오(칭다오수비군 민정부 경무부), 상하이(일본 내무성 방역사무 촉탁), 홍콩(홍콩 주재 일본 총영사) 등지에서 유행하는 법정 감염병이 그 대상이었다.[33] 특히 홍콩 지역에서는 1919년 1월부터 8월 말까지 페스트 신규 환

31 「海港檢疫ニ關スル件」, 『朝鮮總督府官報』, 1911. 01. 21., p. 1; 「海港檢疫手續」, 『朝鮮總督府官報』, 1911. 01. 24., p. 1; 「海港檢疫手續中左ノ通改正ス」, 『朝鮮總督府官報』, 1912. 05. 04., p. 29.

32 「朝鮮總督警務總監部訓令 甲 第40號」, 『朝鮮總督府官報』, 1915. 08. 06.

33 신규환, 「제1·2차 만주 페페스트의 유행과 일제의 방역행정, 1910-1921」, pp. 460-461.

자와 사망자가 계속 발생했고, 홍콩 및 주룽[九龍] 지역에서 쥐를 포획하여 세균 검사를 실시했으며, 일부 쥐들이 페스트균에 감염된 사실을 확인했다. 8월 말부터는 홍콩의 콜레라 환자에 관한 감염병 정보가 보고되었다. 1919년 8월 2일, 조선총독부는 「경무총감부 공문」을 통해 남중국에서 콜레라가 유행하고 있으며, 콜레라에 유의할 것을 당부했다.[34] 조선 연안에는 이미 인천, 부산, 신의주, 원산, 용암포, 진남포, 군산, 목포, 청진, 성진 등 10개소에 해항 검역소가 설치되어 있었다.

1919년 8월 9일, 평안북도 용암포항과 신의주항에서 해항 검역이 시작되었다.[35] 8월 12일, 평안북도 용천군 용암포에서 콜레라 첫 환자가 발생했다. 신의주는 철도교통의 중심지가 되었으나, 항만은 수심이 고르지 않아 기선과 같은 대형 선박은 신의주 남부의 용암포로 입항했다. 신의주가 아닌 용암포에서 콜레라 환자가 발생했다는 것은 콜레라가 철도를 통해 들어온 것이 아니라 항만을 통해 들어왔다는 것을 시사한다. 8월 21일 콜레라 유행에 대비하여 신의주, 용암포 등지에서 만저우 지역에서 오는 여행객을 대상으로 검역을 실시했다. 8월 28일에는 신의주 이외에 평안남도, 황해도, 경기도, 전라남북도, 경상남북도 등 전국에 걸쳐 해항 검역이 실시되었다. 그러나 유행지에서 출발하지 않았거나 유행지를 경유하지 않았다는 경찰서의 증명을 받은 경우에는 해항 검역을 면제받을 수 있었다.[36]

34 「傳染病週報」,『朝鮮總督府官報』, 1919. 08. 23., p. 257; 「香港傳染病週報」,『朝鮮總督府官報』, 1919. 08. 28., p. 319; 「警務總監部公文」,『朝鮮總督府官報』, 1919. 08. 02., p. 17.

35 朝鮮總督府,『大正八年虎列刺病防疫誌』, 京城: 朝鮮總督府, 1920, p. 125.

36 「朝鮮總督府告示第216號」,『朝鮮總督府官報』, 1919. 08. 21., p. 223; 「朝鮮總督府告示第218號」,『朝鮮總督府官報』, 1919. 08. 28., p. 305; 朝鮮總督府,『大正八年虎列刺病防疫誌』, p. 107.

표 2 1919년 평안도 지역 해항 검역 실적표[37]

검역 시작	검역 종결	입항 선박(척)				상륙 중 정류 명령(척)				인원(명)			환자 발견	채변 자 (명)
		기선	범선	어선	계	기선	범선	어선	계	상륙	정류 명령	계		
용암 포항	8월 9일	11월 23일	27	770	134	931	-	277	6	283	3,081	924	4,005	-	36
신의 주항	8월 9일	11월 30일	-	1,365	-	1,365	-	765	-	765	24	2,453	2,477	-	221
진남 포항	7월 21일	11월 20일	124	950	-	1,075	47	879	-	926	7,456	5,697	13,153	-	5,710

무엇보다도 평안북도 용암포항과 신의주항, 평안남도 진남포항 등지에서 발생한 해항 검역의 실패는 콜레라 유행에 치명적인 영향을 미쳤다. 40~90일 동안 검역이 진행되는 동안, 입항한 선박 3,371척 중에서 58.6%인 1,975척만이 정류 명령을 받았고, 상륙 인원 19,635명 중 30.4%인 5,969명만이 채변 검사를 받았을 뿐이었다. 특히 다수의 여행객이 승선하는 기선의 경우, 용암포항에서는 단 한 척도 정류 명령을 받지 않았고, 진남포항에서도 37.9%만이 정류 명령을 받았을 뿐이었다. 더욱이 이러한 조치를 통해 단 한 명의 환자도 발견하지 못했고, 그 결과는 1919년 콜레라 환자 16,991명 중 42.7%인 7,255명이 평안도 지역에서 발생하는 치명적인 결과로 나타났다.

8월 한 달 동안 940명의 환자와 639명의 사망자가 발생했는데, 사망자의 84%(537명)가 평안북도에 집중되었다. 9월이 되자, 충청북도를 제외한 전 지역에서 사망자가 발생했고, 평안북도, 평안남도, 황해도 등지에서 사망자가 가장 많이 발생했다. 이것은 콜레라가 만저우를 통해 한반도로 유입되었음을 나타낸다. 1919년 식민지 조선에서 콜레라 환자 수

---

37 朝鮮總督府, 『大正八年虎列刺病防疫誌』, p. 125.

는 16,991명, 사망자는 11,084명이었다.[38] 1919년 콜레라의 유행은 신의
주 방역의 중요성을 다시 한번 일깨웠다. 신의주는 1911년 10월 이래로
압록강철교가 개설되어 중국의 안펑선安奉線과 조선의 경의선京義線을 연결
하는 교통의 요지로, 해항 검역, 기차 검역, 여객 검역의 중요한 거점이
었다.

1919년 해항 검역의 성과는 다음과 같다. 11,833척 중 29.7%인
3,514척만이 정선 명령을 받았고, 상륙 인원 105,078명 중 34.5%인
36,251명만이 검역을 받았다. 환자 발생은 선박 내에서 발견된 36명과
검역 중 발견된 14명 등 총 50명에 불과했다.[39] 1919년 해항 검역, 선박
검역, 정박 중 검문 등으로 발견된 콜레라 환자는 총 137명(사망자는 41명
포함)이었다. 이는 전체 콜레라 환자 16,991명 중에서 0.81%에 해당하는
것이다.

표 3 1919년 병독 유입 관계도[40]

구분	도외 유입(명)	도내 유입(명)	계(명)	백분율(%)
기선 승조원 및 승객	30	2	32	1.28
화선(和船) 승조원 및 승객	83	312	395	15.79
어선 승조원	114	311	435	17.39
유독지 근해	74	295	369	14.75

---

38 「傳染病患者數」,『朝鮮總督府官報』, 1919. 10. 25., p. 299;「傳染病患者數」,『朝鮮總督府
官報』, 1919. 11. 03., p. 31. 1919년 콜레라 환자 수 및 사망자 수는 황해도(4,507명/3,101
명), 평안남도(3,787명/2,405명), 평안북도(3,471명/2,246명) 순이었다. 朝鮮總督府,『大
正八年虎列剌病防疫誌』, pp. 13-16. 이 통계는『朝鮮防疫統計』와 약간 차이가 있다. 1919
년 콜레라 환자 수는 16,915명, 사망자 수는 11,533명이었다. 朝鮮總督府警務局,『朝鮮防
疫統計』, 1941, p. 10.
39 朝鮮總督府,『大正八年虎列剌病防疫誌』, p. 125.
40 朝鮮總督府,『大正八年虎列剌病防疫誌』, p. 25.

육로 여행	45	75	120	4.80
행상자	13	44	57	2.28
유병지 귀래자	91	432	523	20.91
유병지 수입음식물	31	539	570	22.80
계	481	2,020	2,501	100.00

해항 검역이 30% 내외의 선박과 승객만을 대상으로 했기 때문에, 해항을 통한 검역 실패는 감염병 확산의 주요한 원인이 될 수밖에 없었다. 실제로 [표 3]의 '1919년 병독 유입 관계도'를 보더라도 승객 및 승조원을 통한 감염병 확산이 중요한 비중을 차지하고 있고, 육로(4.80%)와 행상(2.28%) 등을 통한 감염병 확산은 낮은 비중을 차지하고 있음을 알 수 있다.

표4 1919~1920년 조선의 콜레라 유행 상황[41]

1919년				1920년			
지역	최초 발견	환자 수	사망자 수	지역	최초 발견	환자 수	사망자 수
경기	8월 09일	235명	173명	평남	6월 26일	87명	55명
평북	8월 12일	3,471명	2,246명	경남	6월 29일	3,655명	2,373명
평남	8월 16일	3,787명	2,405명	황해	7월 04일	464명	286명
함남	8월 26일	924명	595명	경북	7월 04일	1,650명	1,097명
함북	8월 26일	499명	297명	전남	7월 28일	13,667명	6,419명
황해	8월 27일	4,507명	3,101명	경기	8월 03일	2,636명	2,019명
경남	9월 01일	456명	331명	충남	8월 04일	765명	483명
경북	9월 05일	76명	37명	강원	8월 10일	488명	314명

---

41 朝鮮總督府, 『大正八年虎列剌病防疫誌』, pp. 31-101; 朝鮮總督府, 『大正九年コレラ病虎防疫誌』, pp. 14-15; 朝鮮總督府, 『朝鮮衛生事情要覽』, 1922, p. 100.

강원	9월 19일	65명	38명	함남	8월 18일	288명	161명
전북	9월 20일	1,359명	874명	함북	8월 20일	23명	11명
충남	9월 24일	943명	617명	충북	8월 27일	33명	20명
전남	9월 25일	668명	369명	전북	8월 31일	473명	330명
충북	10월 14일	1명	1명				
계		16,991명	11,084명	계		24,229명	13,568명

1920년 6월, 조선의 콜레라 유행은 새로운 양상으로 전개되었다. 신의주와 용암포가 중요한 통로였던 전년도와 달리, 1920년에는 일본에서 출항한 선박이 주요한 전염원이 되었다. 첫 환자는 평안남도 진남포항에 입항한 후쿠오카에서 출발한 진코마루호[神光丸號]에서 발견되었지만, 주요한 감염원은 일본과 빈번한 교류가 이루어졌던 경상도 일대로 진출했다. 일본 나가사키를 통해 경상남도로 유입된 콜레라는 전라남도, 경상남도, 경기도 등지에서 크게 유행했다.[42] 그중 13,667명의 콜레라 환자가 전라남도에서 발견되었는데, 그중에서도 제주의 콜레라 환자가 9,735명에 이르렀다. 평안도와 황해도 지역에도 콜레라가 유행하긴 했지만, 일차 방어선인 해항 검역의 부실은 남부 지역에서 감염병의 확산을 조기에 진화시키지 못했다.

해항 검역에서 중요한 변화는 1920년 8월 이후, 해항 검역이 강화되면서부터였다. 이전까지만 해도 유행지 출발 선박에 대해서 별다른 강제 조항이 없었다. 1920년 8월 27일 이후「검역 규칙」이 개정되면서 출발지 검역주의가 채택되었고, 유행지에서 출발한 선박은 반드시 검역 절차를 밟아야 했다. 콜레라 검역은 페스트에 비해 검역 기간이 짧았지만, 강제

42　「朝鮮總督府全羅南道諭告第2號」,『朝鮮總督府官報』, 1920. 08. 06., p. 44.

격리·교통 차단·소독 이외에도 선박·기차·여객 검역 시 검역 대상자들에게 검변 증명서와 예방주사 증명서 등을 요구할 수 있었고, 심지어 콜레라 확산을 이유로 집회도 금지할 수 있었다. 그러나 이미 뒤늦은 조치였다. 해항 검역에 의한 환자 발견은 사후 발견자까지 포함해서 53명이었다. 전체 보고된 환자 16,991명 중 해항 검역으로 발견된 환자 비율은 0.31%였다.[43] 해항 검역, 기차 검역, 여객 검역 등 감염병 루트를 막지 못한 선제적 방역의 실패는 참혹한 결과로 이어졌다. 1920년 식민지 조선의 콜레라 사상자 수는 환자가 24,229명, 사망자는 13,568명이었다.[44] 조선은 동아시아 각국 중 최대 피해지였다.

2) 해항 검역의 실패와 호구 검역의 확대

대한제국 시기 「전염병 예방규칙」(1899. 8. 16.)은 콜레라, 이질, 장티푸스, 두창, 발진티푸스, 디프테리아 등 6종을 법정 감염병으로 정했고, 1910년 8월에 「전염병 보고례」(1910. 8. 16.)는 기존 6종에 성홍열과 페스트를 추가했다. 「전염병 보고례」의 제정 이전에 조선에서 성홍열과 페스트가 유행한 것은 아니지만, 일본에서는 성홍열과 페스트로 인해 매년 수백 명의 사망자가 발생하고 있었다.[45] 「전염병 보고례」는 법령으로 정

---

43 朝鮮總督府, 『大正九年コレラ病虎防疫誌』, p. 80; 「朝鮮總督府令第114號」, 『朝鮮總督府官報』, 1920. 08. 27., p. 290; 朝鮮總督府, 『大正八年虎列刺病防疫誌』, pp. 143-144.
44 1920년 콜레라 환자 수 및 사망자 수는 전라남도(13,667명/6,419명), 경상남도(3,655명/2,373명), 경기도(2,636명/2,019명), 경상북도(1,650명/1,097명) 순이었다. 朝鮮總督府, 『大正九年コレラ病虎防疫誌』, pp. 17-18. 『朝鮮防疫統計』의 1920년 콜레라 환자 수는 24,229명, 사망자 수는 13,568명이었다. 朝鮮總督府警務局, 『朝鮮防疫統計』, 1941, p. 10.
45 內務省衛生局, 第一表, 「累計傳染病患者及死亡總數」, 『法定傳染病統計』, 1924를 참고.

식 공포된 것은 아니었지만, 당시 감염병을 통제하던 경찰 조직에서 공식적으로 통용되었기 때문에, 사실상 법령과 같은 효력을 지녔다.

「전염병 예방령」(1915. 6. 5.)은 콜레라, 이질, 장티푸스, 파라티푸스, 두창, 발진티푸스, 성홍열, 디프테리아, 페스트 등 9종을 법정 감염병으로 정했다. 기존 8종에 파라티푸스가 포함된 것이었다. 이 역시 1910년대 일본에서 급증한 파라티푸스 유행과 관련된 것이다.[46] 「전염병 예방령」의 특징은 각 지방 경무부장 책임하에 감염병을 관리하도록 했고, 사체검안 및 소독 등은 경찰, 헌병 등의 관리를 받도록 했다는 점이다. 말하자면 감염병 관리는 경찰에 의한 일원적 관리를 목표로 했다. 「전염병 예방령 시행규칙」(1915. 7. 12.)은 「전염병 예방령」의 주요 내용을 보다 구체화했는데, 감염병 유행 시 각 지방 경무부장은 경무총장에게 우선 보고하고, 도 장관에게 통보하도록 했다(제1조). 특히 페스트 유행 시에는 쥐의 구제를 우선적인 시행 업무로 삼았다(제4조). 또 콜레라, 이질 환자의 격리 기간을 5일, 발진티푸스, 성홍열 환자의 격리 기간을 7일로 했던 것에 비해 페스트 환자는 격리 기간을 10일로 정했다(제6조).[47]

1919년 지방제도 개편을 통해 도경무부장이 가졌던 위생 관련 처리 권한이 도지사에게 이관되었다. 그동안 위생을 포함한 경찰 사무를 총괄하던 경무총감부가 해체되면서, 위생 사무와 관련한 도지사의 개입 여지

---

46 일본내무성이 파라티푸스를 주요한 감염병으로 파악하기 시작한 것은 1910년부터이고, 매년 200~800명 내외의 사망자가 발생했다. 감염병 환자의 사망통계는 『法定傳染病統計』(1924)를 참고. 일본은 1897년 「傳染病豫防法」에서 두창, 콜레라, 장티푸스, 이질, 디프테리아, 발진티푸스, 성홍열, 페스트 등 8종을 법정감염병으로 관리했고, 1922년 개정을 통해 파라티푸스와 유행성뇌척수막염이 추가되었다.

47 「傳染病豫防令施行規則」, 『朝鮮總督府官報』, 1919. 07. 12., p. 133.

가 확보되었다.[48] 1919년 4월, 도경무부장은 도 장관의 승인을 받아 부·면에 각종 방역 활동을 실시하고 방역 설비를 갖출 수 있었다. 그런데 그 비용은 부·면의 지방비로 처리하도록 했다. 다만 중앙정부는 감염병 예방비와 관련하여 부에는 지출액의 1/5, 면에는 지출액의 1/3을 보조하도록 했다. 1919년 9월 11일 「전염병 예방령 시행규칙 개정안」에 따르면, 감염병 관리상 경무부장 책임이 도지사로 이관되면서 도지사의 역할이 중요해졌고, 헌병의 역할은 삭제되었다. 각 지방에서는 도지사가 관할하는 검역위원회가 조직되었는데, 검역위원 본부는 도청 소재지에 설치하고, 주요 경찰서를 검역위원 지부로 하여 검역 활동을 관리하기도 했다. 이는 검역 활동이 지방 중심으로 옮겨졌지만, 여전히 경찰 행정을 중심으로 방역 활동이 진행되었음을 의미한다. 또, 각종 감염병 보고 및 사체 검안 등을 경찰 관리 혹은 검역위원에게 보고하도록 했는데, 이 역시 경찰 중심이었음을 나타낸다. 콜레라 예방을 명분으로 어로와 수영이 금지되었고, 각종 집회도 금지될 수 있었다.[49]

1919~1920년 콜레라 유행에 대응하여 방역 당국은 다양한 방안을 시도했다. 우선은 위생 강연과 예방주사 등을 통해 계몽 및 예방 활동에 주력하였다. 예방주사 실적은 1919년 144만 4,318명, 1920년 687만 6,336명이었다. 콜레라 유행 이후에는 감염 환자를 재빨리 발견하여, 격리 및 소독 조치하는 게 필요했다. 1919년 콜레라 환자 발견의 방법으

---

48 박윤재, 「조선총독부의 지방 의료정책과 의료소비」, 『역사문제연구』 21, 2009, p. 165.

49 「朝鮮總督府令第61號」, 『朝鮮總督府官報』, 1919. 04. 08., p. 109; 「傳染病豫防費補助規定」, 『朝鮮總督府官報』, 1919. 10. 08., p. 87; 「朝鮮總督府令第143號」, 『朝鮮總督府官報』, 1919. 09. 11., p. 113; 「朝鮮總督府咸鏡南道訓令第18號」, 『朝鮮總督府官報』, 1919. 09. 26., p. 302; 「朝鮮總督府忠淸北道告示第36號」, 『朝鮮總督府官報』, 1920. 09. 02., p. 21; 「朝鮮總督府京畿道令第8號」, 『朝鮮總督府官報』, 1919. 09. 15., p. 157.

로는 호구 검역(58.13%), 타인 신고(16.97%), 의사 보고(12.74%), 환자 가족의 신고(11.13%) 등이 이루어졌으며, 해항(0.31%), 기차(0.05%), 여객 검역(0.03%) 등은 모두 합쳐도 1% 미만에 불과했다. 1920년 진성콜레라 환자 발견의 방법으로는 호구 검역(67.19%), 자위단(7.33%), 의사 보고(4.75%), 환자 가족의 신고(3.75%), 밀고(3.71%), 사체 검안(3.08%), 검변(3.04%) 등이었다. 환자 발견에 있어 호구 검역의 중요성은 절대적이었다. 1920년 발견된 환자의 치료는 환자 자택 치료가 82.59%, 병원과 병사 치료가 14.87%를 차지했다.[50]

표 5 환자 발견 방법[51]

구분 \ 연도	1919년	1920년
호구 조사	58.13%	60.84%
자위단	-	24.25%
타인 신고(환자 가족 신고)	16.97%	8.02%
의사 신고	12.74%	1.34%
가족 신고	11.13%	-
밀고	-	1.67%
해항 검역	0.31%	0.02%

1919~1920년 식민지 조선의 콜레라 방역에서 환자 발견 방법으로 해항 검역, 기차 검역, 여객 검역 같은 출입국 검역을 통한 방역 활동보다는 '검병적 호구 조사', 즉 지역사회의 호구 검역이 가장 중요한 비중

— 50 朝鮮總督府,『大正九年コレラ病虎防疫誌』, pp. 89-92, 143-144.
   51 朝鮮總督府,『大正八年虎列剌病防疫誌』; 朝鮮總督府,『大正九年コレラ病虎防疫誌』를 참고하여 작성.

을 차지했다. 식민지 조선에서 호구 검역의 성과는 1919, 1920년 각각 58.13%와 67.19%에 이르렀다. 이것은 일본에서 호구 검역이 6.38%, 식민지 타이완에서 호구 검역이 11.84%였던 것과 비교할 때, 압도적으로 높은 수치였다. 이는 식민지 조선에서는 콜레라의 유입 경로를 차단하는 출입국 검역보다는 콜레라 유입 이후 지역사회의 호구 검역을 통해 환자 색출에 더욱 열중하고 있었음을 보여 주는 대목이다.

1919~1920년 식민지 조선의 콜레라 방역에서 또 다른 특징 중의 하나로 지역 중심형 방역 사업과 방역자위단의 활동을 들 수 있다. 지역 중심형 방역 사업으로는 위생조합이 대표적이다. 방역자위단은 정무총감의 지시와 지방유지 등 민간의 움직임이 결합되어 조직된 것으로 방역 인원의 부족과 감염병 예방 설비를 위한 재원 부족 등을 만회하기 위한 조치였다. 방역자위단의 활동은 예방심득서의 배포, 청결 활동 등 간단한 예방 활동에서부터 환자 발견, 소독, 예방주사, 교통 차단, 차단 구역 내 구호 활동, 사체 화장, 연안 감시 등 다양한 활동을 통해 지방정부의 방역 행정을 보조했다.[52] 방역자위단은 1910~1911년 폐페스트 유행 당시에 이미 방역 및 치안 유지에서 성과를 보인 조직으로 감염병이 크게 유행할 때에 지방민을 동원하기 위한 민간조직이었다. 콜레라나 페스트와 같은 급성 감염병의 유행 시에 방역자위단의 활동은 호구 검역과 더불어 방역 및 치안 유지 활동을 강화하는 중요한 수단이 될 수 있었다.

---

52 金穎穗, 「植民地朝鮮におけるコレラの大流行と防疫對策の変化: 1919年と1920年の流行を中心に」, pp. 22-24.

* * *

콜레라는 일종의 무역병으로 해상 무역을 주도했던 기선과 범선들은 동아시아를 왕래하며 일본 제국 내의 감염병을 확산시켰다. 해항 검역은 감염병 유행지와 경유지의 선박들을 집중 검역함으로써 감염병의 유입을 우선적으로 방어할 수 있는 국가 방역의 일차 방어선에 해당한다고 할 수 있다. 따라서 해항 검역의 성패가 방역 행정의 일차적인 성과물로 나타날 수 있었다. 다른 한편, 해항 검역의 강화는 경제·무역상의 손실로 직결되었기 때문에, 검역 당국은 무작정 해항 검역을 강화할 수도 없었다.

방역 법규상 1899년 제정된 일본의 「해항 검역법」은 20세기 전후 식민지 각국의 표준적인 법규의 모델이 되었다. 또한 위생경찰과 공의 제도를 중심으로 한 방역 행정은 일본과 그 식민지에서 표준적인 방역 체계로 자리 잡았다. 그러나 동아시아 각국에서 해항 검역법규의 위상은 각기 달랐다. 일본에서는 법령, 타이완에서는 총독부령, 조선에서는 훈령 등으로 각 법규의 등급이 달랐다. 또한 실제 방역도 동아시아 각국의 방역 행정은 서로 다른 차원에서 전개되었다.

20세기 이후 콜레라는 일본 사회에서 큰 위협이 되지 못했으나, 1919~1920년 콜레라는 일본뿐만 아니라 동아시아 각국에 치명적인 영향을 주었다. 그중에서도 식민지 조선은 가장 큰 피해를 입었다. 반면 식민지 타이완은 상대적으로 피해가 적었는데, 특히 1920년에는 다른 나라들과 달리 전년 대비 피해가 줄어들기도 했다. 타이완은 중국 동남부 해안에서 유행하던 콜레라의 즉각적인 침공 대상이 되었다. 그럼에도 불구하고 타이완에서는 총독부 직할 해항 검역소를 중심으로 해항 검역을 실시행다. 타이완의 해항 검역에서 가장 중요한 조치는 유행지 선정을 확대하고, 격리수용소 설치, 승선 검역 등을 제도화했다. 승선 검역은 일본 선박 회사들의 상업적 동기에서 시작된 것인데, 검역의 효율을 높이기 위한 방안으로 일본 내무성과 타이완총독부가 전격적으로 수용하게 되었다. 유행지 선정이 확대됨으로써 방역 대상이 증가하게 되었고, 격리수용소 설치 및 승선 검역은 채변 검사와 격리 조치를 강화할 수 있다는 점에서 방역 행정상 획기적인 정책이었다.

반면 조선에서 해항 검역은 경무총감부 소관으로 경찰 행정의 일환으로 전개되었으며, 일차 방어선인 해항 검역에서 아무런 성과를 내지 못했다. 해항 검역을 통한 환자 발견 비율은 0.3% 내외에 불과했다. 해항 검역뿐만 아니라 기차 검역과 여객 검역 등 외부로부터 유입되는 콜레라 환자의 검역에서 1% 미만의 성과를 거두었을 뿐이다. 사실상 조선의 콜레라 방역은 호구 검역과 의사 보고 등 지역사회의 이차 방어선을 강화하는 방안으로 전환할 수밖에 없었다. 타이완에서 호구 검역의 비중은 10% 내외였던 것에 비해 조선에서 호구 검역은 60% 내외의 높은 비중을 차지했다. 위생경찰을 위시한 조선의 호구 검역은 방역 행정을 강화하기 위한 조치가 아니라 국경 및 해안 등지에서의 검역 실패로 인해 취한 부득이한 조치였다.

해항 검역, 기차 검역, 여객 검역 등 출입국 검역이 감염병을 막을 수 있는 국가 방역의 일차 방어선에 해당한다면, 지역사회에서 실시하는 호구 검역, 의사 보고 등은 국가 방역의 이차 방어선에 해당한다고 볼 수 있다. 일차 방어선을 지키는 데 성공한다면 이차 방어선의 역할은 줄어들게 되고, 반대로 일차 방어선의 유지에 실패하면 이차 방어선의 하중은 증가할 수밖에 없었다. 20세기 동아시아 각국에서 방역 행정의 성과를 객관적인 지표로 제시하기란 쉽지 않은데, 일차 방어선에 해당하는 해항 검역 등 출입국 검역의 성과는 방역 행정을 평가하는 중요한 기준이 될 수밖에 없을 것이다. 출입국 검역의 효율과 성과를 높이는 일은 신종 감염병이 급습하는 오늘날에도 여전히 중요한 과제로 남아 있다고 할 수 있다.

3장

국가의 전시 감염병 통제: 2차 세계대전과 말라리아[1]

이남희

전시 국가의 감염병 통제는 평시의 그것과는 그 양상이 상당히 다르다. 시급을 다투는 상황이라는 점에 더해, 특히 2차 세계대전은 광범위한 지역에서 전투가 치러졌기 때문에 감염병에 대한 위험성과 그에 대한 공포가 증폭되었다. 더욱 정확한 진단이나 증상에 대한 정보를 얻기 위한 임상 시험이나 치료에 할애할 시간은 절대적으로 부족했던 반면, 열악한 조건에서 환자 수는 너무 빠르게 늘어났다. 이러한 조건은 질병에 대한 대응과 치료의 양상이 평시와는 다를 수밖에 없음을 시사한다. 이 장에서는 2차 세계대전이라는 특수한 상황이 만들어 낸 국가의 질병 통제정책의 양상을 미국 내에서 시행된 말라리아 대응 프로그램을 통해 살펴보

---

1   이 글은 『미국사연구』 55(2022)에 실린 저자의 논문 「통제의 의미: 2차 세계대전 중 '전쟁지역 말라리아 통제(MCWA: Malaria Control in War Area)'를 중심으로」를 수정한 것이다.

려 한다.

말라리아는 그 어원만큼이나 그 시작과 끝을 이해하기 힘든 불가사의한 측면을 지닌 질병이었다. '나쁜 공기'라는 어원에서 보이듯, 사실상 어디에서 어떻게 오는지 알 수 없는 질병이라는 이미지는 그 불가사의한 이미지를 강화한다.[2] 미국에서 1951년 사실상 위협적 질병으로서 그 지위를 잃은 말라리아는 왜 발병률이 감소했는지 명확한 이유도 밝혀지지 않았다. 그래서 더욱 그 귀환은 두려움의 대상이 되었다.[3] 전시에도 그리고 전후에도 말라리아 통제는 이름을 바꿔 지속되었지만, 흔히 일반적인 질병 통제의 방식으로 진행되지 않은 만큼 흔히 말하는 것처럼 '제1의 질병No. 1 disease'과의 전쟁에서 반드시 승리했다고 보기가 어려운 점이 있었다.

특히 2차 세계대전 중의 말라리아는 질병 통제의 측면에서 상당히 다루기 어려운 감염병이었다. 열대 기후 지역을 전시 지역으로 포함한 전쟁 수행에서 말라리아는 미국과 연합군 측에 반드시 통제해야 할 위협이 되었다. 게다가 전쟁이라는 긴박하고 열악한 상황에서 말라리아는 말 그대로 "전 세계적 위협A world menace"이었다.[4] 이렇듯 두려운 위협으로, 혹은 통제 불능이라는 이미지가 자리 잡은 이유는 말라리아라는 질병 자체가 인류와 장기간 함께했으나 당시까지 명확한 치료법을 찾지 못하였기

2 "mal + aria"라는 합성어는 중세 이탈리아어로 '나쁜 공기(bad air)'라는 뜻이다. J. S. Loomis, *Epidemics: The Impact of Germs and Their Power over Humanity*, California: Turner Publishing Company, 2018, p. 57. 1898년에 와서야 비로소 '나쁜 공기'가 아닌 '모기'에 의해 전염된다는 것이 밝혀졌다. J. P. Baxter, *Scientists against Time*, Boston: Little, Brown and Company, 1946, p. 302.

3 M. Humphreys, "Kicking a Dying Dog: DDT and the Demise of Malaria in the American South, 1942-1950," *Isis* 87(1), Mar. 1996, p. 15.

4 L. T. Coggeshall, "Malaria As a World Menace," *Journal of the American Medical Association* 122, May 1943, pp. 8-11.

에 완치할 수 없는 병으로 인식되었기 때문이었다. 그리고 어떤 지역에서는 특별한 이유도 모른 채 사라졌으나 전 세계적으로 20세기 말까지 많은 지역에 다시 발병하기도 하였다.

이러한 말라리아의 통제 불능 이미지는 2차 세계대전이라는 특수한 상황을 만나 강화됨과 동시에 질병 통제의 영역이 확장되는 결과를 가져왔다. 질병 자체의 원인을 찾아 그 원인을 근본적으로 제거하는 치료 방식은 당시까지 별다른 진전이 없는 것 같았고, 그래서 감염의 연결고리를 제거하는 통제 방식은 강화될 수밖에 없었다. 그리고 이에 더해 모든 불안정한 요소를 사전에 제거하는 방향으로 전시 말라리아 통제가 진행되었다.

2차 세계대전과 말라리아의 연관성을 살펴본 연구는 태평양을 포함한 지역 관련 연구와 군의 질병 통제 관련 연구, 최근 시도된 의학사적 관점에서의 사회문화적 연구로 크게 나눌 수 있다.[5] 특히 미국 내 말라리아 통제에 관한 연구로는 마거릿 험프리스[M. Humphreys]의 1996년 논문과 2001년 단행본이 있다. 험프리스는 논문에서 1943년 이후 미국 남부에서 말라리아 발병률이 낮게 유지되었음에도 낮은 말라리아 발병률에도

---

5 미국 내의 말라리아의 역사 전반을 다룬 연구로 E. P. Russel, "The United States and Malaria: Debits and Credits," *Bulletin of the New York Academy of Medicine* 44, 1968, pp. 623-653가 있다; 그 외에 C. W. 헤이즈는 각 지역에서의 말라리아 통제 프로그램에 대해 개략적으로 다루었다. C. W. Hays, "The United States Army and Malaria Control in World War II," *Parassitologia* 42, 2000, pp. 47-52. 1차 세계대전부터 베트남 전쟁에 이르는 시기의 미 해군의 말라리아 대응에 대한 통계적 접근은 C. Beadle & S. L. Hoffman, "History of Malaria in the United States Naval Forces at War: World War I Through the Vietnam Conflict," *Clinical Infectious Diseases* 16(2), 1993, pp. 320-329 참조. 이 외에도 2차 세계대전 이후부터 베트남 전쟁 시기에 걸친 전시 말라리아에 관련된 연구는 L. Grant, "Malaria; Continuing Pestilence from World War II to the Vietnam War, 1939-1975," *Epidemics and War*, California: ABC-CLIO, LLC, 2018 참조.

불구하고 왜 말라리아 통제 프로그램을 지속하였는가에 대한 분석을 내
놓고 있다. 그가 제시하는 이유는 다섯 가지이다.

1) 말라리아 발병률과 치명률에 대한 보고 체계의 부정확성으로
   인한 말라리아에 대한 공포 확산.
2) 통제할 수 없는 전염경로를 가진 병으로 인식.
3) 말라리아의 효과적인 통제가 곧 전쟁 승리로 이어진다는 전쟁
   승패와의 연결성.
4) 말라리아 통제를 근거로 연방정부 보건 정책을 확립하는 기구
   설립.
5) 강력하고 경제적인 무기로서의 DDT의 출현. 이런 지속 이유에
   대한 그의 분석은 전쟁 지역 말라리아 통제 프로그램이 미국
   내 낮은 발명률과 치명률에도 불구하고 지속되어 미국의 주요
   한 감염병 담당 기관으로 발전한 점.[6]

이를 바탕으로 이 장에서는 2차 세계대전을 통해 국가의 통제가 어

---

6 Humphreys, "Kicking a Dying Dog," pp. 1-17; 후속 연구에서는 말라리아의 역사가 어
   떻게 미국에서 시작되어 사라지게 되었는지, 특히 남부의 말라리아 감염 패턴을 추적하
   면서 그것이 보여 주는 사회경제적 양상에 대해 강조하고 있다. 즉, 말라리아가 확산한
   남부 지역은 기후라는 결정적인 요인 이외에도 빈부격차와 인종적 문제를 안고 있으며
   이것은 미국 내 보건정책의 불균형을 보여 주는 지표가 될 수 있다고 주장하고 있다. 그
   는 마지막 장에서 2차 세계대전 말라리아 통제 양상과 '전쟁 지역 말라리아 통제 프로그
   램'에 대해서도 언급하고 있으나 본 연구에서 집중하고 있는 통제의 양상에 초점을 맞추
   고 있지는 않다. M. Humphreys, *Malaria: Poverty, Race, and Public Health in the United
   States*, Baltimore and London: The Johns Hopkins University Press, 2001; 지역과 관련된
   연구는 다음을 참조. S. Paltzer, "The Other Foe: The U.S. Army's Fight against Malaria in
   the Pacific Theater, 1942-1945," *On Point* 21(3), Winter 2016, pp. 6-9, 11-13.

떤 의미를 갖는지, 그리고 어떻게 통제의 의미가 확장되는지를 포착하고자 한다. 이를 위해 첫 번째로 2차 세계대전에서 미국이 관리했던 지역의 광범위함과 초기 말라리아 통제에 대한 어려움이 어떻게 전시 미국 말라리아 통제 프로그램에 영향을 미쳤는지 그 배경을 살펴본다. 이는 말라리아에 대한 대응과 통제의 배경을 설명해 주는 실마리로, 미국이 전시 통제 지역으로 삼았던 장소들에서 비슷한 양상의 통제정책을 보인다는 점에서 우선 접근하려고 한다. 그리고 둘째로는 '전시 지역 말라리아 통제 프로그램Malaria Control in War Area'을 중심으로 미국 내 말라리아 통제 양상을 보고서 분석을 통해 살펴본다. 그리고 세 번째로 국가의 질병 통제의 확장 양상과 그것이 가진 의미를 살펴보고자 한다. 이를 통해 말라리아 통제정책의 범위와 양상에 주목하여 어떻게 통제의 의미가 확장되고 어떤 영역에까지 영향을 미쳤는지 알아보려 한다.

1. 국경 없는 말라리아와의 전쟁

감염병과의 전쟁은 그 역사가 오래되었다. 특히 말라리아는 인류와 함께 출현했거나 그 이전부터 있었다고 알려진 만큼 오랫동안 인간을 괴롭힌 감염병 중 하나였다. 하지만 그 오랜 역사만큼이나 인간을 두렵게 하는 존재이기도 하였다. 말라리아에 대한 공포에는 여러 가지 이유가 있겠지만 병 자체가 가지는 특성과 열대 지역을 포함한 광범위한 지역에서 총력전을 벌여야 하는 전시라는 시점이 만나 이 공포는 더욱 증폭되었다. 1941년 과학연구개발사무국OSRD: Office of Scientific Research and Development7의 연구 결과로 1946년에 출판된 보고서를 보면 말라리아라는 질병 자체에 대한 정보는 당시에도 이미 충분했다. 당시 말라리아의 종류는 네 가지가 있었고 미군이 주둔할 것으로 예상되는 지역에서 주목해야 하는 종류는 두 가지였다. 첫 번째는 삼일열말라리아 원충^{Plasmodium Vivax}에 의한 말라리아였으며, 두 번째는 열대열말라리아 원충^{Plasmodium Falciparum}에 의한 말라리아였다. 둘 다 오한과 발열 및 발한^{sweating}으로 시작하여 심한 빈혈 증상을 나타내며 잠복기는 2주 정도였다. 가장 두드러진 차이점은 삼일열말라리아는 적극적인 치료 없이도 살아남을 확률이 높았지만, 열대열말라리아는 적절한 치료가 수반되지 않으면 사망에 이르기도 하는 치명성을 띤다는 것이었다.[8]

이렇듯 질병 자체에 대한 정보는 부족하지 않아 보이지만 전쟁 초반 가장 큰 문제점은 질병 통제에 대한 새로운 방식이 필요했다는 점이다. 기존의 방식으로는 전시의 긴박함과 광범위함을 다루기 어려웠다.[9] 특히 2차 세계대전의 특성은 이런 미비한 상황을 악화시키기에 충분하였다. 세계대전의 특성상 국경은 무의미했으며, 1941년 말 일본의 진주만 공격 이후로 미국의 주요 전장은 태평양이 되었다. 이는 광범위한 지역에서 대규모 총력전이 시작된다는 것을 의미하기도 했지만 예상치 못한

---

7 1940년 6월 프랭클린 루스벨트(F. D. Roosevelt) 대통령의 명령에 따라 국가안보 연구위원회(NDRC: National Defense Research Committee)가 설립되었으며 위원회 산하에 더욱 실질적인 연구를 조직하고 자금 지원을 위한 기구로 행정명령 8807을 통해 설립된 기구가 과학연구개발사무국(OSRD)이다. 그리고 사무국에 의학 연구위원회(Committee on Medical Research)를 두어 의학, 수술, 항공의학, 생리학, 화학, 말라리아를 담당하는 6개 분과를 따로 두었다. Executive Order 8806 – Establishing the Office of Scientific Research and Development (Jun. 1940).

8 열대열말라리아의 발열은 삼일열말라리아보다 지속적이고 병의 발현 또한 갑작스럽게 일어났다. 더욱 심한 증상으로 환자가 사경을 헤매는 경우가 나타나며, 심한 경우 원충이나 원충이 만들어 내는 부산물로 혈관이 막혀 의식을 잃거나 마비 증상이 나타나는 일도 있었다. Baxter, *Scientists against Time*, pp. 302-304.

9 Baxter, *Scientists against Time*, pp. 299-300.

기후 및 질병과의 싸움이기도 했다. 1차 세계대전에서는 예상치 못한 무기의 파괴력과 폭력성, 그리고 그로 인한 교착 상태의 어려움과 소모전을 견뎌야 했지만 2차 세계대전은 전시 지역의 광범위함, 그리고 그 광범위함으로 인한 군의 환경 적응 문제, 그리고 열대 지역에 창궐한 여러 가지 질병 문제가 해결해야 할 과제로 떠올랐다. 이는 총력전이라는 말에 걸맞게 전쟁을 수행하는 데 모든 것을 동원해야 함을 의미하였다.

하지만 미국과 연합국의 전황은 참전 이전 준비가 시작되었음에도 1942년까지 좋지 못했음을 알 수 있다. 급하게 전선을 옮기며 전투를 이어 가기도 바쁜 와중에 필리핀에서 말라리아 환자가 급증하였다. 항말라리아제까지 세심하게 챙길 여유가 없었던 상황에서 미국과 필리핀군에서의 말라리아 감염자는 75,000여 명 중 24,000에 달했다. 탁월한 전략과 유능한 군사들만으로 전쟁에서 이기기가 불가능하다는 것이 드러났고 "태평양 전선에서 성공적인 결과를 얻기 위해서는 효과적인 말라리아 통제가 필수적"이라는 분석이 내려졌다.[10]

이런 분석에 설득력을 더하려는 듯 남서부 태평양 지역[SWPA: South-West Pacific Area]에서는 1943년 1월 30일까지 말라리아 감염자의 수가 연간 1,000명당 4,000건을 기록하였다고 보고되었다. 이는 1년간 해당 지역에서 한 사람당 네 번의 감염이 일어난다는 것을 의미하였다.[11] 이에 더해 태평양

---

10 Paltzer, "The Other Foe," p. 7.
11 T. A. Hart & W. Hardenberg, "The Southwest Pacific Area," E. C. Hoff (ed.), *Preventive Medicine in World War II*, Washington, D.C.: Medical Department U.S. Army, 1963, pp. 514-515; M. E. Condon-Rall, "Allied Cooperation in Malaria Prevention and Control," *Journal of the history of Medicine and Allied Sciences* 46(4), 1991, p. 493; 태평양 전선에 대한 언급을 넣은 이유는 말라리아의 위험성과 치명도를 파악하는 데 있어서 당시 단순히 미국 내부의 상황만 말라리아 통제에 영향을 미치지 않았다는 점을 보여 주는 요소라고 판단했기 때문이다.

전쟁 초반, 일본은 말라리아 증상을 완화하는 데 도움이 되었던 퀴닌이 생산되는 지역이었던 인도네시아를 차지하게 되었다. 이는 미국과 연합국에 치명적이었다.[12] 이런 어려운 상황은 양쪽으로 적을 상대하는 듯한 절박함과 공포를 자아냈다. 말라리아는 점차 전쟁에서 이기기 위해서 반드시 극복해야 하는, 혹은 통제해야 하는 질병처럼 여겨지게 되었다.

이러한 말라리아의 위험성에 대한 우려와 공포에는 여러 가지 이유가 있었다. 전장은 아프리카, 중동, 중국, 그리고 남서 태평양에 이르기까지 너무나 광범위했으며 이 지역들은 말라리아에 언제든지 걸릴 수 있는 곳이었다.[13] 이런 걱정과 우려는 광범위한 열대 지역을 오가는 병사에 의해 말라리아가 미국 본토로 유입될지도 모른다는 우려와 연결되어 있었다. 특히 총력전의 이름으로 치러지는 전쟁은 지역 간 병력 이동을 포함한 모든 것의 순환이 일어난다는 점이 가장 큰 문제였다. 전투가 직접 치러지는 곳 이외에도 군 시설이 있는 미국 내 여러 지역과 군수 생산 시설이 있는 지역에 대한 통제도 함께 이루어져야 한다는 것을 의미했다. 또한, 말라리아의 위험성은 두 가지의 형태로 나타났으나 그것이 전장에서 미치는 심각한 영향은 인력 손실이었다. 초기에는 3~4일간 지속되는 열과 오한의 증상을 보이지만 결과는 치명적인 죽음이나 적혈구와 간에 숨어든 말라리아 원충malaria parasite과의 공생으로 이어졌다. 그 어느 쪽도

---

12 Coggeshall, "Malaria As a World Menace," p. 10; 말라리아의 증상 완화에 도움이 되었던 퀴닌은 원래 네덜란드의 통제권 아래 있었다. 네덜란드령이었던 자바섬은 퀴닌의 원료인 기나나무(cinchona)의 최대 생산지였다. 문제는 나치 독일이 1940년 5월 이 지역에 있는 창고와 제조시설에 대한 접근권을 얻었다는 것이었으며 이후에는 일본이 차지하게 된다. Paltzer, "The Other Foe," p. 8.

13 Coggeshall, "Malaria As a World Menace," p. 9.

효과적인 전투에 도움이 되지 않았다.[14] 전투의 효율성과 성공 여부는 당시 급박했던 상황을 고려하면 그 무엇보다 선행되었던 정책 결정의 요소였다. 특히 엄청난 자금력과 물량을 투자하여 전쟁 수행에 방해되는 모든 것들을 예방 혹은 제거하고자 했던 노력 중의 하나로 감염병 통제, 특히 말라리아 통제를 바라보아야 한다.

역설적인 것은 미국 내부의 상황이었다. 전쟁이 끝나고서 밝혀지긴 했지만, 미국 내에서는 2차 세계대전이 진행되던 1941년부터 꾸준히 말라리아로 인한 사망률이 떨어지고 있었다. 오히려 대공황 초기였던 1934년 말라리아로 인한 국내 평균 사망률은 3.43%로 가장 치명적인 상태였으며, 전쟁이 시작된 이후 1943년에 오히려 가장 낮은 수치를 기록하였다.[15] 이러한 역설적인 상황은 국내 말라리아 통제 프로그램의 통제 양상을 분석하는 데에 실마리를 제공하였다. 해외 전시 지역에서의 통제가 어려운 상황에 대한 보고와 엄청난 발병 수치는 미국 내 군 주둔 역으로 유입되거나 파견되는 인력에 대한 통제를 강화할 수밖에 없는 배경이 되었다. 즉, 통제 필요성이 없는 병에 대해 실체 없는 공포를 느꼈다기보다 미국 본토와 전시 지역을 하나의 작전 지역으로 생각했고 언제든지 규명이 덜 된 질병의 침투에 대비해야 한다고 생각했다는 것이 더욱 설득력이 있다고 생각한다.

그리고 이러한 생각은 전쟁이 종결될 무렵 돌아올 수많은 병사가 옮

---

14 Paltzer, "The Other Foe," p. 6.
15 E. C. Faust, "Clinical and Public Health Aspect of Malaria in the United States from an Historical Perspective," *American Journal of Tropical Medicine s1,* 25(3), 1945, pp. 190-195; 이런 이유로 미국 내에서의 말라리아 통제가 실체가 없었다는 시각도 존재하지만, 그보다는 전시라는 유동적인 상황에서 미국 내 군 밀집 지역과 열대 지역이 대부분이었던 태평양 전선을 하나의 작전 지역으로 보았다는 것이 더 설득력 있는 설명인 듯하다.

길지도 모르는 감염병에 대한 우려와도 비슷했다. 그리고 이러한 공포와 그에 대한 통제는 이 글에서 주요하게 다루는 말라리아 통제의 양상에서 주요한 부분일 것이다. 틀려서는 안 되는 예측에 대한 공포와 그로 인해 절대는 일어나서는 안 되는 결과에 대한 두려움은 말라리아 통제뿐만 아니라 통제의 의미 자체를 확장하는 원동력이자 통제의 대상이 되었다.

2. 전시 말라리아 통제 양상

해외의 열대 지역을 포함한 전시 지역에서의 긴박함과는 조금 달랐지만 2차 세계대전 중 미국 내부의 말라리아 통제 정책은 미국공중보건국U.S. Public Health Service의 주도하에 말라리아가 주로 발병하는malarious 남부 지역의 주들이 참여하는 형태로 이루어졌다. 1942년 3월 '전쟁 지역 말라리아 통제MCWA: Malaria Control in War Area'는 미국 내 주둔 지역과 필수적인 군수산업 지역의 말라리아 발병 우려에 대응하는 활동을 시작하였다.[16] 이 프로그램에는 워싱턴 D.C.를 포함하여 푸에르토리코, 그리고 남서부의 20개 주 -317개 카운티에 존재하는 226개의 전시 지구- 가 참여하였다.[17]

---

16 *Malaria Control in War Area, 1942-1943*, Georgia: U.S. Public Health Service, 1943, cover page.
17 앨라배마, 아칸소, 캘리포니아, 플로리다, 애틀랜타, 일리노이, 인디애나, 켄터키, 루이지애나, 메릴랜드, 미시시피, 미주리, 노스캐롤라이나, 오클라호마, 사우스캐롤라이나, 테네시, 텍사스, 버지니아 등이 이름을 올렸다. *Malaria Control in War Area, 1942-1943*, pp. 82-103; 주로 남부의 주에 주요 군사시설이 집중된 이유는 사전 훈련 때문이었다. *Malaria Control in War Area, 1943-1944*, Georgia: U.S. Public Health Service, 1944, p. 1; 열대 기후에 적응해야 하는 병사들을 남부나 서부 지역, 혹은 말라리아가 생길 만한 기후와 비슷한 곳에서 훈련시켜 파견한 것으로 보인다. 이는 종전 후 말라리아의 국내 확산에 대한 우려로 이어지는 원인이 되었다.

말라리아 통제 프로그램의 초기 목적은 정보 수합과 분배에 있었다. 프로그램이 시행되기 전에 발간된 자료를 보면 학질모기[anopheles mosquito] 박멸을 시도했으나 실패했던 40년간의 경험을 바탕으로 광범위한 지역에서 모기 박멸은 효과를 거두지 못한 것으로 판단하고 있었다.[18] 그래서 더욱 촘촘하고 치밀한 연구와 체계적인 박멸 프로그램의 필요성은 말라리아 통제에 있어서 시급한 과제였을 것이다. 그래서 첫 번째 보고서는 말라리아의 전염 기제가 말라리아 원충, 학질모기, 그리고 사람이라는 세 가지 생명체가 연결되어 있음을 강조하였다. 전염의 연결고리를 깨기 위해서 프로그램은 원충, 모기 성체, 모기 유충, 그리고 무지에 대한 공격[Attack the Parasite, Attack Adult Mosquitoes, Attack Mosquito Larvae, Attack Ignorance]으로 활동의 영역을 나누며 말라리아가 상당히 복잡한 문제라는 점을 강조하였다. 인체에 들어온 원충을 공격하는 경우는 약으로, 모기의 성체는 방충제 살포 방식[Mosquito-proofing spraying repellents]으로, 모기 유충은 기름이나 모래로 습지를 메꾸거나 배수 작업을 하는 것으로, 그리고 무지에 대한 공격은 정보 훈련[Information technical training]으로 대처 방안을 나누어 임무를 수행하였다.[19]

이 중 1942년 당시 실질적으로 선택할 수 있었던 것은 모기 유충과 무지를 공격하는 것이었다. 당시 대처 방안은 매개체[vector]로 알려진 학질모기에게 쏘이는 것을 예방하는 데에 맞춰져 있었다. 상황을 통제하려는 다방면의 노력이 이루어졌고, 특히 대체할 약을 찾는 동안 통제의 초점은 학질모기의 제거에 있었다. 이는 "서식지 파괴, 살충제를 이용한 제

---

18 J. S. Simmons & T. H. G. Aitken, *The Anopheline Mosquitoes of the Northern Half of the Western Hemisphere and of the Philippine Islands*, Philadelphia: Medical field Service school, 1942, p. 2.

19 *Malaria Control in War Area, 1942-1943*, p. 6.

거, 장벽 설치" 등을 통해 이루어졌다.[20]

실제 활동의 증거로 제시된 사진은 정보를 제공하기 위한 목적과 성과를 내고 있다는 증거로서의 기록이었다. 그리고 이후 평가되는 것처럼 말라리아 통제가 모기 박멸에만 집중하려고 했던 것이 아님을 알 수 있다. 말라리아의 위험성을 파악하는 수단으로 치명률과 발병 양상에 대한 자료를 수집하고 있음을 보여 주고 있다. 눈에 띄는 점은 매개체인 모기를 중심으로 접근하는 곤충학적 방식은 "간접적"인 방식으로 언급되고 있다는 것이다.[21] 즉, 말라리아 통제 프로그램이 처음부터 모기 통제 mosquito control를 주요한 목표나 방식으로 선택하지 않았음을 알 수 있다.

특히 이는 말라리아 통제 프로그램 출범 직전에 작성된 문서에서 더욱 두드러진다. 군용지military reservations의 말라리아 통제 계획을 근거로 작성된 이 문서에서 유충을 죽이는 살충제의 사용은 영구적인 방식이 아닌 일시적인 조치temporary measures에 속해 있었다. 물론 이러한 방식의 구분은 환경적인 측면이나 질병 통제의 관점이 아닌 비용이 기준이었다는 점을 알 수 있다. 그리고 이는 "토양의 질, 기상 조건, 재료와 노동의 가격"에 의해 결정된다고 적고 있다. 그리고 사실상 말라리아를 옮기는 모기는 특정한 종류였기 때문에 이런 모기를 식별할 방법, 습성, 분포, 계절에 따른 습성을 파악하려는 노력도 있었다. 특히 지역적으로 군 시설에 가까운 지역에서의 이러한 조사는 이미 이루어지기 시작했음을 알 수 있었다.[22]

다음으로 작성된 보고서에서 눈에 띄는 점은 이미 말라리아에 걸린

---

20 "Preventive Medicine," *The Bulletin of the U.S. Army Medical Department*, Washington, D.C.: War Dept., Office of the Surgeon General, 1945, p. 314.

21 *Malaria Control in War Area, 1942-1943*, pp. 9-10.

적이 있는 병사의 귀환에 대한 언급이었다. 당시 말라리아가 다루기 어려운 질병이라는 이미지를 가지고 있었던 이유는 인체에 침입한 원충을 박멸할 수 없었기 때문이었다. 항말라리아제로 연합군 측에서 쓰이게 된 아타브린은 당시는 사용이 제한적이었던 퀴닌과 마찬가지로 증상의 완화를 가져오는 약이었다. 말라리아의 감염은 인간 매개의 증가가 모기 매개체의 증가로 급격히 이루어진 경험으로 인해 통제할 수 없다는 인식이 팽배했다.[23]

두 번째 보고서에서 드러난 것은 전쟁 지역 말라리아 통제가 1942년 출범 당시보다 훨씬 더 많은 산하 조직을 둔 정교한 조직 체계를 갖추게 되었다는 것이었다. 이들은 200명의 장교급 인력과 60명의 전문인력, 415명의 준전문가, 138명의 사무인력과 2,400명의 직원을 두고 있었다.[24] 그리고 이런 체계적이고 조직적인 에너지는 당시 치료제 개발 및 의학적 영역보다는 군이 직접적인 노력을 기울일 수 있었던 모기 통제에 더 많은 지면을 할애했음을 알 수 있다.

우선, 말라리아 매개체인 학질모기에 대한 조사가 매우 촘촘하게 이루어졌다. 당시 말라리아 감염자 숫자나 치명률 자료는 예상보다 정확하지 않았기 때문에 이 학질모기의 숫자가 말라리아에 걸릴 확률이 높은 지역인지를 판단하는 근거가 되었다. 그래서 유충과 모기의 서식지 조사, 모기의 습성 등을 조사하여 조처함으로써 개체 수를 조절하는 데에 성공하였다고 보고되었다.[25] 유충을 박멸하는 방식으로 개체 수는 조절

—— 22 Simmons & Aitken, *The Anopheline Mosquitoes*, pp. 163, 168-169.
23 *Malaria Control in War Area, 1943-1944*, pp. 2-3.
24 *Malaria Control in War Area, 1943-1944*, pp. 5-6.
25 *Malaria Control in War Area, 1943-1944*, pp. 12-17.

되었으며 1944년 4월에 사용하기 시작한 DDT^{Dichloro-Diphenyl-Trichloroethane}에 대해서도 짧게 언급하고 있다.

전도유망한 새로운 살충제인 DDT는 지난해 조사를 거쳤다. MCWA 프로그램에서 꽤 충분한 양을 사용할 수 있게 되면서 통제 절차에 상당한 수정이 필요할 것으로 보인다. 현장 시험이 국립보건원^{National Institute of Health}의 말라리아 조사 분과의 협력하에 멤피스와 사바나의 MCWA 실험실에서 이루어지고 있다. DDT는 기름에서 유충 박멸제로 그리고 모기 성체에 잔류 살포가 동시에 가능할 수도 있음을 보여 준다.[26]

또한, 개체 수를 조절하는 다른 방식으로 배수^{drainage}, 매립^{filling} 등의 방식이 서식지로 추정되는 곳에 시행되었다.[27]

전쟁 지역의 광범위함으로 말라리아 유입에 대한 우려는 사실 지나친 것은 아니었다. 그리고 이는 말라리아의 수많은 종류만큼이나 다양한 증상이 나타나며 만일 외부에서 유입되는 경우 병의 특성이나 매개체의 습성, 확산 경로 등을 알 수 없다는 두려움에 기인하였다. 2년이 넘는 기간 동안 미국 내의 매개체에 관한 연구는 활발히 이루어졌지만, 새로운 매개체의 출현은 또 다른 통제력 상실을 의미했기 때문에 또 다른 대비를 해야 했다.

전쟁의 막바지로 가는 시점에서 말라리아 통제는 예측할 수 있는 위

---

26 *Malaria Control in War Area, 1943-1944*, p. 21; Hays, "The United States Army and Malaria Control in World War II," p. 51.

27 *Malaria Control in War Area, 1943-1944*, pp. 22-27.

험 요소를 다루고 있다. 1944년에서 1945년에 걸친 전쟁 지역 말라리아 통제 프로그램의 보고서는 첫 장부터 말라리아 원충 보유자의 귀환에 관한 내용을 다루었다. 이는 전쟁의 막바지에 귀환할 병사들의 부정적 영향을 최소화하는 것이 통제의 목적이었음을 분명하게 드러낸다. 특히 여기서는 말라리아 원충 보유자의 거주지 주변이 말라리아 감염 지역이 되는 현상을 목격하고 이를 통제하는 방법을 사용할 수밖에 없음을 의미하였다. 특히 말라리아 창궐 지역에서 오는 병사나 말라리아 감염자들로부터 민간인을 보호하는 것이 이 시기 말라리아 통제 프로그램의 목적이라고 밝히고 있다.[28]

이런 상황에 대응하기 위해 광범위한 DDT의 사용에 그 초점이 맞추어져 있음을 알 수 있다. 조직도에서 DDT 분과가 중앙을 차지하고 있으며 곤충학 조사와 그로 이루어진 통계 수치를 근거로 모기 유충 박멸까지 걸리는 시간을 고려했을 때 효율적이지 않다는 조사 결과를 보인다. 이를 근거로 확장된 프로그램은 말라리아 보균자에 대응하기 위해 각 가정에 DDT 살포, 살포에 대한 교육과 민간 대응 등에 대해 다루고 있다. DDT의 잔류 살포 방식 및 희석, 그리고 면적당 살포 적정량 등이 그것이다. 이 같은 대응을 전문으로 하는 인력들은 각 가정에 사전 방문하여 대응 방식을 설명해 주고, 각 가정에 살충제 살포가 일으킬 수 있는 재산권 침해 문제나 DDT의 평판 등에 대한 설명도 빠뜨리지 않았다. 이제 말라리아 통제는 예방과 교육, 그리고 민간 대응public relations이라는 측면도 고려해야 하는 영역이 되었다. 또한, 이런 통제 과정을 촘촘하게 기획할 인력의 훈련도 이 영역에 속하게 되었다.[29]

---

28 *Malaria Control in War Area, 1944-1945*, p. 2.

3. 모든 것에 대한 통제를 향하여

『침묵의 봄 이전: DDT 이전 살충제와 보건*Before Silent Spring: Pesticides and Public Health in Pre-DDT America*』의 저자인 제임스 홀튼*J. Whorton*은 서문에서 레이철 칼슨*R. Carson*이 DDT의 위험에 대해 경고한 이후 "위험한 곤충 독물에 대한 부주의하고 통제되지 않은*careless and uncontrolled* 사용이라는 이 책에 등장하는 예시"는 살충과 관련된 논쟁에 익숙한 사람에게 놀랄 만한 주제는 아닐 것이라 언급한다.[30] 칼슨의 살충제 사용과 그 위험성에 대한 인식이 너무나 유명해진 현재의 관점에서는 당시 말라리아 통제의 양상이 '부주의하고 통제되지 않은' 것으로 보일 수 있겠지만, 전시 통제의 관점에서 접근한다면 이 글에서 되짚어 보고자 하는 통제의 개념과 의미는 생각보다 더 광범위할 수 있다. 찰스 로젠버그*C. E. Rosenberg*에 따르면 질병을 다루는 것은 개인의 병으로부터의 고통과 기능적 장애 혹은 문제를 해결하는 일이다. 그리고 이것은 단순히 개인의 차원에 머무는 것이 아니라 사회적 측면이 늘 함께 고려되었다.[31]

특히 전시의 질병은 그 통제의 양상에서 훨씬 더 극명한 특성을 보여 준다. 개인의 건강과 사회적 인력의 안정적인 유지라는 측면에서 바라보게 되는 평상시의 보건 정책과 비교할 때, 전시 질병 통제는 긴박성과 대규모 감염이라는 특성으로 인해 통제의 양상이 더욱 극명하게 드러

---

29 *Malaria Control in War Area, 1944-1945*, pp. 8-13, 18-23, 26-29.

30 J. C. Whorton, *Before Silent Spring; Pesticides and Public Health in Pre-DDT America*, New Jersey: Princeton University Press, 1974, p. vii.

31 C. E. Rosenberg, "Introduction-Framing Disease: Illness, Society, and History," C. E. Rosenberg & J. L. Golden (eds.), *Framing Disease: Studies in Cultural History*, New Jersey: Rutgers University Press, 1997, pp. xiii-xvi.

나곤 한다.[32] 특히 세균이나 바이러스성 감염병이 아닌 원충에 의한 감염병인 말라리아의 특성과 그에 대한 미국의 통제 프로그램은 전시 질병 통제의 양상 속에서 드러난 통제의 의미가 어떻게 전방위적으로 확장되는지를 보여 주는 소중한 예이다. 이 장에서는 앞서 살펴본 전시 지역의 말라리아 통제 프로그램의 발전에서 드러난 통제 개념의 확장과 그 의미에 대해 좀 더 구체적으로 살펴보려 한다.

우선 말라리아 통제에서 가장 중점을 둔 것은 군과 군을 구성하는 개인인 군인의 수행 능력의 유지에 있었다. 이를 위해 개인과 집단의 기능적 장애와 개인의 고통을 동시에 초래하는 말라리아는 조직적 통제가 필수적인 전시에 위험한 장애물이었다. 특히 긴박한 상황을 마주하게 되는 전시에 최대한 빈틈없는 완전한 통제를 원했던 군의 관점에서 말라리아 통제는 매개체인 모기 통제로 결론을 맺었다.[33] DDT의 살충 효과[34]와 이에 따른 광범위한 사용은 모기 통제의 관점에서 성공으로 평가되었다.[35]

말라리아 통제가 이런 결과로 이어진 것은 말라리아가 가진 질병 자체의 특성 때문이었다. 실제 어떤 질병이든 인적 자원과 그로 구성되어 있는 집단의 정상적인 활동을 일시적으로 방해한다. 특히 말라리아는 질환의 특성상 당시 완치가 거의 불가능했으며, 한번 말라리아에 걸린 사람은 그 자체로 숙주가 되었다.[36] 이는 통제의 측면에서 계속 관리를 해

---

32 Baxter, *Scientists against Time*, pp. 299-300.
33 단순히 학질모기 통제가 아닌 전시 지역 내의 모든 모기 통제(박멸)이 목표였다. Baxter, *Scientists against Time*, p. 305.
34 본래 DDT는 이(lice)를 잡는 데 효과적이라고 알려진 합성물이었다.
35 T. A. Hart, "The Army's War against Malaria," *The Scientific Monthly* 62(5), May 1946, p. 422; J. M. Andrews, "Advancing Frontiers in Insect Vector Control," *American Journal of Public Health* 50, 1950, p. 409. 이후 환경적인 측면에 미칠 악영향 등은 고려되지 않은 평가다.

야 하는 대상이라는 것을 의미했다. 따라서 말라리아 원충은 노동력 자체의 손실을 근본적으로 가져오는 두려운 질병이었을 수밖에 없었다. 특히 말라리아 원충이 적혈구와 간에 서식하면서 체내의 적혈구를 40%까지 감염시키거나 재감염시키는 경우 목숨을 잃을 가능성을 높였다. 특히 말라리아는 면역 억제 질환으로 말라리아 자체도 빈혈을 일으킬 수 있었지만 동시에 감염으로 인해 취약해진 신체는 각종 다른 질병에 인체를 취약하게 만들었다. 게다가 원충이 어떤 장기에 서식하느냐에 따라 혹은 어느 연령대의 환자에 감염되어 있느냐에 따라 결과는 치명적일 수 있었다.[37] 이런 점은 전시 인력 관리의 측면에서 상당히 힘든 상황을 초래하였다. 평소보다 더 많은 체력을 요구하는 열대 지역에서 말라리아에 노출되기라도 한다면 신체적 무기력과 빈혈, 그리고 추후 있을 여러 가지 합병증으로 인해 효과적인 전쟁 수행을 할 수 없는 신체가 되는 것이다. 말라리아가 인적 자원의 효율성과 수행 능력을 현저하게 떨어뜨렸을 것이 너무나 자명하다. 그래서 사실 이미 감염돼 버린 환자를 치료하고 회복하는 데까지 기다리는 것도 별로 의미가 없었을 가능성이 크다.

특히 전시에는 대규모 병력을 동원하여 전쟁을 수행해야 하며 더욱 발전된 화기와 항공무기들이 사용되었던 2차 세계대전의 경우, 전투 수행의 속도는 대단히 중요한 요소였다. 이에 더해 정부나 군 지도부의 빠른 결정과 자금 지원은 총력전에서 필수적인 요소가 되었다. 하지만 말라리아 통제를 기존의 질병 통제의 측면에서 접근하여[38] 감염자를 파악

---

36 말라리아에 걸린 환자에 기생하던 원충이 다시 학질모기를 통해 다른 인간 매개로 전파될 수 있었다. *Malaria Control in War Area, 1942-1943*, p. 6.

37 F. M. Snowden, *Epidemics and Society: From the Black Death to the Present: with a New Preface*, Connecticut: Yale University Press, 2020, pp. 357-358, 360-361.

하고 그들에 대한 적절한 치료와 회복을 돕는 과정은 2차 세계대전 중 여러 가지 난관을 만났다.

　우선 당시 감염자를 파악하는 과정과 방식이 부정확하였다. 국내의 감염자 수는 험프리스의 지적대로 믿을 수 없는 정보였다. 감염자 수보다 치명률이 다소 정확했다고는 하나 정교한 통제를 위해서는 유용한 정보가 아니었다. 이는 지극히 미국 내 감염자 파악 방식의 미흡함과 의료체계의 불균형 때문이라고 험프리스는 지적하고 있다. 전수 조사가 시행되지 못했으며 접근이 쉬운 공립학교를 중심으로 어린 학생들을 대상으로 한 조사가 다수 이루어졌기 때문에 감염자의 숫자는 많지 않은 것으로 파악되었다. 또한, 실제 발열 증상이 있는 환자라 하더라도 의사를 찾아와서 검사받고 확진받는 과정에는 비용과 시간이 소요되었다. 후에 실제로 감염률이 1943년을 기점으로 상당히 낮아졌음이 밝혀졌지만, 당시 감염자를 파악하는 과정의 부정확성은 오히려 말라리아에 대한 공포가 부풀려지는 데 일조하였다. 그리고 이에 더해 말라리아가 미국 내에서 점차 사라지고 있는 이유를 짐작조차 할 수 없었기 때문에, 언젠가 다시 유행할지도 모른다는 두려움은 증폭되었다.[39]

　두 번째 난관은 이미 널리 알려진 증상 완화에 효과가 있던 퀴닌 Quinine을 사용할 수 없게 되었다는 점이었다. 이는 여러 가지 통제 불가능

---

38 2차 세계대전 이전 미국 내 말라리아 감염이 급증했던 시기(1934-1935), 전문가 집단과 정치인들의 노력이 존재하였다. 대공황기가 위기 상황이긴 하지만 전시 상황이 아니므로 2차 세계대전과 같은 선상에 놓고 비교할 수는 없지만 다른 점은 인구의 이동을 통제할 수 있는 평시의 국내 상황이었다는 점, 퀴닌의 공급이 제한받지 않은 점, 대공황의 여파로 자금 동원력에 한계가 있었다는 점, 말라리아 통제 전담 기구가 없었다는 점 등을 들 수 있다. Humphreys, *Malaria: Poverty, Race, and Public Health in the United States*, pp. 94-112.

39 Humphreys, "Kicking a Dying Dog," pp. 3-5.

한 불안을 허용할 수밖에 없었다. 퀴닌은 300년 이상 사용된 항말라리아 제로 그 효과는 의심할 여지가 없었다. 근본적인 재발을 막거나 증상을 완전히 없애는 치료제는 아니었지만, 급성 증상의 완화에 도움을 줘 병사들의 전투 수행 능력을 유지하는 데에는 상당히 효과적이었다.[40] 하지만 진주만 이후 일본은 미국령이었던 필리핀 지역을 거쳐 퀴닌의 주요 산지였던 인도네시아를 선점함으로써 미국과 연합국은 적절한 항말라이아제가 없는 상태로 한동안 고전하였다. 특히, 매일 투약하지 않으면 원충의 성장을 막지 못하기 때문에, 충분한 양의 공급이 필수적이라는 점은 병을 체계적으로 통제하고자 했던 군의 관점에서 반드시 대안이 필요한 상황이었다.

또한, 당시 퀴닌의 대체재로 아타브린[Atabrine](Quinacrine의 상표명)이 사용되었지만, 이 약은 삼일열말라리아 원충에는 효과가 없었고, 열대열말라리아 원충이 유발하는 말라리아에만 증상을 예방하고 약화하는 효과가 있었다.[41] 게다가 문제는 이 약의 부작용에 따른 두려움이 존재하였다는 점이다.

아타브린의 독성에 대한 공포는 세 가지 원인에 기인한다. 부분적으로 알지 못하는 것에 대한 공포, 즉 수백만 명의 군인에게 정보

---

40 퀴닌은 치료제가 아니라 증상 억제제(suppressive)였다. 2차 세계대전 중의 연구로 퀴닌이 원충의 성장을 억제하는 물질이라는 것이 밝혀지게 되었다. Baxter, *Scientists against Time*, pp. 306-308.

41 G. A. Carden, Jr., "Part Eight: Malaria-Introduction," E. C. Andrus, D. W. Bronk & G. A. Carden Jr. (eds.), *Advances in Military Medicine* 2, Boston: Little, Brown and Co., 1948, pp. 665-670; J. A. Rogers, "The Treatment and Clinical Prophylaxis of Malaria," Circular Letter 135, *The Army Medical Bulletin*, 1942, pp. 216-218; "Preventive Medicine: Malaria Control," *The Bulletin of the U.S. Army Medical Department* 4(3), 1945, p. 317.

가 거의 없는 비교적 새로운 약을 오랜 기간 투약하는 것에 대한 완전히 적절한 거부감 때문이었다. [⋯] 또한 너무나 극명하고 심각한 위장장애 – 멀미, 구토와 두 개의 알약을 먹었을 때 나타난 탈진 – 를 관찰한 자연스러운 결과였다. [⋯] 또한 이러한 공포에 대한 마지막 이유는 이 약이 미국에서 처음 만들어졌다는 사실이 었다.[42]

이후 아타브린은 섭취 용량과 투약 시기 등에 관한 연구가 이루어져 열대열말라리아의 재발을 막을 수 있다는 점이 밝혀졌지만, 전쟁 초반 효과적인 질병 통제를 하기에 아타브린에 대한 정보는 매우 부족한 상태였다. 이런 말라리아가 유발했던 어려움은 질병 자체의 특성 때문이기도 했지만, 통제할 수 없을지도 모른다는 두려움과 공포에 기인했다. 발병 패턴에 대한 정보의 부정확성, 증상의 발현을 억제하는 방법에 대한 불신에서 생긴 두려움은 말라리아 통제에 있어서 주요한 방해 요인이었다.

이에 비해 전쟁 지역 말라리아 프로그램의 활동을 살펴보면 성과를 구체적으로 보여 줄 수 있거나 측정할 수 있는 것 위주로 진행되었다는 것을 알 수 있다. 모기의 개체 수를 통제하고, 파괴된 서식지 수가 쌓이고, 살충제로 유충을 제거하여 말라리아가 통제되는 지역을 늘려 가는 것은 충분히 성과를 측정할 수 있는 영역이었다. 초반의 활동은 모기를 채집하고, 모기의 종류를 알아내고 지역을 구획하여 그 안에서 말라리아를 옮기는 모기를 구별해 냄으로써 매개체에 대한 정보를 수집하였다. 게다가 수집된 정보로 전문가들이 어떻게 말라리아를 다루는지, 어떤 검

---

42 Baxter, *Scientists against Time*, pp. 311-312.

사를 통해 말라리아가 확진되는지, 어떤 증상이 나는지에 대한 정보를 꼼꼼하게 기록했다. 또한, 모기의 개체 수를 줄일 방법으로 DDT를 사용하기 이전까지는 서식지를 없애고 물리적인 거리를 둬 최대한 접촉을 막았다. 그리고 이러한 작전operation이 어떤 성과를 보였는지 사용된 살충제의 양, 메운 땅의 크기, 제거된 도랑의 숫자, 이에 들어간 노동 시간 등을 표로 만들어 보여 주고 있다.[43] 이는 정보 수집을 통해 상황을 통제하고 있다는 인상을 주기에 충분하였다.

그리고 DDT가 적극적으로 사용된 후 작성된 마지막 보고서는 이러한 성과들을 더욱 극명하게 보여 준다. 1944년부터 1945년을 기록한 마지막 보고서는 거의 모든 지면을 모기 통제에 할애하고 있다. 이를 통해 감염된 모기 여부와 상관없이 전체 모기의 개체 수를 통제하고 감염을 막았다. 조직도를 보면 부서 대부분은 DDT 관련 업무에 할애되어 이전 시기와 비교해 이 부분에 인력과 노력을 얼마나 집중했는지 알 수 있다.[44] DDT가 사용된 이후 사람들이 놀라워했던 점은 경제적이면서도 빠른 박멸이 가능했다는 점이다. 이후 인체에 미친 영향을 고려한다면 사실 사회적 비용이 적지 않았던 점이 사실이지만, 전시에 환자를 돌볼 시간도 없었던 상황에서 최선의 통제는 매개체의 색출과 서식지 파괴였을 것이다. 그리고 한번 살포했을 때 그 효과가 3개월이나 이어지는 지속성은 엄청난 발견이었을 것이다.

---

43 *Malaria Control in War Area, 1942-1943*, pp. 12-31.

44 앞선 두 보고서는 앞부분에 혈액 테스트 기술의 발전이나 방식, 그리고 말라리아 감염의 치명률에 대해 계산하기 위한 여러 가지 방식들이 소개되어 있는 반면, 이 보고서는 기존의 모기 통제에 더불어 DDT의 사용 방식, 그에 대한 교육과 광고에 대해 다루고 있음을 알 수 있다. *Malaria Control in War Area, 1944-1945*, pp. 1-35.

통제 영역을 벗어날 만한 모든 것을 사전에 제거하기에 모기 통제만큼 적합한 것은 없었다. 이를 위해 막대한 자금과 인력, 그리고 시간이 투자되었으며 이는 통제되지 않을지도 모르는 모든 것들을 포함한 사전 통제의 의미로서 이해할 수 있다. 그리고 효율성 측정이라는 측면에서 모기 통제에 의미를 부여할 수 있다. 완전히 통제되지 않는 증상을 완화하고 환자를 회복시켜 다시 전장으로 보내는 일은 의학적으로 상당히 의미 있는 일이지만 전시의 효율성 측면에서 보면 그 성과를 자랑하기가 힘들다. 성공하고 있다는 구체적인 지표는 당시 전쟁 수행에서 상당히 중요한 심리적 척도였다. 즉, 적을 상대로 이겨야 하는 전쟁에서 지속적인 패배와 통제 불능의 경험이 전반적인 군의 사기에 도움이 되지 않았을 것은 자명한 일이다.

* * *

미국의 '전시 말라리아 통제 프로그램'은 감염병의 물리적 확산 통제를 포함하여 질병이 유발하는 심리적인 효과에 대한 국가의 전방위적 통제 양상을 보여 주는 흥미로운 예시이다. 모기 통제로 귀결된 2차 세계대전 중의 말라리아 통제는 그 어떤 통제 방식보다 촘촘하고 체계적인 모양새를 드러낸다. 눈에 보이는 것의 통제를 넘어서 예상되는, 일어날지도 모르는 모든 것을 통제하려는 노력과 시도가 프로그램을 통해 드러난다. 이런 여러 가지 정황 속에서 말라리아 감염과 전파의 특성을 고려해 본다면 말라리아의 통제가 모기 박멸에 집중된 점은 어쩌면 당연한 귀결로 보인다.

그래서 이런 인식에 기반하여 2차 세계대전을 겪으며 의학의 전시 역할은 심리적인 방어를 포함하여 전방위적으로 확대되었다. 총력전의 시대에 군인은 전쟁을 효과적으로 수행하는 주체로서, 작전 수행 중 발생하는 신체적 혹은 정신적 결함은 그 목적에 적합하지 못한 특성이었다. 특히 말라리아로 인한 기능 수행 저하와 부재는 작은 문제가 아니었으며 동시에 질병으로 인한 공포와 두려움 또한 제거해야 할 대상이었다. 그래서 이런 관점으로 보면 모기 박멸은 '효과적이고 효율적인' 사전 통제 방식이었다. 공포와 불안이 엄습하기 전에 체계적인 노력을 기울이고 있다는 확증은 심리적인 안도와 사기 진작에 도움이 되며 이는 전쟁 수행에 있어서 주요한 요소가 되어 가고 있었기 때문이다. 전시 미국의 말라리아 통제는 질병의 원천 봉쇄를 위한 모든 것의 사전 박멸이었다고 할 수 있으며, 이는 국가의 감염병 통제가 단순히 물리적이고 생물학적인 질병의 통제를 넘어섰음을 보여 주었다고 할 수 있다.

2부
국가 감염병 통제의
이상과 현실

4장

명청시대明淸時代 역병疫病과 정부의 대응: 양호兩湖 지역을 중심으로[1]

김현선

　　전염병은 사람들의 건강과 생명을 위협할 뿐 아니라, 경제적·사회적으로 커다란 손실을 가져온다. 여기에 더하여 사회모순을 가열시키거나 도시 기능을 마비시키는 등 국가 운영에 커다란 위협이 되기도 한다. 원활한 사회 운영과 정권 유지를 위해 정부는 전염병을 효율적으로 통제해야만 한다. 또한 정부는 국민의 건강과 생명을 지켜야 하는 의무를 가지고 있으며, 국민의 건강과 생명을 지키지 못한 정부는 신뢰에 커다란 타격을 받는다. 이로 인해 전염병이 발생했을 때 정부의 대응에 관한 관심이 매우 높으며, 정부의 역할에 대한 요구 역시 매우 높다.

　　중국 역사상 급성전염병에 해당하는 역병疫病이 빈번하게 발생했으

1　이 글은 『중국학보』 101(2022)에 실린 저자의 논문 「明淸時代 疫病과 정부의 대응-兩湖 지역을 중심으로」를 수정한 것이다.

며, 특히 명청시대明淸時代 빈번하게 유행했다.[2] 역병이 발생한 후 많은 사
람이 사망했는데, 당시에도 역병을 비롯한 각종 재해가 발생할 때 정부
는 백성을 구료救療해야 할 의무가 있었다. 적절한 구료는 황제皇帝의 은혜
가 매우 크고 백성을 굽어살피는 이미지를 천하에 드러내는 동시에, 사
회가 안정적으로 발전하는 데에도 유리하게 작용했다. 이와 관련하여 명
청시대 역병과 방역防疫, 정부의 대응에 관한 연구가 활발하게 이루어지
고 있다.[3] 양호兩湖 지역의 경우 호북湖北과 호남湖南의 구료사의 일환에서
연구가 진행되고 있지만, 시기적으로 편향된 특징을 보이고 있다.[4]

2 龔勝生, 「中國疫災的時空分佈變遷規律」, 『地理學報』 58(6), 2003, p. 871.

3 명청시대 전염병과 국가 및 사회의 대응과 관련하여 강남 지역의 연구가 많이 축적되어
있다. 余新忠, 『瘟疫下的社會拯救』, 北京: 中國書店, 2004는 명청시대 溫疫(온역, 급성 전
염병)이 사회에 미친 영향을 고찰하고 국가와 사회의 온역에 대한 조치 등 일련의 문제
를 탐구했다; 「淸代江南疫病救療事業探析-論淸代國家與社會對瘟疫反應」, 『歷史硏究』 6,
2001은 청대 온역에 대한 국가와 사회의 대응을 정리했다; 『淸代江南的瘟疫與社會』, 北
京: 中國人民大學出版社, 2003은 의료사회사의 각도에서 온역의 영향을 분석했으며, 사
회와 정부 대책을 연관시켜 그 상호작용을 탐구했다; 李玉尚, 『環境與人－江南傳染病
史硏究(1820-1953)』, 上海: 復旦大學博士學位論文, 2006은 1820~1953년 강남 지역의 전
염병 유행 상황, 방역과 치료에 대해 상세히 분석했다; 「霍亂在中國的流行(1817-1821)」,
『歷史地理』 17, 2001은 嘉慶 연간에서 道光 연간 사이 霍亂(곽란, 콜레라)이 중국 각지에
서 유행한 상황을 정리한 후 청 정부가 취했던 조치를 탐구했다. 林富士, 「瘟疫與政治:
傳統中國政府對於瘟疫的響應之道」, 『書城』, 2003; 鄧鐵濤 主編, 『中國防疫史』, 廣西: 廣
西科學技術出版社, 2006은 중국 역대 역병 유행 상황을 보여 주며, 사회 각계의 역병에
대한 대응과 조치를 고찰했다. 또한 운남, 광동, 복건 지역 역시 비교적 많은 연구가 집적
되어 있다. 李玉尚, 「近代中國的鼠疫應對機制－以雲南, 廣東和福建爲例」, 『歷史硏究』 1,
2002는 19세기 중엽 운남, 광동과 복건 등 지역에서 鼠疫(서역, 페스트)이 유행할 때 정
부, 의료계와 민중이 취했던 대응을 탐구했다.

4 호남의 경우 양펑청(楊鵬程)의 연구가 대표적이다. 楊鵬程, 「淸季湖南疫災與防治」, 『湖
南工程學院學報』 16(2), 2006; 「1912年以前湖南的疫災流行與防治」, 『湖南城市學院學報』
31(2), 2010은 호남의 역병 유행 상황과 방역 조치를 고찰했다; 肖玄鬱, 「民國前期(1912-
1927)湖南疫災防治硏究」, 湖南: 湖南科技大學碩士學位論文, 2011; 楊鵬程·肖玄鬱, 「民
國時期(1912-1928年)湖南省瘟疫的預防救治措施」, 『歷史敎學』 22, 2013은 역병의 예방
및 치료, 효과에 대해 탐구했다; 楊湘容, 「試析1920年湖南瘟疫」, 『災害學』 16(3), 2001은
1920년 호남 온역의 폭발 원인, 특징, 결과 및 예방 치료 등을 탐구했다. 더하여 당시 온
역의 방역과 치료 효과가 제한적이었다는 사실을 지적했다. 호북의 경우 여전히 연구가
매우 미진한 편이다. 張雲, 「1840-1937年間兩湖地區瘟疫初探」, 武漢大學碩士學位論文,

장강^{長江} 중류 지역에 위치한 양호 지역은 명청시대 곡창지대로서 경제적으로 매우 중요했으며, 많은 유이민이 유입되어 정치적으로도 중요한 곳이었다. 그런데 양호 지역은 평원 및 산악, 호수가 넓게 분포하고 있으며, 각 지역에 따라 경제 발달 상황이 다르게 진행되었다.[5] 양호 지역의 이러한 지형, 경제, 민족적 다양성은 역병에 대한 정부의 구료를 다양한 시각에서 살펴볼 수 있게 한다. 따라서 이 장에서는 양호 지역에서 발생한 역병에 대해 정부가 어떠한 구료 조치를 펼쳤는지 살펴보도록 하겠다.

명청시대 역병이 발생했을 때 일반적으로 정부가 취했던 조치는 축도^{祝禱}, 수정^{修政}, 진제^{賑濟}, 약과 관목 지급 등이 대표적이다. 즉 역병이 폭발했을 때 정부는 축도와 수정 등을 통해 민심을 위로했으며, 약과 관목 지급, 진제 등 다양한 방법을 통해 구료 활동을 전개했다. 그러나 중앙정부의 구료 조치는 수도와 인근의 일부 지역에 제한적으로 실시되었다. 중앙정부의 힘이 미치지 못하는 지역의 경우 지방정부가 자체적으로 의약을 제공하거나 의사를 파견하여 진료하는 등 구료 활동을 펼쳤다.

역병이 발생했을 때 정부가 취한 다음과 같은 조치에 주목하여 이

2005는 1840~1937년 양호 지역의 온역 유행 원인, 정부와 사회의 대응 및 상호작용에 대해 고찰했다. 張牛美, 「政府與疫病防治-以1946-1948年間的漢口爲例」, 『華中師範大學研究生學報』 2, 2008은 1946~1948년간 漢口(한구, 호북성 동부의 상공업 지구)에서 만연한 전염병과 정부의 조치에 대해 탐구했다. 당시 정부는 방역을 위해 사회 각계의 역량을 총동원했으며, 이로 인해 漢口(한구)의 역병은 일정 정도 통제되었다.

5 양호 지역에는 평원 및 구릉, 호수, 하천, 산지 등 다양한 지형이 펼쳐져 있다. 이와 관련하여 張國雄, 『明淸時期的兩湖移民』, 陝西: 陝西人民教育出版社, 1995는 양호 지역을 江漢平原, 洞庭湖平原, 湘中丘陵, 鄂東北丘陵, 鄂東南丘陵, 鄂北 鄂西北, 湘南, 湘西南, 鄂西南, 湘西北으로 구획했다. 江漢平原과 洞庭湖平原은 평원 지역에 해당하며, 湘中丘陵, 鄂東北丘陵, 鄂東南丘陵 지역은 구릉과 평원이 함께 있으며, 鄂北 鄂西北, 湘南, 湘西南, 鄂西南, 湘西北은 대체로 산악 지역에 해당한다. 이 장에서는 張國雄의 지리 구획을 따라 지역을 구분했다.

장에서는 중앙정부와 지방정부로 구분하여 양호 지역 역병에 대한 대응, 즉 구료 조치를 살펴보도록 하겠다. 먼저 역병에 대한 전통적 인식을 간략히 검토한 후 민심을 위로하기 위한 수성修省 및 자핵自劾, 그리고 사람들의 두려움을 잠재우기 위해 펼쳤던 제사 활동을 살펴보도록 하겠다. 다음으로 명청시대 의정醫政을 기존 연구를 통해 간략히 정리한 후 이러한 의정 체계 속에서 역병이 발생했을 때 지방정부가 취할 수 있었던 의국醫局 설립, 의사 파견, 약물 지급 등 의료적 대응을 확인해 보도록 하겠다. 마지막으로 역병이 발생한 이후 민생의 부담을 줄이기 위한 진제와 부세賦稅 견면蠲免 등 규휼 조치를 검토해 보고자 한다.

1. 역병疫病에 대한 인식과 민심의 위로

1) 수성修省과 자핵自劾

전통적으로 역병이 발생했을 때 황제는 역병을 하늘이 내린 경고로 여겼으며, '천명天命'을 잃을까 두려워했다. 따라서 황제는 역병이 발생했을 때 중앙과 지방 관료들에게 수성을 지시하고, 경전慶典 활동을 멈추거나 감소시켰다. 심지어 자신에게 죄를 돌리는 조서를 내려 자신의 패덕敗德을 인정하고, 정사를 돌봄에 있어 혹여 부족한 점이 있었는지 깊이 반성했다. 이는 '수덕이양재修德以禳災'의 정치적 신념으로 하늘의 분노를 잠재우고 '천명'이 전이되지 않도록 하는 데에 그 목적이 있었다. 이와 관련하여 순치 3년(1646) 가뭄과 역병 등 각종 재해가 연이어 발생하자 순치제는 재해를 신령이 자신에게 내린 경고로 여겼으며, 이에 대해 자책하는 조서를 내렸다. 아울러 중앙정부에서는 백관을 질책하여 그들이 정무를 봄에 있어 모자라는 점이 있는지 반성하게 했다. 이는 관료들이 자신의 잘못을 깨닫게 하여 신령의 연민을 얻어 재난을 벗어나길 희망하는 것이었다. 관료들은 황제의 질책이 아니라도, 자신을 책망하며 스스로에게 가혹한 벌을 내렸다.

양호 지역의 경우를 살펴보면, 만력 연간 동정호洞庭湖 평원에 위치한 익양현益陽縣에서 가뭄이 계속된 후 역병이 발생했다. 당시 익양현 지현知縣인 서계방徐繼芳은 조세 징수를 멈추었을 뿐 아니라 자신을 책망하고, 재앙이 물러가길 기도하며 보행을 계속했다. 이렇게 보행을 진행하다 피로로 병을 얻어 관청에서 목숨을 잃었다. 또 만력 연간 호남 서부 산악 지역 회동현會同縣에서 가뭄과 황재蝗災가 발생한 이후 역병이 유행했는데, 당시 지현 섭유현聶惟賢은 몸과 마음을 깨끗이 한 이후 신에게 빌었다. 그리고 모든 죄를 자신에게 돌리고 대죄待罪의 의미에서 3월에서 4월 한 달간 매일 기도를 하며 보행을 지속했다.[6]

중앙정부와 지방 관료들이 역병이 발생하는 동안 보인 수성과 자책의 태도는 역병의 치료와 방역에 실질적인 효과는 없었을 것이다. 하지만 이는 역병을 없애려는 황제와 관료들의 의지와 권위를 보여 주는 것이며, 백성들의 마음을 위로하는 작용을 했을 것이다. 여기에 더하여 백성의 부모로서 백성을 위한 희생 혹은 은혜를 베푸는 이미지와 선정을 베풀겠다는 상징성을 알리는 데에 유용했을 것이다.

---

6   光緒 『湖南通志』 卷101, 「名宦十」, pp. 5上, 17上下.

2) 귀신소사鬼神所司와 기신구역祈神驅疫

명청시대 사람들은 역병에 대해 '귀신소사鬼神所司'의 일, 즉 귀신이 역병을 관장한다고 여겼다. 이에 중앙정부와 지방의 관료들은 신령에게 제사를 지내거나, 혹은 승려나 도사를 불러 며칠 동안 도장을 열어 역병을 없애고자 했다. 이러한 의식과 관련하여 양호 지역의 사례는 아니지만 명대 영락 9년(1411) 섬서에 역병이 유행하자 영락제는 호부시랑戶部侍郎 왕창王彰을 파견하여 화산華山의 신에 제사를 지내도록 했다. 정통 10년(1445) 절강과 섬서 지역에서 역병이 유행하자 정통제는 예부좌시랑禮部左侍郎 겸 한림원翰林院 시강학사侍講學士 왕영王英을 파견하여 회계산會稽山의 신에 제사 지내게 했으며, 통정사사通政使司 우참의右參議 탕정湯鼎을 파견하여 화산華山과 오산吳山의 신에게 제사 지내도록 했다.[7]

양호 지역의 경우 마찬가지로 역병이 발생했을 때, 지방관은 제사 지내거나 신령에게 빌며 역병이 멈추기를 기원했다. 예를 들어 건륭 13년(1748) 7월 호남 서부 산악 지역에 위치한 수녕현綏寧縣에서 역병이 만연했는데, 지현 정제태程際泰는 민간에서 제사를 지내기 위해 소를 도살하는 것을 금지시키는 대신에 자신의 봉록을 내어 관부에서 제사를 지내고 매일 재단에서 기도를 올렸다. 이러한 의식과 활동은 청말까지 지속되었는데, 광서 18년(1892) 호북 서남 산악 지역에 해당하는 의창부宜昌府에서 역병이 발생하자 성城 내외 12단체의 신사紳士와 노인은 제사를 지내 역병을 없애고자 했다. 그리고 이를 보던 마을 사람들은 이러한 행위가 조금 더 일찍

---

7 『明太宗實錄』卷117, 永樂九年七月; 『明英宗實錄』卷130, 正統 10年 6月.

이루어지지 않은 것을 안타까워했다.[8]

뒤늦게 제사를 지낸 사람들이 안타까워했다는 사실에서 제사 및 신령에게 비는 것은 사람들의 심리적 기대에 부응하기 위한 노력의 일환이었을 것이라 판단할 수 있다. 더하여 민중의 공포심을 덜어 주는 작용을 하며 민중에게 심리적 위안을 줄 수 있었을 것이다. 또한 각 지역에서 신령에 제사를 지낼 경우, 지방관은 제사 활동을 통해 백성들을 결집시키고, 향촌의 지도자로서 그 지위를 공고히 하여 향촌 사회의 질서와 안정을 유지할 수 있었다.

특히 양호 지역에서 역병이 발생했을 때 지방정부는 성황신城隍神에 빌며 역병을 통제하고자 했다. 예를 들어 만력 29년(1601) 호남 서남부 산악 지역에 위치한 흥녕현興寧縣에 역병이 유행하자, 지현 우요虞瑤는 성황묘로 가서 역병이 멈추기를 기도했다. 강희 13년(1674) 호남 서부 산악 지역 진주부辰州府 원릉현沅陵縣에서 역병이 유행했는데, 의관醫官이었던 손기봉孫起鳳은 재계한 뒤에 축문을 만들고 성황신에 빌었다. 청대 건륭 연간 동정호 평원에 위치한 무릉현武陵縣의 지현인 옹운표翁運標는 역병이 유행하자, 글을 지어 성황신에 고하였다.[9]

성황신은 원래 '도시의 보호신'으로 알려져 있으나 송대에 이르러 사전祀典에 들어가게 되었고 명대 봉작이 수여되면서 '국가를 수호하는 신'으로 격상되었다.[10] 또한 역병과도 관련이 있는데, 『명회전明會典』을 보면 성황신이 간범과奸犯科를 저질렀으나 일이 아직 드러나지 않은 사람에

---

8 同治『綏寧縣志』卷38,「祥異」, p. 3上下;『申報』光緒 18年(1892) 5月 28日.
9 光緒『興寧縣志』卷18,「雜紀志」(災祲), p. 15上; 乾隆『辰州府志』卷37,「方技」, p. 34上下; 光緒『湖南通志』卷106,「名宦」(15), pp. 11上-12下.
10 박정숙,「中國 城隍神의 原型에 관한 考察」,『中語中文學』43, 2008, pp. 25-26.

게 징벌을 내려 "반드시 음견陰譴을 당하고 온 집안사람으로 하여금 온역瘟疫을 당하게 하고 육축六畜(말, 소, 양, 닭, 개, 돼지)과 천잠天蠶이 불리不利하게 될 것"을 희망했다. 즉 명청시대 사람들은 성황신이 온역, 즉 역병을 발생하게 하고 또 역병을 없애는 이중의 기능을 한다고 인식했다.

성황 신앙은 지역사회를 통제하는 데에 있어 중요한 역할을 하고 있었다. 양호 지역 지방관은 역병과 관련된 민간신앙 중 특히 성황 신앙을 강조하여 기층사회를 통제하고 국가 전체의 질서를 유지하고자 했다. 성황 신앙과 같은 표준적인 신앙의 강조 이면에는 명청 왕조가 지향했던 엄격한 유교 윤리가 내재되어 있었다.[11] 즉 신령을 표준화하는 과정에서 국가는 미묘한 방식으로 지방사회에 개입하여 민간신앙을 통일하여 국가의 문화를 통합해 가고자 했다.

한편 양호 산악 지역에는 토가족土家族, 묘족苗族, 요족瑤族, 동족侗族 등 소수민족이 거주하고 있었으며, 무술巫術의 색채가 매우 농후하고 민간신앙이 깊게 뿌리내리고 있었다. 이와 관련하여 청대 관료였던 엄여익嚴如熤은 산악 지역에 거주하는 묘족이 병들었을 때 무술을 신봉하는 현상에 대해 다음과 같이 상세하게 묘사했다.

> 묘족苗族은 수해, 가뭄과 질역疾疫이 발생하면 점을 친다. 포목괘抛木卦라고 하는데, 나무를 쪼개어 둘로 나누고 그것을 땅에 던져 앞면이 나왔는지 뒤집혀 있는지를 본다. … 무릇 병이 들면 반드시 귀신이 있다 하여 무당을 불러 기도하고 술을 빚으며 제사에 쓸 희

— 11 정철웅, 『자연의 저주-명·청시대 장강 중류 지역의 개발과 환경』, 책세상, 2012, pp. 188-191.

생을 잡고 이웃을 초대하여 음복하는데 주귀散鬼라 한다. 제사를
지내도 낫지 않으면 명에 맡기고, 제사 후 문에 표를 꽂아 놓는데
만약 모르고 잘못 그 문을 들어오면, 귀신을 놀라게 했다 생각하
여 반드시 그 비용을 변상하고, 다시 전과 같이 제사를 지내고 나
서 끝이 난다. 그 우매함이 대체로 이러하다.[12]

즉 양호 산악 지역에서 무술이 깊게 뿌리내리고 있었으며, 사람들은
무술을 통해 각종 질병과 역병을 물리치고자 했다. 산악 지역에서 성행
한 무술은 사회모순이 거세질 때마다 민중의 정신을 응집시켜 정부에 반
항하는 세력을 양성하고 단결시키는 역할을 했다.[13] 건륭 13년(1748) 수녕
현 지현 정제태가 가축의 도살을 금지시키고 따로 제사를 거행한 것에서
확인할 수 있듯 양호 산악 지역의 지방정부는 사회질서를 안정시키고 통
치를 유지하는 데에 도움이 되는 제사와 민간신앙만을 인정했다.[14] 특히
성황 신앙을 강조하여 사회를 통제하고자 했다. 하지만 민간신앙의 표준
화 및 억제는 청대에 이르러서도 줄곧 산악 지역에 부임한 관료의 커다
란 과제로 남아 있었다.[15]

---

12 嚴如熤, 『嚴如熤集』(2), 湖南: 岳麓書社, 2013, p. 569.
13 예를 들어 양호 산악 지역에 거주하는 묘족은 椎牛(추우)라 불리는 소를 희생하여 귀신
    에 제사 지내는 활동을 거행했는데, 이는 묘족 내부의 통일과 단결을 유지시키는 역할을
    했다. 그리고 묘족은 종종 椎牛(추우)를 이용하여 민족과 계층 압박에 대한 투쟁을 전개
    했다. 이와 관련하여 羅義群, 『苗族牛崇拜文化論』, 北京: 中國文史出版社, 2005, pp. 244-
    245 참조.
14 王蕾, 「明清時期兩湖平原的自然災害與民間信仰」, 湖北: 武漢大學碩士學位論文, 1999,
    pp. 40-41.
15 호남 서북부의 永順(영순) 지역은 무술을 숭상하여 병에 걸리면 의술을 사용하지 않고
    巫師(무사)를 불러 귀신에 빌었다. 청대 "개토귀류" 이후 이곳에 부임한 지방관은 이러
    한 풍속을 억제하기 위해 국가의 규정에 따라 府州縣(부주현)에 文廟(문묘), 厲壇(여단),
    성황묘를 새로이 수리했다. 賀樂, 「改土歸流後淸政府對永順府的控制」, 『懷化學院學報』

2. 의정醫政과 의료적 조치

1) 의정醫政: 정부의 역병疫病 대응

명청시대 역병에 대응하기 위해 정비된 의정은 중앙과 지방으로 구분하여 살펴볼 수 있다. 명대 중앙의 경우 송원시대를 계승하여 태의원太醫院을 설립했다. 태의원은 전국에서 가장 높은 의약 행정기관으로 황실 의료를 담당했으며, 황제의 의약 관련 조령을 책임지고 집행했다. 또한 명대 중앙에는 전문적인 의학 교육기관이 없었기 때문에 의생 양성을 담당했으며, 의관의 임용과 파면 등을 장악하여 각지에 의관을 파견했다. 청대 역시 명의 제도를 답습하여 순치 원년(1644)에 태의원을 설립했는데, 명대와 비교하여 커다란 변화는 없었다.

태의원은 역병이 발생했을 때 정부의 역병 구료 활동에 참여했다. 예를 들어 가정 39년(1560) 3월 북경 인근 지역에 기근이 들자 북경 안으로 들어오는 백성이 매우 많았다. 이때 태의원은 사람들에게 약을 나누어 주었다. 북경은 정치적 중심지로, 역병이 발생했을 때 최고의 의약 행정기관인 태의원이 직접 구료 활동을 벌였다. 청대에 이르러서도 북경에서 역병이 발생하면 태의원에 의한 구료 조치가 활발하게 이루어졌다.[16] 하지만 태의원의 역병에 대한 구료는 수도와 인근 지역에 제한적으로 실시되었으며, 지방에까지 미치지 않았다.[17]

33(6), 2014 참조.

16 李文海·夏明方·朱滸 主編, 『中國荒政書集成』(二册), 天津: 天津古籍出版社, 2010, p. 833; 梁峻·鄭蓉·張磊 主編, 『疫病史鑒』, 北京: 中醫古籍出版社, 2020, pp. 133-134.

17 명청시대 정부가 역병 구료에 소극적이었던 원인은 명확하지 않다. 다만 이와 관련하여

지방의 의정을 살펴보면, 홍무 17년(1384) 천하에 의학 교육기구를 설립하라는 조서가 내려졌으며, 전국의 부주현府州縣에 의학醫學과 음양학陰陽學이 설립되었다.[18] 그러나 명청시대 지방의 의정은 송원시대에 비해 중시되지 않았다.[19] 지방의 의학 교육 담당자의 직위는 원대보다 낮았으며, 각 지역의 의학 관리는 해이해졌다.

　　청대에 이르러 옹정 연간 한때 의학을 중시하여 각 성省에 "의학관교습醫學官敎習"을 설립하도록 했다. 하지만 옹정 연간을 제외하고 청대 의학의 상황은 명대와 크게 다르지 않았는데,『청사고淸史稿』기록에 의하면 의학에 부정과府正科, 주전과州典科, 현훈과縣訓科 각 1명을 배치했다. 하지만 모두 9품 이상의 벼슬에 오르지 못했을 뿐만 아니라, 선발 역시 태의원이

　　위신중[余新忠]은 다음과 같이 추론했다. 먼저 역병이 유행하면 사람들은 감염을 피하기 위해 외출을 하지 않기 때문에 반란이 발생할 위험이 낮다는 사실을 언급하며, 역병이 왕조의 통치에 직접적인 위협이 되지 않으므로 적극적으로 구료하지 않았다고 지적했다. 두 번째로 정부가 주관하는 의료기구 및 구료 사업의 효율이 낮았다는 사실을 언급하며, 신사 및 상인들의 활동이 정부의 이런 소극적 부분을 보충했다고 지적했다. 마지막으로 역병의 구료는 자연재해 및 기근의 진제보다 더 복잡했기 때문에 정부가 통일된 규정을 만들어 구료를 진행하는 것보다, 지역사회가 각자 처리하는 것이 더 나은 결과를 가져왔기 때문이라고 인식했다. 余新忠,「淸代江南疫病救療事業探析 - 論淸代國家與社會對瘟疫反應」,『歷史硏究』6, 2001 참조.

18　『明太祖實錄』卷162. 李燦東 主編,『中醫醫政史略』, 北京: 中國中醫藥出版社, 2015, p. 125에서 재인용.

19　梁其姿,「宋元明的地方醫療資源初探」, 張國剛 主編,『中國社會歷史評論』(3卷), 香港: 中華書局, 2001, pp. 219-237. 胡玉,「宋代應對疾疫醫療措施初探」,『樂山師範學院學報』19(11), 2004, pp. 99-102. 송대 의정을 살펴보면 정부는 비교적 적극적으로 의학 정책에 개입했다. 송대 역병이 빈번하게 발생했으며 정부는 의사를 파견하고, 돈이나 약을 지급했다. 또한 의서를 반포하는 등 다양한 방법으로 역병이 확산되는 것을 억제했다. 각지에 혜민약국이 설립되었으며 역병이 유행할 때는 특별히 병방(病坊)을 설치하여 환자를 치료했다. 원대 의정의 경우 송대보다 더 세분화되고 전문화된 의학 정책과 의학 교육 체제를 갖추었다. 하지만 원대 중기 이후 의학 교육의 부실화, 의료 인력의 자질 문제, 민간의 불법적인 의료 행위 성행 등 문제들이 대두되기 시작했다. 원대 의정 및 의학 교육과 관련하여 김대기,「중국 원대 의료관원의 선발과 관리-의호(醫戶)제도와 의학과거제의 실시를 중심으로」,『의사학』26, 2017; 조원,「元 중후기 醫政제도의 변화와 실상 -『至正條格』의 관련 條文을 중심으로」,『역사와 세계』60, 2021 참조.

아닌 이부吏部에서 이루어졌다. 결국 의학은 점차 그 규율이 문란해졌으며, 많은 지역의 의학이 유명무실해졌다.[20]

지방의 의학 규율이 느슨해지면서 지방정부는 점차 의정 관리 직무를 포기하기 시작했다. 원대 의학교醫學校와 같이 정기적으로 의호醫戶를 조직하고 일률적으로 훈련하고 평가하는 과정은 더 이상 존재하지 않았다. 명대 의생들은 대체로 의호를 통해 세습되었으나, 이러한 의호 세습제는 강력한 폐쇄성을 보였다. 의생들은 자신의 의술을 자신만 가지고 있는 재주라 생각하며 소중하게 여기는 반면 새로운 의학 지식을 흡수하지 않으려 했다. 따라서 명청시대는 뛰어난 의생이 많이 배출되었지만, 또한 자질이 낮은 의생도 매우 많았다.

한편 명대 홍무 3년(1370) 중앙정부는 송원시대 제도를 답습하여 각지에 혜민약국을 설립했다. 혜민약국은 주로 약재를 저장하고 약을 조제했으며, 사람들이 병에 걸렸을 때 치료를 담당하고 약을 판매했다. 더하여 역병이 유행할 때 사람들에게 무료로 약을 제공했다. 하지만 명대 중기 이후 많은 지역에서 혜민약국은 의학과 합치되거나 재해가 발생할 때만 작용하는 임시적인 기구로 변했다. 가정 연간 대다수의 혜민약국이 이미 폐쇄되었으며, 그 터조차 찾을 수 없게 되었다.[21] 청대에 이르러서 중앙정부는 혜민약국 설립조차 지시하지 않았다. 단지 각 지역에 원명시

---

20 위신중은 지방지 조사를 통해 강남 지역의 의학 건설이 대부분 완비되어 있지 않았다는 사실을 발견했다. 더하여 청대 중후기 편찬한 지방지 가운데 많은 지역의 의학이 자주 "今廢(금폐)"라고 기록되어 있다는 사실을 밝혔다. 余新忠, 앞의 논문 참조.

21 량치쯔[梁其姿]는 지방지에 기록된 명청시대 혜민약국의 실태를 조사했다. 1566년 강남 지역에 있는 55縣治(현치)에 설립된 혜민약국 가운데 28곳은 황폐화되고 19곳의 상황은 명확하지 않았으며, 단지 9곳의 혜민약국이 표면상 약을 나눠 주는 기능을 유지하고 있었다. 梁其姿, 『施善與教化』, 北京: 北京師範大學出版社, 2013, p. 32 참조.

대부터 전해진 제도가 남아 역병이 유행하면 임시적으로 구제 활동을 펼쳤다.[22]

　양호 지역의 상황 역시 크게 다르지 않았는데, 예를 들어 한양부漢陽府의 혜민약국은 성城의 북쪽에 있는데 오래전에 폐쇄되었다고 기록되어 있다. 무창부武昌府의 가어현嘉魚縣에서도 혜민약국은 음양학, 의학, 양제원養濟院과 더불어 모두 폐쇄되었다고 기록되어 있다.[23] 혜민약국은 형식적으로 흘러갔으며, 지방정부 역시 이를 안정적으로 유지할 수 있는 충분한 인력이 없었다. 그 결과 역병이 발생했을 때 효과적으로 구료 활동을 펼칠 수 없었다. 정부의 명확한 규정과 지침은 없었으며, 의료적 시스템역시 결여되어 있었다.[24] 그리고 지방의 의료에 대한 소극적인 태도는 청말까지 지속되었다.[25]

22　常存庫,『中國醫學史』, 北京: 中國中醫藥出版社, 2017, pp. 137-138.

23　乾隆『漢陽府志』卷6,「公署」, pp. 2上-17上; 康熙『武昌府志』卷1,「建置」, pp. 1上-25下.

24　일부 연구자들은 명대 지방의 의료가 송원시대와 비교하여 결코 뒤처지지 않았다고 지적했다. 예를 들어 량치쯔는 명청시대 의정이 해이해지고 중앙정부와 지방정부가 관리하는 의료기구 및 구료 사업의 효율이 낮았으나, 이것이 명대 이후 지방 의료 자원이 감소하거나 혹은 일반 민중이 향유할 수 있는 의료 수준이 낮아진 것은 아니라고 인식했다. 또한 의생의 훈련 양상을 보았을 때, 명대 수준 높은 의생이 많이 배출되었으나 이들이 모두 정부가 양성한 것은 아니라는 사실을 지적했다. 즉 명대에는 정부의 관리나 통제 없이도 수준 높은 의사들이 많이 배출되었다. 梁其姿,「宋元明的地方醫療資源初探」, 張國剛 主編,『中國社會歷史評論』(3卷), pp. 219-237 참조.

25　의정 문제와 관련하여 당시 이를 개선하려는 목소리가 없었던 것은 아니다. 명대 가정 연간 역병이 유행했는데, 僉事(첨사) 林希元(박희원)은 지방 의료기구 건설을 강화해야 한다고 상서를 올렸다. 이후 藥局(약국) 등이 잠시 강화되었지만 오래 지속되지는 못했다. 또한 만력 연간 周孔敎(주공교)는『荒政議(황정의)』에서 名醫(명의)를 선발하고 역병 구제를 강화해야 한다고 호소했다. 명대 呂坤(여곤)은 창의적인 의정 관리 방안을 제시했으나 크게 호응을 얻지 못했다. 청대『康濟錄(강제록)』역시 의정 상황에 대해 강한 비판과 호소를 제기했으나 의정 개혁은 실행되지 않았다.

2) 양호 지역의 의정醫政과 한계

의료 규정과 시스템, 인력이 충분하지 않은 상태에서 역병이 발생했을 때 효과적으로 대응하는 것은 매우 어렵다. 이에 양호 지역의 지방관은 역병이 유행할 때 임시적으로 의국醫局을 설립하여 약을 지급하거나, 의사를 파견하여 역병을 치료하고자 했다. 예를 들어 강희 57년(1718) 호남 중부 구릉 지역에 위치한 형양현衡陽縣 지현 호유량胡有亮은 5월부터 9월까지 빈일문賓日門 안에 의국을 열어서 사람들에게 약을 나누어 주었으며, 그 결과 사람들이 목숨을 부지할 수 있었다.[26]

또한 양호 지역에서는 지방관이 직접 사람들을 진찰하거나 혹은 의사를 파견하여 역병을 치료했다. 예를 들어 경태 연간 호남 서남부 산악 지역에 위치한 영주부永州府의 지부知府 양흥楊興은 사람들이 역병에 걸리자 직접 병든 사람들을 치료했다. 가정 연간 호남 남부 산악 지역 흥녕현에서 역병이 발생했는데, 지현 봉조예封祖裔는 의사를 파견하여 사람들을 치료하고 약을 제조하여 나누어 주었다.[27]

이 외에도 많은 지방관이 의약을 나누어 주어 사람들을 살리고자 했다. 예를 들어 가정 16년(1537) 호남 중부 구릉 지역의 상담현湘潭縣에서 역병이 유행하자 지현 한가회韓嘉會는 약을 조제하여 나눠 주고, 죽을 베풀어 굶주리고 병든 사람들을 구제했다. 강희 31년(1692) 4월에서 5월 사이 호북 서부 산악 지역인 방현房縣에서 천연두로 보이는 역병이 유행하자 지현 심용장瀋用將은 약을 배포했으며, 이때 목숨을 부지한 사람이 매우 많

26　光緒『衡州府志』卷29, 「災異」, p. 11下.
27　光緒『湖南通志』卷98, 「名宦」, p. 8下; 光緒『湖南通志』卷100, 「名宦」, p. 11上.

았다.[28] 강희 45년(1707) 호남 중부 구릉 지역에 위치한 형양현(衡陽縣)에서는 지현 장연상(張延相)이 서호(西湖) 태평사(太平寺)에서 약을 나누어 주고 역병을 치료하여 많은 사람이 목숨을 보전할 수 있었다.[29]

한편 역병이 유행할 때 많은 사람이 사망했으며, 거리는 매장하지 못한 시신으로 가득했다. 시신의 방치는 당시 전통 관념에 크게 위배되었을 뿐 아니라 위생에도 커다란 위협이 되었다. 이에 양호 지역 관료들은 관목을 제공하고 관부가 설립한 공공 묘지인 누택원(漏澤園)에 시체를 매장할 수 있도록 했다. 예를 들어 만력 15년(1587)에서 16년(1588) 사이에 호남 서남부 산악 지역인 회동현에서 가뭄과 황재가 발생한 후 역병이 유행했는데, 이때 지현 섭유현은 자신의 녹봉을 내어서 약을 나눠 주고 누택원을 설치하여 길에 방치되어 있는 시신의 뼈를 수습했다. 만력 31년(1603) 강한 평원에 위치한 효감현(孝感縣)에서 역병이 유행하자 지현 여계악(余桂蕚)은 향가만지(向家灣地) 10여 무(畝)를 구입하여 누택원으로 만들었다.[30]

역병이 발생했을 때 양호 지역의 지방관들은 의국을 설립했으며, 자신이 직접 병에 걸린 백성을 진찰하거나 의사를 파견하여 백성을 치료하고자 했다. 또한 가난한 백성들에게 약과 관목을 지급하며 적극적으로 민생을 구제했다. 그런데 이러한 구료 사업을 펼치는 데에 정해진 규정은 없었으며, 의료 자원 역시 충분하지 않은 상황이었다. 결국 지방관이 구제 사업을 펼치는 것은 순전히 지방관 개인의 자비심과 능력에 달려 있는 것이었다.

---

28 光緒『湘潭縣志』卷5,「官師」, p. 47上下; 同治『房縣志』卷6,「事紀」, p. 18下.
29 嘉慶『衡陽縣志』卷16,「蠲政」, p. 7上.
30 光緒『湖南通志』卷101,「名宦」, p. 17上; 乾隆『漢陽府志』卷31,「名宦志」, p. 12下; 光緒『孝感縣志』卷13,「名宦」, p. 4下.

의학에 정통하거나 책임감이 강한 지방관은 열심히 구료 활동을 펼쳤으나, 일부 지방관은 역병이 유행하여 사람들이 죽어 나가는 상황에도 크게 관심을 두지 않았다. 명청시대 중앙정부에서는 설령 역병으로 많은 사람이 사망했다 할지라도 이를 지방관 평가에 반영하지 않았다. 지방관을 심사할 때 사람들이 굶어 죽는 것은 관료의 실책으로 간주되었으며, 기근에 대한 구조는 심사 기준에 포함되었다. 그러나 역병으로 인한 사망은 피할 수 없는 것으로 여겨졌으며, 이를 관료 평가의 기준으로 삼는 경우는 드물었다. 즉 역병으로 많은 사람이 사망해도 지방관의 일신에는 영향을 미치지 않았으며, 이로 인해 일부 지방관은 역병이 발생했을 때 구료를 실시하지 않아도 된다고 여겼을 것이다.

한편 역병의 구료는 많은 자금과 기술을 필요로 하는 공익사업으로, 지방관의 힘이 미치지 못할 경우 그 지역의 신사紳士와 부호富戶, 자선조직이 역병 구료에 있어 중요한 역할을 담당했다.[31] 지역의 유력 인사인 이들은 역병이 발생했을 때 약국을 세우고, 의사醫社를 조직하여 사람들을 치료하고 약과 식량을 지급했다. 또한 선당善堂 및 선회善會와 같은 자선조직 역시 약국을 건립하고 사람들을 구휼했다. 양호 지역도 신사 및 자선조직이 주도적으로 역병을 구제하고자 했으며, 사회보장 체제를 마련했다.

지역의 유력 인사들이 구료 활동을 펼칠 때 지방정부는 이들의 활동을 적극적으로 격려했다. 예를 들어 명대 가정 연간 동정호반洞庭湖畔에 옹참翁參이라 불리는 상인이 있었다. 그는 오랫동안 외부에서 장사를 하여 재물과 자금이 풍부했다. 마을에서 두 차례 역병이 발생했는데, 구조

---

31 역병 발생 시 신사, 부호 및 자선조직의 구료 활동은 기존 연구에서 많이 밝혀진 바이다. 특히 강남 지역 등 발전 지역과 관련된 연구가 집적되어 있다. 余新忠, 앞의 책 참조.

활동에 모두 참여했다. 처음 역병이 유행했을 때 그는 성곽^{城郭} 밖의 땅을 구입하여 무덤으로 삼고 죽은 사람을 매장했다. 아울러 사망자의 신분을 표시해 친인척이 사망자를 알아볼 수 있도록 했다. 두 번째 역병이 유행했을 때는 그 지역에 있는 사묘^{祠廟}에서 약을 배포했으며, 특별히 명의^{名醫}를 초빙하여 사람들을 치료했다. 이때 지방관은 그를 얻기 어려운 현재^{賢才}라고 칭찬했다. 또한 지방의 생원^{生員}은 그의 선행을 어사^{御史}에 보고했으며, 중앙에서는 그의 선행을 널리 알리고 관대^{冠帶}를 하사했다.[32] 다만 이러한 자선사업을 담당했던 신사층과 부호가 산악 지역의 경우 평야 지역에 비해 적었으며, 그들의 역량 역시 제한적이었다. 즉 지방관의 격려가 있더라도 이들의 활동은 제한적으로 실시되었다.

3. 구휼^{救恤} 정책과 민생의 부담 경감

1) 진제^{賑濟}와 견면^{蠲免}

역병이 유행하여 많은 사람이 죽어 나가는 상황에서 중앙정부는 의료적 조치 외에 진제와 견면 등의 조치를 취하여 민생을 안정시키고 부담을 경감해 주고자 했다. 예를 들어 영락 12년(1414) 호북 동부 구릉 지역에 위치한 무창부^{武昌府}와 통성현^{通城縣} 등 지역에서 역병이 유행했다. 이때 황태자 주첨기^{朱瞻基}는 호부^{戶部}에 사람을 파견하여 이 지역을 순시^{巡視}하고 안무^{按撫}할 것을 명하였다.[33] 또한 선덕 9년(1434) 강한 평원에 위치한

---

32 李燦東 主編, 『中醫醫政史略』, p. 149.

운몽현^{雲夢縣}에서 역병이 만연하자 선덕제는 상서^{尙書} 호도^{胡濙} 등에게 다음과 같이 일러 말했다.

> 하늘이 재해를 내리니 수재 아니면 즉 한재구나. 더욱이 질역^{疾疫}이 만연하니 백성이 어찌 견디겠느냐? 짐은 심히 걱정되고 두렵다. 경^卿 등은 마땅히 힘써 이를 바로잡아 구제하여 (재해를 내리신) 천의^{天意}를 (다시 원래대로) 돌리고 백성의 목숨을 구할 수 있게 하라.[34]

가정 8년(1529) 호북 서북부 산악 지역인 양양현^{襄陽縣}, 광화현^{光化縣}, 균주^{均州}, 의성현^{宜城縣}과 면양주^{沔陽州} 지역에서 기근이 들고 역병이 폭발하자 중앙정부는 진제를 실시했다. 또한 융경 5년(1571) 양양부^{襄陽府}에 역병이 만연했는데,『속문헌통고^{續文獻通考}』에 의하면 "9월 수재 이후 호광^{湖廣} 운양^{鄖陽}, 양양부의 보강^{保康}, 방현^{房縣}, 남장^{南漳} 곡성^{谷城}, 양양, 의성의 추량^{秋糧}을 구별하여 면제한다"고 했다.[35] 만력 17년(1589)에는 무창부^{武昌府}에 역병이 유행했는데, 강서성에서 양호 지역으로 이동하던 호광순무^{湖廣巡撫} 진요^{秦燿}는 상소를 올려 곡식을 사서 구휼했고 많은 사람이 목숨을 부지할 수 있었다.[36]

의학이 발달한 21세기에도 전염병을 치료하고 예방하는 데에 의학은 그 한계를 드러내고 있다. 오늘날과 비교하여 명청시대의 의학 수준

---

33 『明太宗實錄』卷149, 永樂十二年三月. 何喬遠,『名山藏』, 北京: 北京大學出版社, 1993, p. 489.

34 『明宣宗實錄』卷115, 宣德九年十二月.

35 陳梦雷 纂, 蔣廷錫 校訂,『古今圖書集成』,「荒政」. 李文海・夏明方・朱滸 主編,『中國荒政書集成』(三冊), 天津: 古籍出版社, 2010, p. 1401에서 재인용.

36 乾隆『江南通志』卷142,「人物志(宦績)」, p. 29上.

은 높지 않았으며, 오히려 당시 의학 지식을 통한 치료는 증세를 악화시키기도 했다. 일례로 명말 강소, 절강, 직예, 산동 등 지역에서 역병이 유행했을 때, 오유성^{吳有性}은 일부 의사들이 전통적인 상한^{傷寒}을 치료하는 방법으로 역병을 치료하다가 많은 사람이 목숨을 잃은 현실을 목격했다. 호남 중부 구릉 지역에 위치한 예능현^{醴陵縣}에서도 용의^{庸醫}가 가짜 약으로 치료하다 사람이 죽는 상황이 발생했다.[37] 즉 전통적인 치료법이나 약물은 경우에 따라 부작용을 초래했다. 반면 진제는 사람들에게 곡식을 나누어 줌으로써 오랜 재해로 인한 기아 상태를 면하게 하고 영양 상태를 개선시켜 전염병 유행을 저지하는 데에 매우 효과적으로 작용했을 것이다.

또한 정부는 민중의 부담을 줄이기 위해 재해 상황의 경중에 따라 부분적으로 액부^{額賦} 징세를 면제했는데, 이를 "견면"이라 부른다. 지방정부는 중앙정부에 견면과 개절^{改折}을 요청하여 백성의 부담을 줄였다. 예를 들어 만력 17년(1589) 호남 중부 구릉 지역의 상향현^{湘鄉縣}에서는 "대한^{大旱} 이후 역병이 폭발하자 지현 게사기^{揭士奇}는 남미^{南米}의 개절을 요청했으며, 이내 조편^{條鞭}으로 납부해야 하는 은^銀의 반을 면해 주었다. 또한 사창을 설치하고 구휼에 힘써 많은 사람이 살아났다"고 기록되어 있다. 청대이르러서도 이와 비슷했는데, 순치 연간 상향현에서 한재와 역병이 잇달아 발생하자 지현 남기봉^{南起鳳}은 중앙정부에 황부^{荒賦} 3만 3천을 면제해 줄 것을 요청했다.[38]

이 외에 죽을 나눠 주어 당장 먹을 것이 없는 백성을 적극적으로 보

---

37 民國『醴陵縣志』. 易法銀·陽春林·朱傳湘,『湖湘歷代名中醫傳略』, 湖南: 湖南科學技術出版社, 2009, p. 545에서 재인용. 청대 수준 낮은 의사인 용의가 일으키는 의료사고는 심각한 사회문제로 지적되었다. 이와 관련하여 최지희,「청대 사회의 용의(庸醫) 문제 인식과 청말의 변화」,『의사학』 28, 2019 참조.

살폈다. 만력 15년(1587)에서 만력 16년(1588) 사이 호남 서북부 산악 지역인 진계현辰溪縣에서 한재와 함께 역병이 유행했는데 지현 황종회黃鍾會는 급하게 양곡을 팔 것을 요청했으며, 미곡을 저장해 둔 창름倉廩을 열고 죽창粥場을 건립하여 사람들을 진휼했다. 그는 주위를 살펴 약과 관목을 나눠 주었으며, 이로 인해 많은 사람이 목숨을 부지하고 마을은 점차 안정을 되찾게 되었다. 만력 연간 동정호 평원에 위치한 선화현善化縣의 지현 이사형李仕亨은 한재와 역병이 발생하자 자신의 녹봉을 내어 죽을 끓이고 약을 나눠 주었으며 중앙정부에 견면과 진제를 요청했다.[39] 명말 혼란한 상황 속에서도 양호 지역의 지방관은 역병이 발생했을 때 전심전력으로 진휼했다.

청대 이르러서도 지방관에 의해 적극적으로 진제가 이루어졌다. 예를 들어 강희 46년(1707) 광제현廣濟縣 지현으로 부임한 이세덕李世德은 계속된 한재로 미곡 가격이 등귀하자 창름을 열어 쌀값을 조절하는 평조平糶의 조치를 취했다. 이어서 역병이 유행하자 약을 베풀고 관을 갖추어 죽은 사람을 염한 후 누택원에 안치했다. 도광 29년(1849) 『호남통지湖南通志』 기록에 의하면 "전 성省에 대역大疫이 유행하여 다음 해 4월 이내 멈추었는데 죽은 사람이 매우 많았다"고 한다. 당시 장사현長沙縣, 무릉현武陵縣, 용양현龍陽縣, 유양현劉陽縣, 상담현湘潭縣, 원릉현沅陵縣, 정주靖州에서 수재 이후 기근이 들고 이어 역병이 폭발했다. 이때 호남순무湖南巡撫 조병언趙炳言은 사전私錢을 내어서 호북의 미곡 1,000석을 사들여 진대하고 아울러 주현州縣에서는 상평창常平倉을 열어 마을 사람들에게 빌려주었다.[40]

— 38 同治『湘鄉縣志』卷5, 「兵防」, p. 32下; 光緒『湖南通志』卷103, 「名宦十二」, pp. 10下-11上.
39 乾隆『辰州府志』卷34, 「名宦傳二」, p. 18下; 光緒『善化縣志』卷18, 「名宦」, p. 18上; 光緒『湖南通志』卷101, 「名宦十」, p. 1.

2부 국가 감염병 통제의 이상과 현실

앞서 언급했듯 역병이 발생했을 때 지방관의 구료와 관련된 조치는 명확한 규정이 존재하지 않았으며, 이는 순전히 지방관 개인의 인의와 능력에 달려 있었다. 더하여 위의 사례에서 확인할 수 있듯, 지역사회에서 지방정부의 진제는 주로 상평창, 사창社倉과 의창義倉 등 지방의 창름倉儲에 의존했다. 지방의 창름 유무는 재해를 대비하고 구조하기 위한 조치를 취하는 데에 매우 중요한 부분으로, 기근이 발생하면 구조에 큰 영향을 미쳤다. 즉 명청시대 창름의 미곡 저장 상황은 진제에 있어 그 실행 여부를 결정할 정도로 매우 중요한 역할을 담당했다.

그러나 창름의 설립 상황은 지역마다 일정하지 않았다. 특히 상평창은 관진官賑에서 매우 중요했는데, 강한 평원, 동정호 평원과 호북 동부 구릉 지역, 호남 중부 구릉 지역의 상평창에는 곡식 저장량이 비교적 많았다.[41] 더하여 비황備荒 체계는 청대에 이르러 더욱 완비되었으며, 양호 지역의 경우 옹정 원년에서 옹정 3년 사이(1723~1725) 곡식 저장량은 80여만 석石에 달했다.[42] 창름의 곡식 저장량은 지방관이 역병을 비롯한 재해에 대한 진제를 결정할 때 중요한 요인으로 작용했을 것이며, 재해에 대해 탄력적으로 대응할 수 있었을 것이다.

---

40 同治『廣濟縣志』卷5,「名宦」, p. 11上; 光緖『黃州府志』卷13,「秩官傳」, p. 58下; 光緖『湖南通志』卷244,「祥異志」, p. 44上下; 光緖『湖南通志』卷107,「名宦十六」, pp. 20下-21上下.

41 趙申喬『自治官書』卷6, 折奏「湖南運米買賣人姓名數目稿」. 蔣建平,『淸代前期米穀貿易硏究』, 北京: 北京大學出版社, 1992, p. 54에서 재인용. 일례로 건륭 연간 호남의 경우를 살펴보면 평원 및 구릉 지역 1,878,150석(石), 산악 지역은 715,274석으로 큰 차이를 보이고 있다. 가경 연간에 이르러 지역적 차이는 더욱 커졌는데, 평원 및 구릉 지역은 2,560,504석, 산악 지역은 909,424석이었다. 이러한 지역적 차이는 정치와 교통의 요소도 있지만, 대체로 평원 및 구릉 지역의 높은 양식 생산 수준과 관련이 있다.

42 陳鋒,『明淸以來長江流域社會發展史論』, 湖北: 武漢大學出版社, 2006, p. 340. 순치 11년(1654) 중앙에서는 각 府州縣(부주현)은 常平倉(상평창) 및 義倉(의창), 社倉(사창)을 갖추어 재해에 대비하라는 조령을 발표했다. 옹정 원년(1723)에는 사창의 전면적 설립을 명령했으며, 짧은 시간에 탁월한 성과를 거두기도 했다.

반면 창름에 저장된 곡식이 많지 않다면, 지방관은 자신의 의지와 상관없이 쉽게 진제를 결정하고 실시할 수 없을 것이다. 그렇지 않다면 명대 선화현 지현 이사형의 경우와 같이 자신의 봉록을 사용하여 진제를 실시해야만 했다. 양호 산악 지역의 경우 창름에 보관된 곡식 분포 수량이 상대적으로 적었으며, 이마저도 사회 동란으로 피폐해졌다. 일례로 가경 연간에 백련교 봉기가 형주부荊州府, 시남부施南府, 의창부, 양양부, 운양부 등 호북성 서부 산악 지역에서 발생했으며, 이때 주변에 있던 사창社倉이 크게 훼손되었다. 가경 원년(1796) 보강현保康縣에서도 전란 이후 역병이 발생했는데, 백련교의 난으로 이 지역의 사창은 거의 파괴되었으며 양식 역시 거의 황폐화되거나 소멸되어 진제를 시행하기 어려운 상황이었다.[43] 즉 양호 산악 지역의 경우 진제를 실시하기 위한 자원과 물자가 충분하지 않았으며, 역병이 유행했을 때 평원 지역에 비해 진제의 혜택이 많지 않았다.

2) 대재지후, 필유대역大災之後, 必有大疫

역병이 유행할 때 진제와 견면의 조치가 실시되었으며, 역병의 통제에 매우 효과적으로 작용했다. 하지만 앞서 언급했듯 명청시대 정부는 역병에 대해 소극적인 정책을 취했으며, 진제와 견면의 조치 역시 제한적으로 실시되었다. 그런데 주목해야 할 점은 "대재지후, 필유대역大災之後, 必有大疫"이라는 속언에서 알 수 있듯 수재 및 한재와 같이 재해가 발생한 후 역병이 유행하는 경우가 매우 빈번했다는 것이다. 또한 명청시대,

---

43 周榮, 『明淸社會保障制度與兩湖基層社會』, 北京: 武漢大學出版社, 2006, pp. 145-146.

특히 청대 황정荒政을 매우 중시했으며, 체계적이고 전면적인 진제 제도가 형성되었다.[44] 황정을 중시했으며 역병이 수재 및 한재 등 재해와 긴밀하게 관련되어 있었다는 점을 고려하면, 역병이 유행했을 때 비록 역병을 대상으로 한 것은 아니지만 진제와 견면의 조치가 빈번하게 이루어졌을 것이라 추측할 수 있다. 따라서 명청시대 양호 지역의 역병이 발생했을 때 실제 이루어진 구휼과 당시 상황을 명확하게 알기 위해서는 조금 더 면밀하게 역병 발생의 원인과 구휼 정책을 살펴볼 필요가 있다.

명청시대 양호 지역의 경우 수재 및 한재 이후 역병이 유행하는 사례가 빈번했다. 특히 평원 지역 및 구릉 지역에서 총 376회 역병이 발생했으며, 그중 60% 이상의 역병이 수재 및 한재 이후 발생했다.[45] 역병이 발생한 해의 진제와 견면 기록을 살펴보면, 비록 역병을 대상으로 한 시혜는 아니었지만 역병이 유행하던 해 이루어진 견면과 진제는 총 160회에 달했다.[46] 중앙정부와 지방정부가 실시한 진제의 목적이 설령 역병을 대상으로 한 것은 아니었을지라도, 이러한 진제와 견면의 혜택은 분명 사람들의 배고픔과 부담을 덜어 주어 의약보다도 더 역병 유행에 효과적

---

44 葉依能, 「明代荒政述論」, 『中國農史』 15(4), 1996; 李向軍, 『淸代荒政硏究』, 北京: 中國農業出版社, 1995는 청대 구제 절차 및 조치, 荒政(황정)과 국가 재정, 그리고 실제 효과에 대해 탐구했다. P. E. 빌 지음, 정철웅 옮김, 『18세기 중국의 관료제도와 자연재해』, 민음사, 1995는 청대 자연재해와 영향을 살핀 후 청대 관료제도와 황정 운영에 대해 매우 세밀하게 탐구했다.

45 명청시대 양호 지역의 역병을 살펴보면 평원 및 구릉지에서 총 376회 역병이 유행했는데, 그 가운데 197회가 수재 및 한재 등 자연재해와 관련이 있으며, 29회가 기황과 연관되어 있다. 즉 60% 이상이 자연재해 및 기근과 관련이 있다. 반면 산악 지역의 경우 자연재해 발생 이후 역병이 유행한 사례는 25% 이하였다. 김현선, 「청대 양호 지역개발과 전염병」, 『동양사학연구』 151, 2020 참조.

46 金賢善, 『明淸兩湖疫災: 空間分佈, 影響因素與社會應對』, 華中師範大學博士學位論文, 2016, 第四章. 明淸時期兩湖地區影響社會應對, 表 4.1 〈明淸時期兩湖平丘地區賑災措施擧例表〉 참조. 賑濟(진제), 蠲免(견면), 工賑(공진)의 구체적 내용은 분류하지 않고 역병 유행 시 동일 지역에서 재해를 대상으로 시행된 구제의 횟수를 분석했다.

으로 작용했을 것이며, 정부에 대한 신뢰와 권위를 높여 주기에 충분했을 것이다.

다만 이러한 수재와 한재를 대상으로 한 진제와 견면의 혜택 역시 지역에 따라 다소 차이가 있다. 정치·경제·군사적으로 중요한 지역의 경우 진제와 견면이 빈번하게 이루어졌으며, 반대로 중요하지 않은 지역일 경우 진제와 견면의 조치는 매우 드물게 시행되었다.[47]

명청시대 양호 지역은 중요한 곡창지대로서 "호광숙, 천하족湖廣熟·天下足"이라는 속언이 유행할 정도로 중국에서 가장 중요한 양식 생산지였다. "호광숙, 천하족"에서 "호광"은 주로 강한 평원과 동정호 평원을 가리키며, 명대 중후기 이후 강소 및 절강 지역의 주요한 양식 공급지가 되었다.[48] 심지어 이 지역의 작황은 북경, 강소 및 절강 지역의 미가米價에 직접적으로 영향을 미쳤다. 따라서 양호 평원은 경제적으로 매우 중요했으며 재해가 발생했을 때 다른 지역과 비교하여 진제, 견면, 개절의 혜택을 자주 받았다.[49] 자연스럽게 자연재해가 발생한 후 역병이 유행했을 때 진제와 견면의 혜택을 자주 누릴 수 있었다.

반면 양호 산악 지역은 자연환경이 열악하고, 평원 및 구릉 지대와 비교하여 경제가 낙후되어 있었다. 또한 이들 지역에는 동족, 요족, 묘족

---

47 張兆裕,「明代萬曆時期災荒中的蠲免」,『中國經濟史硏究』3, 1999, p. 105. 『明神宗實錄』을 참고로 만력 48년간 견면을 살펴보았는데 남경 32회, 북경 29회, 산동과 하남 각 17회, 섬서 14회, 산서 12회, 호광 11회, 강서 6회, 절강 5회, 광동 1회였으며, 다른 省(성)에는 견면 관련 기록이 없다.

48 전형권,「지역개발」, 오금성 주편,『명청시대 사회경제사』, 이산출판사, 2007, p. 223.

49 蔣仁梅,『明代湖南的朝賑硏究』, 湖南: 湖南科技大學碩士論文, 2008, pp. 33-36. 명대 중앙정부에서 호남에 실시한 진제를 검토했다. 岳州府(악주부) 15회, 長沙府(장사부) 13회, 常德府(상덕부) 13회 시행되었으며, 이는 호남 지역에 실시된 진제의 90%에 해당한다. 즉 자연재해가 발생했을 때 중앙정부의 진제는 주로 경제가 비교적 발달한 평원 및 구릉 지대에 집중되어 있다는 사실을 확인할 수 있다.

2부 국가 감염병 통제의 이상과 현실

등의 소수민족이 대체로 거주하고 있었으며, 정부는 이들 지역을 '만황지지蠻荒之地'로 야만적이고 개선되어야 할 지역으로 인식했다. 또한 산구山寇와 토비土匪 등 불순분자들이 은신하고 있으며, 파산한 유민이 생계를 도모하기 위해 모여들면서 사회모순이 날로 심각해졌다. 따라서 정부는 양호 산악 지역을 시종 "난치지구難治之區"로 인식했으며, 동란을 진압하고 사회를 안정시키는 등 치안을 중시했다.

양호 산악 지역의 경제적 수준과 산악 지역에 대한 부정적 인식 등으로 인해 산악 지역에 재해가 발생했을 때 정부의 재해에 대한 관심은 크지 않았으며, 구휼 역시 매우 드물었다. 예를 들어 가정 10년(1531) 침주郴州 지역에 한재와 기황이 심각하여 사람들이 서로 잡아먹는 사태에 이르렀다. 이에 어사御史 장록작張祿作이 중앙정부에 진제를 신청했음에도 불구하고 결국 비준을 얻지 못했다. 또한 강희 31년(1692) 섬서에 기근이 발생하여 수많은 유민이 운양현과 방현으로 유입되었으며 그 과정에서 역병이 발생했다. 하지만 오히려 양양의 미곡을 섬서성에 있는 동관潼關으로 운송하여 기민饑民을 진제하라는 명령만 있을 뿐이었다. 즉 역병 및 재해가 발생할 때 정부의 관심은 주로 정치·경제적으로 중요한 지역에 있었으며, 산악 지역에 대한 관심은 비교적 적었던 것으로 보인다.

또한 산악 지역의 역병 발생 원인을 분석하면, 대체로 열악한 자연환경과 인구 유입으로 인해 역병이 빈번하게 발생했다.[50] 더하여 명청시

---

50 김현선, 「明淸時代 兩湖 山岳地域 人口 移動과 疫病」, 『명청사연구』 52, 2019에 의하면 양호 산악 지역의 경우 역병의 발생 원인과 유행 양상이 평원 및 구릉 지역과 다르게 전개되었다. 산악 지역은 무덥고 瘴氣(장기, 습하고 더운 땅에서 생기는 독기)가 가득했으며, 이러한 기후 환경은 풍토병의 발생에 영향을 미쳤다. 하지만 명청시대 인구가 계속 유입되고 전란이 빈번하게 발생하면서 역병이 빈번하게 발병하기 시작했다.

대 산악 지역에서는 전란이 빈번하게 발생했는데, "대병지후, 필유대역 大兵之後, 必有大疫"이라는 속언에서 알 수 있듯 전란 이후 역병이 빈번하게 유행했다.[51] 특히나 산악 지역에는 동족, 요족, 묘족 등의 소수민족이 거주했는데, 간혹 반란을 일으켜 전란이 발생한 후 역병이 유행했다. 하지만 정부는 전란의 진압을 최우선으로 여겼으며, 오히려 전세를 뒤집기 위해 역병 유행 상황을 이용하기도 했다. 예를 들어 천계 3년(1623) 정월 귀주에서 발생한 토사 반란에 대해 호광도어사湖廣道御史 서경백徐卿伯은 반란군인 안방언安邦彦의 부대에 역병이 성행하고 양식이 끊겼으므로 재빨리 군대를 보내 진공할 기회를 놓치지 말라고 진언했다. 즉 명청시대 산악 지역은 지리적 특수성과 전란 등 원인으로 인해 역병이 발생했으나, 정부의 관심은 치안 유지에 집중되어 있었으며, 역병에 대한 구제를 받지 못했다.

* * *

이 장에서는 명청시대 양호 지역의 역병에 대한 정부의 대응을 중앙과 지방으로 나누어 살펴보았다. 먼저 명청시대 역병이 유행했을 때 중

---

51 산악 지역의 경우 288회 역병이 발생했으며, 그 가운데 43회의 역병이 戰亂(전란)과 관련이 있었다. 홍치 2년(1489) 竹山縣(죽산현) 일대에서 王剛(왕강) 기의, 정덕 8년(1513) 廖時貴(요시귀) 기의, 가정 2년(1523) 徐學(서학) 기의, 가정 8년(1529) 楊時政(양시정) 기의가 발생했으며, 기의가 발생할 때마다 역병이 유행했다. 明末淸初(명말청초)에는 張獻忠(장헌충)과 李自成(이자성)이 湘南(상남) 지역에 들어와 약탈을 자행했으며, 이후 역병이 폭발했다. 청대 이르러서도 양호 산악 지역은 전란이 멈추지 않았다. 金賢善, 『明淸兩湖疫災:空間分佈, 影響因素與社會應對』, 華中師範大學博士學位論文, 2016, 第三章, 第二節 참조.

앙정부와 지방정부는 전통적 관념에 따라 역병이 하늘이 경고를 내린 것이라 여기고 천의에 부합하기 위해 수성과 자책을 통해 역병을 없애고자 했다. 또한 귀신이 역병을 관장한다는 인식 속에 민심을 위로하기 위해 제사를 지내거나 신령에게 기도했다. 특히 표준적 신앙이라 말할 수 있는 성황신에 빌며 향촌사회를 통제하고자 했다. 그러나 산악 지역의 경우 무술과 민간신앙이 깊게 뿌리내리고 있었으며, 사람들은 무술을 통해 각종 질병과 역병을 물리치고자 했다. 그리하여 산악 지역에 역병이 유행했을 때 정부는 그 지역의 문화를 통합하고 통치하는 데에 어려움을 겪었다.

다음으로 명청시대 의정과 의료적 조치를 살펴보았다. 명청시대는 송원시대를 답습하여 중앙에는 태의원을 설립하고 지방에는 의학과 혜민약국을 건립했다. 태의원의 역병에 대한 지원은 수도와 인근 지역에 제한적으로 실시되었으며, 양호 지역과 같은 지방에 그 혜택이 도달하지 않았다. 지방의 경우 의학과 혜민약국이 있었으나 명청시대 거의 폐쇄되거나 그 역할을 수행하지 못했으며, 역병이 발생했을 때 임시적인 의료기구로 작동했을 뿐이다.

역병에 대한 구료는 많은 자금과 기술을 필요로 했음에도 불구하고, 중앙정부에는 역병에 대응하기 위한 명확한 규정이 존재하지 않았으며 의료 시스템 역시 부재했다. 이러한 상황에서 지방정부는 의국을 설치하거나 의사를 파견하여 사람들을 진료했다. 또한 약을 배포하여 역병을 치료하고, 관목을 나눠 주어 위생을 도모하기 위해 노력했다. 하지만 역병에 대한 구료 여부는 순전히 지방관 개인의 인의와 능력에 의해 결정되었으며, 이로 인해 지방정부의 역병에 대한 구료는 양호 지역 내에서도 일률적으로 시행되지 않았다.

정부의 통제력이 약화되면서 지방 신사 및 부호, 자선조직이 그 역할을 대신했다. 지방정부는 이들의 활동을 격려하며, 역병에 대한 구료가 원활히 이루어질 수 있도록 도왔다. 다만 신사의 수와 그들의 경제적 상황은 지역에 따라 다르며, 그로 인해 그들의 자선 활동 역시 평원과 산악 지역에서 동일하게 펼쳐지지는 않았다.

마지막으로 정부는 진제와 견면의 조치를 통해 역병으로 고통받는 백성의 부담을 경감해 주고자 했다. 이러한 조치는 의료가 발달하지 않고 용의가 횡행하던 시기에 백성의 굶주림과 부담을 덜어 주어 역병에 더 효과적이었을 것으로 보인다. 그러나 이러한 진제 조치는 제한적으로 실시되었으며, 각 지역의 창름 상황에 따라 좌우되었다. 산악 지역과 같이 경제가 발달하지 않은 지역은 창름 상태가 좋지 못했으며, 역병이 발생했을 때 평원 지역과 같이 일률적으로 진제가 행해지기는 어려웠을 것이다.

한편 명청시대 황정荒政이 완비되었으며, 수재 및 한재가 발생했을 때 빈번하게 진제 및 견면 조치가 실시되었다. 명청시대 양호 지역 특히 평원 및 구릉 지역의 경우 재해가 발생한 후 역병이 빈번하게 유행했다. 이때 역병을 대상으로 한 것은 아니지만 진제와 견면이 실시되었으며, 재해와 오랜 기근으로 면역력이 약해진 사람들에게 큰 도움이 되었을 것이다. 반면 명청시대 산악 지역은 지리적 특수성과 전란 등 원인으로 인해 역병이 발생했으나, 정부의 관심은 치안 유지에 집중되어 있었다. 역병 및 재해에 대한 관심은 비교적 낮았으며, 어떠한 구제도 실시하지 않았다.

명청시대 의정이 해이해졌으며, 역병이 발생했을 때 이에 대한 명확한 규정이 존재하지 않았다. 다만 지방정부를 중심으로 여러 구료 활동

2부 국가 감염병 통제의 이상과 현실

이 전개되었으나, 이는 지방관 개인의 인의와 능력, 그리고 그 지역의 경제적 상황에 따라 분명한 한계와 차이를 보이고 있다. 향후 이러한 차별적 구료와 한계가 명청시대 양호 지역 사회 발전과 민중 심리에 행동에 어떤 영향을 미쳤는지에 대한 연구가 진행되어야 할 것이다.

5장

19세기 경화사족 홍길주의 자선 의국 용수원用壽院 구상[1]

김 호

오늘 우리는 한 번도 경험해 보지 못한 팬데믹의 재앙을 수년째 겪고 있다. 불편한 마스크를 감수하는 일은 물론이고 수차례에 걸친 예방 접종과 반복되는 거리 두기, 자가 격리를 실천 중이다. 자의 반 타의 반으로 이루어지는 격리와 고립으로 인간 본연의 관계 형성의 욕구마저 억압되거나 상실되는 것은 아닌지 우려스러울 정도이다. 물리적 격리는 유지하더라도 서로에 대한 '호혜의 마음'을 어떻게 북돋을지 고민하지 않을 수 없는 시절이다. 나아가 팬데믹(역병)의 예방 및 치료와 관련하여 '의료의 공공성'을 어떻게 강화할지 숙고하지 않을 수 없는 상황이다.

사실 인류의 전 역사를 통해 역병은 삶의 토대를 끊임없이 무너뜨

---

1 이 글은 『서울학연구』 88(2022)에 실린 저자의 논문 「조선후기 경화사족의 자선 의국 구상 ― 홍길주의 용수원을 중심으로」를 수정한 것이다.

리는 주요 요인 중 하나였다. 특히 대규모 팬데믹의 피해는 이루 말할 수 없을 정도였다. 조선 후기에도 어김없이 여러 가지 역병이 다발했고, 많은 사람이 희생되거나 운 좋게 살아남아 어렵사리 삶을 이어 갔다.[2] 국가는 국가의 차원에서, 인민들은 인민들 나름대로 역병 대책에 골몰했다. 정조는 역병과 같은 재난 상황에 선제적으로 혹은 체계적으로 대응하는 동시에 '복지'를 강화한 진휼책賑恤策을 준비한 바 있다. 자신의 치세 25년 중 가장 내세울 만한 치적으로 재난 시기의 인민들에 대한 구휼을 손에 꼽을 정도였다.[3] 다산 정약용은 정조의 통치 이념에 충실하게 육보서六保署라는 의료복지기관의 신설을 주장하기도 했다. 그는 선·후천적으로 정상적인 경제생활을 영위할 수 없는 이들이나 과부와 홀아비, 고아 등 가족의 보호를 받지 못하는 사람들, 그리고 역병으로 생활기반을 잃게 된 재난민들을 국가에서 오롯이 감당해야 한다고 강조했다. 심지어 향약鄕約과 같은 전통적인 호혜의 방식으로는 당시의 곤경을 탈피하기 어렵다고 생각할 정도였다.[4]

물론 상당수의 지식인은 여전히 유교의 가르침에 따른 환난상휼의 정신을 북돋아 재난의 어려움을 극복할 수 있다고 믿었다. 이 가운데 일부는 스스로 자선 기구를 만들어 공동체 구성원들을 도우려는 데 생각이 미치기도 했다. 중국에서는 송대 이후 많은 지방 사족들의 자발적인 자선 의료 기구(善堂) 건립이 이어졌고, 이는 지역공동체의 붕괴를 방지하는 중요한 공공의료의 장場으로 작동했다.[5] 조선의 경우, 전국의 약재 수

---

2 김호, 「시골 양반 역병(疫病) 분투기 ― 18세기 구상덕의 『승총명록』을 중심으로」, 『역사비평』 131, 2020.
3 김호, 「정조대의 방역: 안전과 호혜의 모색」, 『민속학연구』 49, 2021.
4 김호, 「『마과회통』의 원경(遠景), 보식(保息)의 정치」, 『다산학』 40, 2022.

납 창구로서 각 도에 설치되었던 '의국'을 중심으로 향촌 사족들이 지역 공동체의 의료 혜택 확산을 도모했던 사례들이 발견된다.[6]

필자의 과문 탓이겠지만, 19세기 서울 사족 홍길주洪吉周(1786-1841)의 '용수원'이야말로 명·청대의 선당善堂이나 선회善會와 유사한 자발적인 자선 의료기관의 구상으로 보인다. 홍길주는 자선 의국(用壽院)의 건립을 상상에 불과하다고 그 의미를 애써 축소했지만, 실현에 대한 의지와 희망은 그 누구보다 강렬했다.[7] 유학자답게 홍길주는 시대에 대한 우환 의식과 경세 의지가 대단했다. 그는 자신의 시대를, 연속되는 기근과 피할 수 없는 역병의 내습來襲, 이에 더해 가혹한 부세와 고역苦役의 압박으로 삶의 터전을 잃게 된 백성들과 능력은 있지만 관직의 기회를 갖지 못해 가난과 울분을 떨쳐 버리지 못한 소외된 지식인들을 보듬지 않을 수 없는 긴박한 시절로 규정했다.

비록 미완의 상상이었지만 홍길주는 맹자가 강조한바 '광거廣居의 호연지기'를 꿈꾸었다. 이는 일찍이 경세제민의 포부를 가졌으나 그 기회를 얻지 못한 수많은 지식인(儒生)의 희망이기도 했다. 조선 후기에 유학의 대중화가 지속되면서 더 많은 사람이 유학幼學을 자처했고 관료를 꿈꾸었으며, 이에 비례하여 많은 유학은 기회를 잡지 못하고 스러져 갔다.

— 5   梁其姿, 『施善與教化:明清的慈善組織』, 新北: 聯經, 1997; 夫馬進, 『中國善會善堂史研究』, 東京: 同朋舍出版, 1997. 최근의 논의로는 周啓榮, 「醫治公衆:清代士商社会的公共文化與慈善醫療服務」, 『新史學』 9, 2017을 참고.

    6   우인수, 「조선후기 상주 존애원의 설립과 의료 기능」, 『대구사학』 104, 2011; 김호, 「16~17세기 조선의 지방 醫局 운영: 경북 영주의 濟民樓를 중심으로」, 『국학연구』 37, 2018; 김호, 「16세기 지방의 의서 편찬과 환난상휼의 實踐知」, 『조선시대사학보』 89, 2019; 김호, 「조선시대 제주의 주변성과 의료」, 『한국학연구』 59, 2020.

    7   『숙수념』을 완역한 박무영은 '숙수념'이 홍길주의 상상이기는 하지만 바탕은 '당대의 현실'이었음을 지적하고 있다(박무영, 「해제」, 『누가 이 생각을 이루어 주랴: 숙수념(1)』, 태학사, 2021, 28-30쪽).

이 점에서 용수원의 기획은 홍길주 개인의 구상에 머물지 않고, 치국평천하의 경세제민에 동참하려는 수많은 유학의 꿈을 실현할 공공의 장이기도 했다.

그동안 문장가로서의 홍길주의 학문과 사상에 대해서는 많은 연구가 축적되었다. 하지만 경세가로서의 특징과 사상은 그다지 부각되지 않았다. 필자는 이 장을 통해 홍길주의 용수원을 공공의료의 한 형태인 '자선 의국'으로 새롭게 자리매김해 보고자 했다.[8] 용수원의 구상을 조선 후기의 가장 큰 사회문제였던 '부의 재분배'의 관점에서 살펴보는 동시에, 경세제민의 사±의식에 충만했던 지식인들의 실천 의지와 관련지어 설명해 보려는 것이다. 이미 홍길주의 의약 관련 이용후생학과 용수원에 대한 연구가 있음에도 다시금 거론하는 이유가 여기에 있다.[9]

1. 경세제민의 어려움

홍길주는 자신의 시대를 혁신하지 않으면 곧 화란이 닥칠 것이라 판단했다. 19세기 벽두에 발발했던 홍경래 난은 그러한 조짐이 분명했다. 홍길주의 우환 의식은 「심려深慮」라는 글에 잘 드러나 있다. 권력과 위세를 부리는 자는 이들의 행동을 주의 깊게 경계하기에 미리 대비할 수 있

---

8 이 장에서 필자는 다음 번역본을 활용했다. 간혹 수정한 부분도 있지만 기본적으로 박무영 교수(팀)의 번역을 따랐다(박무영 외 역, 『현수갑고(峴首甲藁)』 상·하, 태학사, 2006; 박무영 외 역, 『표롱을첨(縹礱乙籤)』 상·중·하, 태학사, 2006; 박무영 외 역, 『항해병함(沆瀣丙函)』 상·하, 태학사, 2006; 박무영 역, 『숙수념(孰遂念)』 1·2, 태학사, 2021).

9 이홍식, 「항해 홍길주의 이용후생론 — 醫藥에 대한 관심을 중심으로」, 『한국실학연구』 19, 2010.

다. 사실 현실에서 충분한 권세를 누리고 있는 이들이 갑자기 혼란을 일으킬 가능성은 없었다. 문제는 비천하고 곤궁하여 수모를 당했던 자들이 갑자기 부를 축적하고 권력을 쥐었을 때였다. 홍길주는 빈부와 귀천은 정해진 운수가 없다고 단언했다. 이전에 비천하고 곤궁했던 자가 하루아침에 부귀하게 되어 지난날의 원수를 갚을 수도 있었다. 홍길주는 흘러가는 물은 재앙을 일으키지 않지만 막힌 것이 오래되어 터질 경우 반드시 집을 쓸어 버린다고 말하며 위급한 현실의 갱장을 촉구했다.

조선 후기를 말세로 파악한 것은 정조와 같은 왕이나 재야의 실학자들만이 아니었다. 경화사족의 일원이었던 홍길주는 조선이 당장 개혁하지 않으면 재앙을 맞을 것으로 예상했다. 부富와 귀貴가 적절하게 재분배되지 않고 지방의 백성들이 살아갈 방도가 사라진다면, 조선의 미래는 어두울 수밖에 없었다.

모두 바꾸지 않으면 안 되는 절체절명의 역사 앞에서 홍길주는 흥분하거나 서둘러서는 안 된다고 강조했다. 위기가 닥칠수록 차분하고 냉철하게 현실을 바라보고 혁신의 본말을 따져 근본에 집중해야 한다고 보았다. 한번에 여러 가지 일을 무리하게 혁신하려다가는 실패할 것이 분명했다. 홍길주는 큰 지혜로 우매한 듯 처신하면서 우선 근본에 집중하여 바로잡으면 번잡한 업무가 다스려질 것이요, 큰 용기로 나약한 듯 통제하여 오늘 한 가지 일을 행하고 내일 한 가지 정치를 시행하면 어느새 피폐했던 법이 변화할 것이라고 주장했다.

홍길주는 위기일수록 차분하게 그리고 화란이 발생하기 전에 미리 대비해야 한다고 강조했다. 하지만 그의 형 홍석주를 비롯하여 상당수의 사람들은 아직 일어나지도 않은 일을 예단豫斷할 수 없는데다, 진단이 정확하지 않은데 섣불리 개혁(服藥)을 시행하다가 도리어 일을 그르칠 수 있다며 갱장을 미루었다.[10] 용의庸醫의 호들갑으로 몸에 맞지 않은 약물을 미리 복용했다가 도리어 건강을 해친다는 주장은 홍길주의 우환 의식에 대한 형 홍석주의 비판이었다. 홍석주는 동생 홍길주의 걱정을 시골 선비의 고담준론高談峻論이라고 폄하했고, 반면에 홍길주는 국정 운영의 중책을 맡고 있는 형 홍석주가 시의에 구애되어 개혁하지 못한다고 아쉬워했다.

홍길주가 보기에 당시의 정치는 나날이 잘못되어 아무리 지혜로운 자라도 바로잡기 힘들 정도였다. 중앙정부로부터 변방의 군현에 이르기까지 많은 이들이 모여 날마다 군정과 환곡의 폐단을 바로 잡으려고 토론하고, 유민들을 구제하는 방도를 내놓지만 해결되는 일이 없었다. 만일 수십 년이나 수백 년 전에 이렇게 대책을 강구했다면 그 결과는 달라졌을 것이었다. 홍석주는 '미리(豫)'라는 한 글자야말로 만사의 근원이라고 강조했다. 병든 후에 약을 쓴들 이미 늦은 뒤였다.

홍길주는 모름지기 군자는 천하와 더불어 즐거워하고, 천하와 더불어 근심해야 한다고 주장했다. 선비(士)는 경전을 공부하고 문장을 연마하지만 비록 이러한 것들을 모두 갖추었다 해도 세상을 구제하려는 의지가 없다면 그를 선비라 할 수 없었다. 홍길주가 과거제 개혁안을 제시하며, 경학과 문장(詞學) 이외에 '정학政學'을 중시했던 이유이다. 과거는 좋은 학자를 정치에 골라 쓰려는 제도였다. 경학과 사장詞章만으로는 충분치 않았다. 경전에 정통하지 못하면 선비가 아닌데 지금의 과거는 오직 한글로 풀이해 놓거나諺解 글자 뜻을 잘 헤아리는지訓詁만 평가하므로 제대로 경전의 의미를 통찰한 이들을 선발할 수 없었다. 문장이야말로 나

---

10 『淵泉集』 권24, 「藥戒」.

라를 빛내는 기초로, 모든 제도와 행정은 문장이 이루어진 후라야 비로소 시행되었다. 하지만 문장의 대구를 아름답게 꾸미는 변려駢儷에만 능한 자들은 제대로 행정을 할 수 없었다. 특히 경전에 대한 이해와 문장력을 넘어 현실 정치에서 가장 중요한 것은 실무 능력이었다.

당시의 학자들은 어떠한가? 집안의 서가에 수많은 책을 쌓아 놓고, 또 시렁에 가득한 원고를 집필하던 학자들 대부분은 오직 '명덕明德' 두 글자가 무슨 뜻인지 훈고하고, 심성론을 구구하게 늘어놓으면서 단 한 번도 수신제가치국평천하修身齊家治國平天下의 실질적인 의미와 뜻을 구해 본 적이 없었다. 심신에 도움이 될뿐더러 일상의 실천에 적용할 수 있는 공부는 멀리한 채, 고원하고 오묘하며 텅 비고 아득한 담론만을 떠들어 댈 뿐이었다. 이들에게 정치를 맡기면 대부분 망연자실한 채 어찌할 바를 몰랐다. 그런데도 이들은 고서가 실용에 맞지 않는다며 서적을 탓했다. 홍길주는 허망한 논의 대신 실사구시實事求是가 절실하다고 주장했다.

세속의 학자들은 날마다 접하는 가까운 실천은 버려둔 채 공허하고 고원한 영역에만 마음을 쏟으니 자칫 불교와 도가로 흘러갈 뿐이었다. 이들은 의식衣食과 재화와 같은 실무에는 마음을 두지 않고 고상한 척 독서와 궁리로만 자부하니, 설사 관직에 나가도 사무를 담당할 수 없었다.

"과연 천하와 국가의 통치가 의식과 재화 이외에 무엇이 더 있을 수 있겠는가?"

홍길주는 작금의 학자들이 '천하 공공의 학문'을 추구해야 비로소 요순堯舜의 치세가 다시 일어날 것이라고 주장했다.

천하 공공을 위한 공부는 다른 것이 아니었다. 임금을 비롯하여 나라와 백성이 편안할 방도를 모색하면 그만이었다. 임금이 편안하려면 나라가 편안해야 했다. 나라가 편안하려면 백성의 삶이 풍족해진 다음에야 가능했다. 특히 부^富는 여러 사람과 함께 나누었을 때 비로소 의미가 있었다. 서민(庶人)들은 자신의 부를 이웃과 공유하고, 사대부는 부를 친척 및 친구들과 공유하며, 공경·대부는 자신의 부를 조정과 공유해야 한다. 제후들은 나라와 공유하고, 천자는 천하와 공유할 수 있어야 했다. 그런 후에라야 진정한 '재화'라 할 만했다. 어떤 과수원 주인이 노비를 시켜 과일을 수확한 후 매번 절반을 노비에게 상으로 주었다. 그러자 이듬해 수확이 두 배가 되었고 그다음 해는 세 배가 되었다. 해당 과수원은 흉작인 해가 없었다. 홍길주는 천하를 다스리는 사람이 이처럼 한다면 상하가 모두 풍족하여 흉년이 없을 것이라고 주장했다. 재물이란 한 사람의 재물이 아니었다. 모으기만 하고 흩어 나누지 않으면 안 되는 것이 재물이었다.

국가에서 군현을 설치한 이유는 백성들을 풍족하게 하려던 것이었다. 군수나 현감은 백성을 보살피는 임무를 지니고 있었다. 그런데 당시 많은 이가 목민관직을 자신의 생계 수단으로 생각할 뿐이었다. 실제 지방관이 되면 재물을 모아 욕심을 채울 수가 있었다. 일정한 구역이 크면 수백 리, 작아도 오륙십 리는 되었다. 향승^{鄕丞} 이하 군교^{軍校}와 관노, 군졸 따위들이 머리를 조아렸다. 이들 수백 명에 대한 상벌과 승진의 권한은 지방관 한 사람에 달려 있었다. 이뿐만 아니라 한 해의 녹봉과 조세의 이익에서부터 땅에서 나는 곡식과 피류, 조수와 초목, 그리고 고기와 꿀을 매매하면, 넉넉할 경우 그 이익이 수백만 전이요, 없어도 수십만 전이었다. 영화를 구하고 이익을 좋아하는 자들이 군현의 사또직을 바라지 않을 수 없는 이유였다.

국가에서조차 지방관을 중요하게 취급하지 않았다. 지방관을 선발할 때 아무개 선생의 사판 관향官享이 오랫동안 끊겼다거나, 아무개 공의 절개나 은혜에 대한 포상이 몇 해 동안 이르지 않았다는 식으로 구실을 삼았다. 홍길주는 "어찌 생민의 고혈이 모두 아무개 선생과 아무개 공의 제수거리이며, 아무개 선생과 아무개 공의 독실한 학문과 지극한 충성이 모두 이 백성을 병들게 하려는 것이겠는가?"라고 비판했다.

지방관이야말로 인민의 삶에 직접적인 영향을 주는 자리이므로 능력 있고 사욕이 없는 자들로 중용해야만 했다. 홍길주는 민생이 날로 도탄에 빠지는 것은 재물을 독식하려는 자가 수령이 되기 때문이라고 비판했으며, 백성들과 더불어 부를 공유할 자가 아니면 절대 지방관 자리를 탐하지 말라고 경고했다.

홍길주 스스로 지방관을 역임한 경험이 있기에 통치의 어려움을 잘 알고 있었다. 장년에 이르러 두세 군데를 직접 다스려 보았던 홍길주는 경세제민의 꿈을 실현하는 대신, 자신의 한계를 절실히 깨달았을 뿐이라고 회고했다. 시행하는 일마다 효과가 없었으며, 통치의 효과는 널리 미치지 못했을뿐더러 알면서도 시행하지 못할 때가 더 많았다.

홍길주는 이러지도 저러지도 못한 채 백성들을 살릴 방도가 없었던 경험(無術)을 토로하며 사직의 변으로 밝히기도 했다. 홍길주는 작은 군현을 통치하는 일과 천하를 통치하는 일이 다르지 않다고 보았다. 바다를 건너려면 배가 필요하듯이 작은 강을 건너려 해도 배가 필요하다. 배를 몰아 바다와 강을 건널 때 주의할 일이 풍랑과 거센 바람이라는 점에서 양자는 결국 같다. 무릇 수레를 만드는 이라도 천하를 말할 수 있는 이유가 여기 있었다. 홍희인이 지방관에 부임하자 홍길주는 "작은 역참이 곧 천하 국가와 다르지 않다"고 말해 주었다.

2부 국가 감염병 통제의 이상과 현실

세상을 구하려는 자에게 관할의 대소는 중요하지 않았다. 군자는 어디에 살든 어떤 일을 하든 천하에 도움되는 바를 도모해야 했다. 그 일이 천하와 국가의 이해와 관련되어 하지 않을 수 없는 바라면, 군자는 반드시 그 일을 도모할 뿐이며 일의 쉽고 어려움을 따지지 않았다. 하물며 백성의 삶을 편안하게 하는 일이라면 더욱 그러했다. 따라서 지방관으로 나아가면 그곳이 나의 거처이자 최선을 다할 장소요, 집에 있으면 또 그곳이 세상을 이롭게 할 터전이었다. 공직에서 이루지 못한 경세제민의 꿈을 '사적인 공간'에서 도모하지 말란 법은 없었다. 이미 공公을 추구한다면 사私는 더 이상 사가 아니었다. 수신에서 치국·평천하를 관통하는 이치(理)가 그러했다. 지위의 고하高下와 집의 크기가 중요하지 않았다. 군자는 언제 어디서나 자득自得하는 법이다. 자신이 거처하는 곳마다 천하의 '광거廣居'가 아닐 수 없었다. 가난한 백성과 빈한한 선비들의 근심과 고통을 공명하고 사업을 도모하는 현장이 곧 대장부의 거처(광거)가 되었다.

2. '광거廣居'의 실천과 용수원 구상

맹자가 말한 대장부의 삶이란 천하의 넓은 곳에 거처하며 천하의 바른 자리에서 천하의 대도를 행할 뿐이었다. 기회를 얻으면 백성과 함께 가고, 뜻을 얻지 못하면 홀로 행할 뿐이었다. 부귀와 빈천 그리고 위력 그 어떤 것도 장부의 뜻을 꺾을 수 없었다. 『숙수념孰遂念』은 대장부로 살아가려던 홍길주 자신의 다짐이었다. 상상의 집으로 구상했지만 제가齊家와 치국治國이 크게 다르지 않다는 홍길주의 언급을 떠올리면, 결국 천하 국가의 정치를 말하려던 바와 다름없었다.[11]

홍길주는 『상서』의 국가 기획을 떠올렸다. 순임금은 육부·삼사가 잘 다스려져 만세가 힘입게 되었다고 말한바 '정덕^{正德}과 이용^{利用}, 후생^{厚生}'이야말로 만세평치^{萬世平治}의 기초였다. 홍길주는 「삼사념^{三事念}」에서 천하 공공을 위한 재부^{財富}를 강조했다. 군자의 덕을 실천하려면 충분한 재물이 필수적이었다. 넉넉한 항산^{恒産}이 없고서는 공공선의 실현은 불가했다. 아울러 군자의 도를 실천하려면 이를 구현하기 위한 기구(器)가 필요했다. 이 모든 구상은 천하의 공공을 위할 뿐 사적인 이익과는 거리가 멀었다.

군자는 천하와 동고동락할 뿐이었다. 사람들에게 은혜를 베풀며 사는 삶이 중요했다. 먼저 정치가(왕과 재상)들이다. 역사를 보면 이들의 명령 하나에 세상이 좋아지기도 나빠지기도 했다. 이들이야말로 큰 집에서 풍족하게 살지만 사람들에게 은혜를 베풀 수 있었다. 훌륭한 정령^{政令}이 이루어지면 혜택이 천 리에 미치고 제대로 된 한 가지 정사^{政事}에 신음하던 만 명의 백성이 살아났다. 하지만 왕과 재상이 되어 세상에 은혜를 베풀 수 있는 기회는 매우 드물었다.

한편, 구석진 골목에서 가난하게 살면서 세상의 온갖 걱정은 다 짊어진 듯 꼼짝 않고 앉아 쓸모없이 늙는 듯 보여도 세상에 은혜를 베푸는 이들이 있다. 바로 독서하는 선비(讀書之士)들이다. 이들은 보잘것없는 벼슬도, 최소한의 봉급도 없었지만, 선왕의 도를 간직하고 이를 서책에 펼쳐 어리석은 자들을 깨우치고 후세를 위한 기초를 마련했다.

앞의 두 부류가 정치와 교화에 몰두하여 세상에 은혜를 베풀었다면,

---

11 용수원을 비롯해 홍길주가 상상했던 다양한 건물의 배치와 용도에 대해서는 박무영의 해제가 자세하다(박무영, 「해제」, 2021).

인민의 삶을 위해 불철주야 일하는 이들이 있으니 의원과 농부였다. 홍길주는 의술과 농사야말로 세상을 구제하는 가장 중요한 실천이라고 강조했다.

의원(良醫)은 새벽에 일어나 저녁에야 쉬며 매일 길 위를 달린다. 밥도 제때 못 먹고 대접받는 음식은 국수에 불과하다. 의원이 붓을 종이에 대면 죽어 가던 이들이 줄줄이 일어난다. '분주히 뛰어다니며 의관과 신발이 해지고 근골을 지치게 하면서도 남에게 은혜를 입히는 자'가 바로 양의들이었다. 다음은 농부이다. 농부는 봄이 되면 밭을 개간하고 여름이 되면 김을 맨다. 벼 한 줄기라도 조심하고 한 알이라도 애써 보살핀다. 이들 덕분에 천하 사람들이 굶지 않는다. '폭염에 피부가 그을리고 진흙에 발을 담근 채 죽을 때까지 쉬지 못하며 남에게 은혜를 끼치는 자'들이 농부였다.

홍길주는 독서하는 선비로서 양의良醫와 농부들과 함께 세상을 구제할 생각이었다. 재상이나 지방관이 아니어도 상관없었다. 그 장소는 산수가 수려하면 좋지만 그보다 홍길주의 경세제민에 동참하려는 지식인들과 이를 구현할만한 풍부한 물산이면 족했다. 주변의 환경과 넉넉한 재화는 자신의 가족과 친·인척을 넘어 공동체와 공유(同樂)하지 않으면 아무 소용이 없었다.

기본적으로 농부와 함께 전답을 관리하고 산업을 경영하여 부를 축적해야 했다. 모든 과정은 정확한 문서로 관리하지만 재량을 두어 각박하지 않도록 했다. 흉년이 들면 수백 리 안의 유민과 거지들을 구제할 정도는 되어야 했다. 복지 기구도 필요했다. 돈과 재물, 곡식과 비단을 저축하고 잘 운영한 이익금으로 곤궁한 자들을 구제하기 위한 삼재원三再院은 곧 '의장義莊'에 해당했다. 이 외 의료기관으로 용수원이 절실했다. 홍길주는 당대의 양의들을 한 곳에 모아 의서를 편찬하고 약물을 준비하여 가족과 친척, 그리고 마을에 병든 자들 중에 가난한 자들을 구제할 생각이었다.

한 명의 의사가 다양한 질병의 환자들을 치료하다 보면 전문성과 집중력이 떨어져 완치가 어려웠다. 이에 용수원은 소수의 환자를 오랫동안 전담하는 일종의 전문의 및 주치의 제도를 도입하고자 했다. 홍길주는 환자가 병을 치료하려면 용의와 명의를 구분하지 말고 오래도록 한 의사에게 진단과 처방을 받아야 한다고 강조했다. 가난한 자들은 돈과 인맥이 없었다. 단 한 명의 용의傭醫를 만나기만 해도 다행이었다. 그런데 이런 사람들이 종종 난치병이나 희귀병을 치료하는 경우가 있었으니, 이는 의사가 환자를 오래도록 관찰하고 처방의 방도를 고민하면서 끝내 치료의 효과를 보았기 때문이었다. 병이 낫지 않는다고 자주 의사를 바꾸고 이러저러한 처방을 구한다면 결코 완치할 수 없었다.[12] 의원을 쓸 땐 전적으로 맡겨야 했다. 효과가 없어도 다시 진찰하면 반드시 지혜가 통했다. 사방으로 의원을 찾고 자주 바꾸는 자는 반드시 실패했다.

환자만의 문제는 아니었다. 당시 의원들은 하루에도 수십, 수백 명의 환자를 왕진했다. 많은 환자를 진료하다 보니 특정 질환과 몇몇 환자밖에 집중할 수 없었다. 그때그때 다양한 환자에 맞는 기본적인 처방을 던져 주는 데 급급했다. 홍길주는 사람의 목숨을 다루는 의원이야말로 난치의 환자를 치료하기 위해 오랫동안 고민하고 수많은 의서를 참고하여 치료법을 연구해야 한다고 강조했다. 의원들이 빠른 말을 타고 수십

12 조선 후기 서울의 의료 상황은 김호, 「18세기 후반 居京 사족의 위생과 의료」, 『서울학연구』 11, 1998; 김성수, 「18세기 후반 의학계의 변화상: 『欽英』으로 본 조선후기 의학」, 『한국문화』 65, 2014; 김하라, 「『흠영』에 기록된 감염병의 경험」, 『국문학연구』 43, 2021 참조.

2부 국가 감염병 통제의 이상과 현실

여 명의 환자를 방문하는 이유는 모두 돈 때문이었다. 많은 환자를 치료해야 그만큼 돈을 벌 수 있었기 때문이었다.

> 지금의 의원들은 대부분 가난한 자들이다. 치료하는 병이 적으면 이익이 적어진다. 이에 많은 이들을 치료하지 않을 수 없다. 넓게 치료하다 보면 전문적일 수 없고, 전문적이지 않으면 사람을 해친다. […] 이들을 후하게 대우하여 이익을 추구하는 마음을 끊도록 해야 한다.[13]

용수원의 의원들이 처음부터 명의일 수는 없었다. 하지만 홍길주는 양의가 될 만한 자질을 가진 자들을 널리 구하여 용수원에 두고 후하게 대접하면, 이익을 챙기려는 마음이 사라질 것으로 기대했다. 나아가 많은 의서를 구비하여 연구를 돕고 좋은 약재를 구입하여 용처에 맞게 사용하도록 하면, 용수원의 의원들은 점점 더 전문화될 것이었다.

18세기 후반 서울에는 이미 소아과와 안과 등을 중심으로 전문적인 치료 영역을 가진 의원들이 활동하고 있었다. 홍길주 역시 여러 분야를 넘나드는 대신 한 분야를 집중적으로 치료하는 전문의를 용수원에서 양성할 생각이었다. 이들 중 의술이 탁월한 자를 용수원의 원장으로 삼아 의국의 운용을 맡도록 했다. 홍길주가 구상한 삼재원이나 용수원 등 혜정惠政을 베풀 기관들은 해당 전문가들에 의해 자율적으로 운영되었다.

홍길주는 용수원의 의원들이 해당 지역의 가난한 환자들을 치료하도록 계획했다. 의원들은 돈에 관심이 없으므로 환자의 치료에만 전념할

---

13 『숙수념』 1, 100-104쪽.

것이요, 치료하는 범위가 넓지 않으니 전문의가 될 것이 분명했다. 결과적으로 용수원 소속 의원들은 모두 천하의 양의들이 될 터요, 그 혜택은 만인이 받을 것이었다. 이러한 기획은 용수원 하나에 그칠 일이 아니었다. 용수원이 많아질수록 더 많은 인민이 혜택을 누릴 수 있었다. 홍길주는 자신의 상상이 확산되어 더 많은 참여가 이루어지기를 기대했다. 홍길주는 부유한 이들이 어질지 못하다고 생각하지 않았다. 도리어 부유하지 않으면 어질 수 없다고 강조했다. 그가 물산과 재정 운영의 중요성을 강조했던 이유이다.

한편, 용수원에는 다양한 의서를 수장하고 소속 의원들이 이를 의학 연구에 활용토록 했다. 그러나 많은 의서를 모두 활용할 수는 없었기에 고방古方들 가운데 장점만을 취합하여 정리한 별도의 의서가 필요했다. 그는 '백성들을 장수케 한다'는 용수원의 취지를 살려 『수민전서壽民全書』를 편찬할 계획이었다. 정조의 『수민묘전壽民妙詮』을 연상케 하는 이 책은 무려 380권에 달하는 방대한 분량으로, 중국 의학의 경전이랄 수 있는 『난경難經』, 『소문素問』, 『영추靈樞』 그리고 상한론을 종합한 『금궤요략金櫃要略』을 수록했다. 이 외 나머지 의서들은 장점만을 취해 붙이고 조선의 경험방을 소홀히 할 수 없으므로 단방 위주로 수집하여 3권으로 첨가했다. 특히 조선의 경험방은 쉽게 구할 수 있는 약재를 위주로 한 처방을 수록하여 가난한 자들이나 유민流民들의 용도에 맞추었다. 『수민전서』에 본초 및 방제方劑 그리고 진단과 임상에 활용할 만한 다양한 지식을 총망라할 구상이었다. 홍길주는 "수많은 명의의 오묘한 논의와 좋은 처방을 모았으니, 자신에게 적용하면 심신이 건강하고 편안해지고, 타인에게 시행하면 역병이 사라지고 질병이 일어나지 않을 것이요, 천하에 베풀면 마을마다 장수하고 집집마다 백 살 노인이 거처할 것이다"라고 이 책을 칭송했다.[14]

『수민전서』를 어떻게 활용할 것인가? 홍길주는 의원이 옛 의서(古方)로부터 배우지 않을 수 없다고 전제하면서도 의서를 읽는다고 모두 명의가 되지 않는다고 강조했다. 홍길주는 의원의 등급을 세분하면 한이 없지만 간단히 나누어 보면 두 가지뿐이라고 보았다. 마음대로 병을 부리고 약을 부리는 양의(良醫)와 병에 부림을 당하고 약에 부림을 당하는 용의(庸醫)가 그것이다. 대개 의원들이 환자의 치료에 실패하는 이유는 무엇인가? 홍길주는 약물을 쓰면서 약물의 이점과 해로움을 이해하지 못한 채 약효를 보고서야 비로소 급급하게 약물의 이점과 해악을 고려하느라 겨를이 없는 의원들은 치료에 실패할 수밖에 없다고 보았다. 또한, 병을 치료하면서 환자의 병세가 어떻게 전이하는지 전연 헤아리지 못하다가 그 변화를 보고서야 황급하게 구료하지만 결국 미치지 못하는 경우 역시 실패가 확실했다.

의원은 약재의 효능과 부작용을 정확하게 알고 환자에게 투약해야만 했다. 즉 본초에 대한 이해가 부족한 의원은 환자를 제대로 치료할 수 없었다. 본초를 정확하게 이해한 후에는 군신좌사(君臣佐使)와 같은 배합의 원리를 알아야 했다. 어떤 약물을 군주로, 또 어떤 약재를 신하로 자리매김할지에 따라 약효가 달라지기 때문이다. 양의가 되려면 본초는 물론 처방 구성의 원리와 같은 기초 지식이 절대적이었다.

한편 환자의 병세가 어떻게 변화하는지 그 과정에 대한 충분한 임상과 경험을 결여한 경우, 치료의 성공을 보장하기 어려웠다. 양의는 질병에 대한 정확한 진단과 더불어 환자의 특성과 이에 따른 질환의 전이에 대한 충분한 임상 경험을 축적해야만 가능했다. 한마디로 양의는 기초

---

14 『숙수념』 2, 495쪽.

의학과 임상에 모두 전문적인 지식과 경험을 가질 때 비로소 도달할 수 있는 경지였다. 예를 들면 다음과 같다. 우선 본초에 대한 충분한 지식이다. 양의는 대황·망초와 같은 찬 성질의 약을 조제하면서 '열을 흩을 뿐 한기를 일으켜 위장을 상하게는 말라'고 명한다. 반대로 오두·관계官桂와 같은 더운 성질의 약재를 처방하면서는 '속을 덥힐 뿐 열을 일으켜 체액을 손상시키지 말라'고 명한다. 비상·파두와 같은 준제峻劑를 처방하면서 '사기를 공격할 뿐 독을 뿜어 장기를 해치지 말라'고 명한다. 이처럼 양의는 약재의 성질을 충분히 고려하여 처방하므로 여러 약재가 양의의 명대로 감히 어기지 않고 그 효능을 다할 수 있었다.

양의는 군신좌사의 원리에도 능했다. 한온寒溫의 약물을 합제合劑하면서, 한 약재가 한기를 일으키면 다른 약재가 이를 제어하고, 어떤 약재가 열을 내면 어떤 약재로 보완하여 각각 약효를 낼 뿐 해독을 끼치지 못하도록 했다. 오장과 십이경맥에 작용하는 처방의 경우, 어떤 약재는 간에 들어가 독기를 공격하고, 어떤 약재는 지라에 들어가 그 허약함을 돕는데 서로 침범하거나 다투지 말도록 했다. 양의의 명에 따라 여러 약재는 이를 따르고 어기지 않았다.

그뿐만 아니라 양의는 질병의 진단과 전이에 대한 임상 경험이 충분해서 어떤 질병도 제압할 수 있었다. 양의는 질병에 약물을 처치하면서 나의 약을 받고 물러나라고 명령한다. 어떤 증세는 어느 날 사라지고 다른 증상은 어느 날 옮기도록 명하는 식이다. 이윽고 그날이 이르면 증세는 모두 사라져 버린다. 이처럼 양의는 증세의 전이를 완전히 파악하고 때에 맞추어 약물을 투약하므로 병세가 명에 따라 사라졌다. 홍길주는 이상의 능력을 가진 후라야 비로소 생사를 담당할 양의 자격이 있다고 강조했다. 용수원의 의원들은 『수민전서』를 통해 기초 지식을 습득하고,

충분한 임상 경험으로 모두 양의가 될 수 있었다. 한마디로 교육과 임상이 동시에 이루어지는 장이었다.

3. 제민濟民에 동참할 지식인들

조선 후기에 상당수 유의儒醫는 부유한 경화사족京華士族이나 권세가의 책객冊客으로 활동하는 경우가 많았다. 다산 정약용은 서제庶弟 정약횡에게 출신의 방도를 논의하면서, 의술을 배워 책객이 되는 방법을 선택지로 제안한 바 있다. 그림에 조예가 깊었던 아우에게 의업醫業을 권했던 것이다.

조선 후기에 겸인傔人에 대한 대우는 그리 좋지 않았다. 대부분의 책객이 오랫동안 주인댁에 머물지 않고 자주 거처를 바꾸는 이유 중 하나가 하대의 풍속 때문이었다. 당시 유행하는 조선어(東諺)에 노비와 겸객의 밥을 '염초鹽醋'라고 풍자하는 말이 있었는데 이들의 반찬이 소금과 식초뿐이라서 이러한 놀림을 받았다는 것이다.

가난한 지식인에 대한 적절한 대우가 필요했다. 능력이 출중하나 당시 공정하지 못한 관직 배분으로 기회를 잡지 못한 경우라면 이들을 더욱 융숭하게 대접해야 했다. 홍길주는 용수원에 이러한 능력 있는 유의들을 가능한 많이 초빙하고자 했다. 오랫동안 자신의 전문 분야를 닦아 양의가 될 가능성이 높은 이들을 모셔야 했다. 이미 홍길주가에는 능력 있는 의원들이 책객이나 왕진 등의 형태로 오가고 있었다. 홍길주가 보기에 이들은 실력에 비해 늘 가난을 면치 못하고 있었다. 애초에 용수원처럼 의서도 풍부하고 약재도 많은데다 높은 급료와 좋은 대우로 의원들을 초빙할 수 있는 의국이 있다면, 유의들에게나 환자들에게 모두 더할 나위 없는 기회였다.

홍길주의 문집에는 이러한 유의들이 종종 등장한다. 먼저 17세의 어린 홍길주와 왕래하던 진의경을 꼽을 수 있다. 선친이 초지진 첨절제사를 지냈던 진의경은 무인 출신이었다. 조선 시대 무인 가문은 의과로의 출신이 비교적 자유로웠던 것으로 보인다. 조선 최고의 명의로 알려진 허준도 무인 집안의 서자였다.[15] 진의경 역시 어려서는 풍수지리와 복서卜筮에 관심을 기울였지만 이내 의업에 전념하여 의원이 되었다. 일찍이 진의경은 아버지의 근무처였던 초지진草芝鎭과 영약으로 알려진 영지靈芝의 '지芝' 자를 취하여 지원芝園으로 자호自號하고 홍길주에게 한 편의 글을 요구한 바 있었다.

홍길주는 신비한 이야기는 유학자가 언급할 바가 아니라고 단언하고, 정기精氣를 기르며 내장을 보호함으로써 질병에 걸리거나 요절하는 사람이 없게 하는 것은 오직 '의원의 실력'에 달려 있다고 주장했다. 본초에 밝은 명의는 설사 약물에 넣은 약재가 파두와 비상 같은 독극물이라도 그것이 곧 신이한 영지가 되지만, 반대로 용의庸醫는 아무리 좋은 약재를 넣어도 영지가 될 수 없다는 것이다. 어떤 본초가 사람을 살리는 신비한 '영지'가 될 수 있는지 여부는 결국 본초에 대한 해박한 지식과 약효를 최대한 끌어내는 처방전 구성 실력에 달려 있었다. 홍길주는 진의경에게 영지를 찾지 말고 스스로 양의가 되라고 격려했다. 홍길주는 막역했던 20세 약관의 진의경이 가난 때문에 진위현의 책객이 되어 생계를 유지하려고 계획하자 크게 아쉬워했다. 그 이유가 항산의 방도가 없기에 남의

15　김호, 『허준의 동의보감 연구』, 일지사, 2000.

책객이 될 수밖에는 없다고 밝히면서, 차라리 주경야독하면서 의술을 익혀 생계를 도모하는 편이 좋지 않겠느냐는 식의 글을 써 주었던 것이다. 홍길주는 양의로 성장할 수 있는 능력이 충분했던 진의경 같은 의생들이 의식주의 불안정을 이유로 떠돌이 책객을 하지 않을 수 없는 상황을 안타까워했다. 후일 그가 용수원을 만들어 양의를 모집하고 안정적으로 생활하면서 의업에 전념할 수 있는 제도를 구상했던 이유였다. 어린 나이에 이미 홍길주는 교육과 진료를 동시에 가능케 하는 의국 플랫폼이 필수적이라는 생각을 몸으로 느끼는 중이었다.

홍길주는 생애 최악의 역병으로 신사년(1821) 괴질, 즉 콜레라의 유행을 꼽은 적이 있다.[16] 임덕경은 괴질 치료의 비결을 편찬했던 유의儒醫였다. 이른바 「신사치병설辛巳治病說」로 알려진 이 책에 대해 조선의 지식인뿐아니라 중국의 학자들의 칭송이 넘쳐났다. 젊은 홍길주는 장년의 임덕경이 홍씨 집안을 방문하여 부모님과 집안사람들을 치료해 준 공을 잊지 않았다. 임덕경은 집안의 노비 등 귀천을 가리지 않고 사람들을 구료했다. 임덕경의 침술은 1821년 콜레라 유행 시에 그 빛을 발했다. 홍씨 가의 사람들은 임덕경이 미리 침을 놓아 준 덕에 괴질에 걸린 자가 없었다. 당시 서울의 사족이나 평민들, 위항의 백성들에 이르기까지, 임덕경의 침술에 의지해 목숨을 구한 자가 부지기수였다. 현재 책은 남아 있지 않지만, 홍길주의 증언에 의하면 "괴질에 걸릴 만한 사람을 보면 미리 침을 놓았고 이미 역병에 걸린 사람들도 중상에 따라 침을 놓았는데, 미리 침을 맞은 자는 열에 하나 괴질에 걸린 이가 없었고, 역병에 걸린 경우에도

16　19세기 초 조선의 콜레라 유행에 대해서는 신동원, 『호열자, 조선을 습격하다: 몸과 의학의 한국사』, 역사비평사, 2004 참조.

침을 맞고 나서 열에 하나도 죽지 않았다"고 극찬했다(『항해병함』상, 217쪽).
침술의 효과는 뚜렷했다. 홍길주의 형 홍석주는 임덕경의 놀라운 침술치
료법(辛巳治病說)을 연행길에 가져가 중국 의사들에게 보이고 그 탁월함을
인정받기도 했다.[17]

　　19세기의 학자 조두순趙斗淳 역시 자신의 집안이 삼대에 걸쳐 임덕경
의 의술에 도움을 받았다고 술회하고, 어려서 문학에 종사했던 임덕경이
의술을 익혀 의업으로 살아갔으며 특히 황처사黃處士의 침술을 연마하여
유명해졌다고 밝혔다.[18] 그러나 침술로 세상에 이름을 떨친 임덕경조차
나이 칠십이 다 되도록 궁핍한 생활을 벗어나지 못했다. 또다시 콜레라
가 유행할 경우 그의 「치병설」은 백성들의 목숨을 구하는 비결이 될 터
인데 과연 그의 저술이 제대로 보존될지 아무도 장담할 수 없는 지경이
었다.

　　홍길주는 침술의 명의가 가난을 면치 못하자, 군자는 어디서나 무엇
이든 깊이 두려워하지만 오직 가난은 걱정하거나 두려워하지 않아도 된
다고 위로했다. 임덕경이 세상을 구제하는 침술을 그만둘까 염려했던 것
이다. 홍길주가 용수원에 조선 최고의 역병 전문가이자 침의鍼醫 임덕경
을 초빙할 수밖에 없는 이유였다.

　　한편, 용수원의 양의 후보로 이헌명李憲明을 빼놓을 수 없다. 그는 19세
기 전반 문장가로 알려진 김매순과 홍석주 그리고 홍길주의 문하를 출입
했던 인물로, 1831년 홍석주의 연행에 반당유학伴倘幼學으로 동행한 바 있
다. 이헌명의 부친인 이학무는 특별한 관직 이력이 없는 집안 출신으로,

　17　『淵泉先生文集』권21, 「題任德卿辛巳治病說」.
　18　『心庵遺稿』권28, 「書辛巳錄序 ― 辛卯」.

일찍부터 서강 근처에 요화재를 마련하고 자연과 더불어 살며 서울의 부화(浮華)를 멀리했던 인물로 묘사된다. 이들 평창 이씨 가문은 오랫동안 한미하여 이헌명 역시 생계를 꾸릴 특별한 사업이 없었다. 따라서 일찍부터 경화 가문의 책객이 되었던 것으로 보인다.[19] 홍석주는 관찰사 재임 중에 이헌명을 책객으로 데리고 다녔고, 이헌명은 옥안 작성을 돕는 등 여러 가지 잡무를 담당했다.[20]

이헌명이 어려서 각혈咯血로 고생하자 아버지는 의학 공부를 권유했고, 그 이후 양의로 세간에 소문이 났다고 한다. 후일 내의원의 의약동참으로 추천받을 정도였으니 유의로서 당대 가장 의술이 뛰어나다는 평가와 부합한다.[21] 그러한 이헌명이 홍석주 가의 주치의를 맡아 의술에 능력을 보이면서, 연행에 동행할 수 있었던 것이다. 1831년 중국에 가는 이헌명에게 홍길주는 반드시 중국의 양의를 만나 좋은 처방과 의서 등을 공부하여 조선의 백성들을 구제해야 한다고 당부했다. 홍길주는 의술에 뛰어났던 이헌명이 해야 할 바는 중국의 풍경을 관람하거나 명사를 만나 필담을 나누는 일이 아니라 중국의 양의를 만나 조선인을 구제할 의서와 의술을 배우는 일이라고 강조했다. 콜레라의 재발을 치료할 의서가 필요했고, 두창을 예방할 수 있는 종두법의 도입이 절실했다. 다산 정약용이 연행사절에 부탁하여 종두 관련 의서를 구입하려 했던 것이나,[22] 청대 고증학자 섭지선葉志詵으로부터 콜레라 치료법을 입수한 것은[23] 모두 새로운

━━ 19 『海藏集』권11, 「平昌李氏世稿序 ― 壬子」, "平昌之世久單微, 德箴又貧無一塵之業."
20 김새미오, 「『서연문견록』에 보이는 연천 홍석주」, 『漢文學報』 18, 2008.
21 최식, 「이헌명이 바라본 항해 홍길주」, 『동양한문학연구』 21, 2005, 5-11쪽.
22 『(정본)여유당전서』 3, 44쪽, 「送李參判 - 基讓 - 使燕京序」.
23 『(정본)여유당전서』 27, 236-237쪽; 『목민심서』, 「愛民」조에서 다산은 1821년 유행한 괴질 치료법을 청의 고증학자 섭지선으로부터 전해 받아 치료에 활용하고자 했다. "近所行

지식을 수용하여 조선인을 구제하려던 이용후생의 발로였다.[24] 홍길주 또한 다산과 마찬가지로 이헌명에게 이용후생에 필요한 의서와 신지식을 배우도록 요청했다.[25] 의학에 뛰어났지만 특별한 직업 없이 늘 가난했던 이헌명 역시 홍씨 가문의 책객이 아닌 용수원의 의원으로 초빙되어야 마땅했다.

마지막으로 용수원의 초빙 의원 명단에 오를 인물로 상득용이 있다. 그 역시 홍씨 가문의 책객이었으며 홍길주는 어려서 그로부터 많은 가르침을 받았다. 홍석주의 기록에 의하면, 상득용은 태초 홍희인의 고종사촌으로 홍씨 가문의 일가붙이(外孫)였다. 그는 비록 무예를 업으로 삼았지만, 책을 좋아할뿐더러 천문과 지리 그리고 산학에 통달하여 섭렵한 바가 많았다. 그에 걸맞게 저술 또한 상당했다. 홍석주는 늘 상득용의 저작에 서문을 지어 주곤 했다.[26] 상득용은 무과 급제 후 5품의 벼슬에 오르기도 했지만 크게 출세하지 못하고 가족들과 귀향하여 장단에 거주했다. 홍석주와 가까이 살며 교류했는데, 79세가 되어서도 작은 글씨를 읽고 치아가 강건했다고 한다.

상득용은 조선의 경험방을 수집하고 자신의 처방을 합하여『제구단방濟救單方』이라는 의서를 편찬할 정도로 의학에 밝았다. 홍길주가『수민전서』를 새로 편찬하면서 조선의 경험방을 별도로 수집해야 한다고 밝혔는데, 구하기 쉽고 값싼 향약재로 가난한 환자들을 구할 수 있는『제구단

　　　麻脚之瘟 亦有新方 自燕京來."
24　김호,「『마과회통』의 원경(遠景), 보식(保息)의 정치」,『다산학』40, 2022.
25　이헌명은 부탁받은 중국 의서들을 입수하지 못하자, 이를 평생의 한으로 여겼다(이홍식, 앞의 글, 2010, 325쪽).
26　『淵泉集』권18,「星漏合編序」상득용은 수학에 매우 밝았다는 평가를 받고 있었다.

방』이 그 해답이었다. 홍길주는 책의 서문에서 '양약良藥'을 새롭게 정의한 바 있다. 환자를 치료하고 죽어 가는 자를 살릴 수 있다면 무엇이라도 양약이 될 수 있다는 논리였다. 본초서에 수록되지 않아도, 고방古方에 효능이 자세하게 설명되어 있지 않아도 상관없었다. 홍길주는 아무리 좋은 약재라도 환자의 몸에 맞지 않는다면 양약이 될 수 없고, 아무리 흔하고 값싼 약재라도 치료에 효과가 있다면 바로 양약이라고 강조했다. 약재 자체의 귀천이 중요하지 않고 쓰임새의 여부가 중요했다.

중하층 이하의 사람들은 아무리 효능이 좋아도 현실적으로 고가의 약재를 복용할 수 없었다. 가능한 간단하고 값싼 약재로 질병을 치료하는 처방, 즉 단방單方이야말로 많은 사람의 목숨을 구하는 데 필수적이었다. 문제는 오랫동안 민간에서 전해 온 처방과 약물의 효험이 이미 확실한데도 의서에 수록되지 않은 약재는 사용할 수 없다고 하는 조선의 의사들이나, 간혹 값싼 약재는 물리치고 박대하면서 고가의 귀한 것만 흠모하는 당시 환자들의 태도였다.

한마디로 상득용은 '뜻있는 선비(志士)'였다. 일찍이 그는 세상에 환자는 많은데 양의良醫가 드문 현실을 보고 이를 구제하기로 마음먹었다. 그리고 자신이 눈으로 보고 귀로 들은 것을 정리하여 증세에 따라 처방을 수집했다. 가장 힘쓴 대목은 반드시 쉽게 구할 수 있는 약물로, 누구나 쉽게 따라할 수 있도록 처방을 구상하는 일이었다. 가난한 사람들이 처방을 알면서도 약물을 써 볼 길이 없어 한으로 여길까 걱정했기 때문이었다. '세상을 구제하는 단방'은 그렇게 만들어졌다.

성호 이익은 당시 조선의 의원들이 환자를 살리는 데는 관심이 없고 오직 돈벌이만을 엿보고 있다고 한탄한 바 있다.[27] 다산 정약용은 당시 속의들이 십수 년에 한 번씩 유행하는 역병을 연구해 봐야 이익이 되지 않는다며 거들떠보지도 않는다고 비판했다.[28] 상득용은 이익만을 추구하는 속의^{俗醫}가 아니었다. 어려서부터 경세제민의 뜻을 갈고닦아 온 인물이었다. 무과로 출신하여 수십 년을 군대에 몸담았지만 관료로 현달하지 못한 채, 의원으로 또 서당 훈장으로 겨우 삶을 꾸리는 탓에 끼니를 걱정하는 처지였지만 근심스러운 기색 없이 산속의 생활을 즐기는 군자였다. 그의 학문은 의학은 물론 천문과 역법 그리고 산천과 도로, 농사와 원예에 이르는 등 세상의 모든 기용^{器用}과 명물도수^{名物度數}에 무불통지한 경지였다.

홍석주는 이러한 상득용을 더 큰 세상으로 인도했다. 1831년의 연행길에 상득용을 군관^{軍官}으로 참여시켜 자신을 보필토록 한 것이다. 홍석주는 "명예는 공공의 도구이니 많이 가지려 말고, 이익은 몸의 재앙이니 적게 추구하라(名爲公器無多取, 利是身災合少求)"는 시구를 좋아했던 상득용을 떠올리며 그의 고매한 인품을 칭송하기도 했다.[29]

이처럼 의술에 뛰어났지만 재물에 관심이 없어 궁핍하게 살아가던 많은 유의^{儒醫}들을 초빙하여 혜민^{惠民}의 장을 펼치려 했던 홍길주의 계획은 용수원으로 구상되었다. 이곳은 세상을 구제하려는 뜻을 가졌지만 쓰이지 못한 지사^{志士}들과 의학을 연구하고 전문적인 경험을 더해 환자를 치료하던 유의들을 위한 공간이었다. 상상에 머물렀지만 경세제민을 실현하려는 공공의 장이 분명했다.

무엇보다 용수원의 양의들은 자신의 의견만을 고집하거나 잘 모르면서 아는 체하는 속의들과는 달라야 했다. 어떤 경우도 가난한 환자를

---

27 『성호사설』 권9 「庸醫殺人」.
28 『麻科會通』 「吾見篇」 "俗醫: […] 若麻疹, 每數十年一至, 醫而業此, 安所利乎."
29 『鶴岡散筆』 권1 「상득용」.

홀대하지 않으며, 진심을 다해 치료하고 처방전의 약재를 숙고할 뿐이었다.

* * *

홍길주는 19세기 전반을 환란이 도래할 위기의 시대로 인식했다. 비록 본인은 형제들에 비해 고위 관직에 오르지도 못하고 왕의 부마가 되는 귀한 삶을 누리지 못했지만, 그를 경화사족으로 부르지 못할 이유는 없었다. 홍길주와 같은 경화사족을 포함하여, 조선 후기 사회를 당장에 개혁해야 한다고 주장한 이들은 왕으로부터 재야의 지식인에 이르기까지 다양했다.

그만큼 조선 후기 사회는 부와 귀가 일부에 편중되었고, 이로 인한 다양한 문제들이 불거지고 있었다. 부·귀의 공정한 재분배를 시행하지 않고서는 국가의 존속을 기대하기 어려웠다. 이에 더해 19세기 초 계속되는 기근과 한 번도 경험하지 못했던 괴질(콜레라)의 유행은 인민의 삶을 더욱 위협하고 있었다. 각종 난제 해결의 중심에 서 있었던 정부는 위기가 닥치기 전에 갱장을 모색해야만 했다. 국가의 역할은 더욱 중차대해졌다.

물론 국가가 모든 일을 감당할 수 없거나 문제 해결의 의지가 없다면, 경세제민의 포부를 가진 누구라도 앞장서야 했다. 홍길주는 '누가 나의 뜻을 이루어 주겠는가?'라며 국가의 의지 부족을 비판하면서도, 자신을 포함한 지식인의 공공 실천을 강조했다. 『숙수념』을 통해 그는 돈 없이 세상을 떠도는 이재민들과 병들어도 의사에게 치료받을 수 없는 하층민들을 위해, 복지기구인 삼재원을 만들고 자선 의국 용수원을 구상했다. 이러한 비영리 단체들은 자신의 가족과 친·인척만을 위한 의장義莊이나 병원이 아니었다. 사적인 기구라도 공동체의 안녕을 목표로 한다는 점에서 분명 공공의 제도였다.

조선 후기에 유교 윤리의 사회 곳곳에 자리 잡고 더욱 많은 소민들이 유학幼學을 자처하면서 조선사회의 유교화는 빠르게 진행되었다. 많은 이들이 수신제가를 넘어 치국의 꿈을 키웠지만 관직의 기회는 공정하게 제공되지 않았다. 불우한 떠돌이 지식인들이 생계를 도모하고자 권귀權貴와 경화京華 가문의 책객이나 겸인이 되어 아이들을 가르치고 가족들을 치료했지만 근본적인 항산의 방도가 되지 못했다. 경제제민의 기회를 갖지 못한 이들은 자의 반 타의 반으로 폐족廢族이 되어 갔다. 이들의 불만과 우울함도 문제였지만, 유능한 사람은 산속으로 은거하고 무능한 자들이 관직을 독점하여 폐단을 일으키는 국가의 현실은 더 우려스러웠다.

홍길주는 많은 지식인을 초빙하여 함께 연구하고 의서를 편찬하며 환자들을 치료하는 공공의 장(용수원)을 계획했다. 홍길주가 안타까워했던 지사와 유의들은 누구보다 유능했지만 기회를 잡지 못해 공부를 포기하거나, 의서를 저술했지만 전수되지 못했던 가난한 지식인들이었다. 그들의 풍부한 지식과 경험이 통째로 사라진다면 큰 손실이 아닐 수 없었다. 나아가 경세제민에 대한 이들의 선의가 완전히 절멸한다면 더욱더 큰 문제였다.

유학의 가르침에 군자는 어디서든 천하의 공공을 도모해야 했다. 관직에 나아가지 못한다고 해서 공공의 실천을 수행하지 말란 법은 없었다. 공직에 들어가면 그곳에서 최선을 다하고, 집에 있으면 또 그곳에서 세상을 이롭게 할 뿐이었다. 공을 추구한다면 그곳이 바로 공공을 위한 광거廣居였다. 불우한 지식인의 점증이야말로 19세기 조선이 맞닥뜨린 위기의 주요한 징후였지만, 홍길주는 이들을 당대의 위기를 극복할 중요한 주체로 파악했다. 비록 홍길주의 기획은 '상상'에 그치고 말았지만 그는 누구보다 당대에 자신의 꿈이 '실현'되기를 희망하고 있었다.

6장

미국 두창 백신 접종정책의 진화와 유산[1]

이현주

"당신은 인간의 고통스러운 일정 중
가장 대단한 것을 없앴습니다…
미래의 국가들은 단지 역사를 통해서만
그 혐오스러운 두창이 존재했었다는 것을
알게 될 것입니다."[2]

---

1   이 글은 『미국사연구』 47(2018)에 실린 「미국에서의 백신 반대 운동」과 『동국사학』 65(2018)에 실린 「19세기에서 20세기 중반 한국의 우두법 및 백신 접종 연구에 있어 지구사적 관점(global perspective)의 유용성」의 일부를 편집·수정한 글이다.

2   Najera, R. F., "American Presidents and Vaccines: Thomas Jefferson and the Virginia Inoculation Riots," The History of Vaccines: An Educational Resources by the College of Physicians of Philadelphia, 20 Jun. 2021. https://historyofvaccines.org/blog/american-presidents-and-vaccines-thomas-jefferson-and-the-virginia-inoculation-riots

1. 우두와 최초의 백신 접종정책

고대로부터 존재했던 두창smallpox(천연두)은 오랜 기간 인류의 건강을 위협하는 주요 감염병 중 하나였다. 바리올라 바이러스variola virus 감염[3]이 원인인 이 질병은 특히, 17~18세기 동안 유럽 지역에서 자주 유행했다. 구세계와의 접촉을 통해 두창이 전해지면서 대서양 건너 신대륙에서는 두창 감염으로 인해 절멸한 인디언 부족들도 생겨났다.[4] 미국 독립전쟁(1775-1783) 기간에는 북미대륙 전체를 포괄하는 두창 팬데믹이 발생해 전쟁으로 사망한 사람들보다 더 많은 사람을 죽음으로 인도했다.

두창은 질병의 역사에 있어 매우 중요하면서도 독특한 위치를 차지하는 질병이다. 우선, 이 질병은 인류 최초로 박멸된 질병이다. 19세기부터 지역적으로 진행되어 오던 국지적 통제와 박멸에 더해 1967년부터 국제두창박멸 프로그램Global Smallpox Eradication Program이 진행되면서, 1980년에 세계보건기구WHO: World Health Organization가 마침내 지구상에서 이 질병이 사라졌음을 선언했다. 박멸 프로그램의 주요 전략은 질병 발병 감시surveillance와 백신 접종vaccination이었다. 두창 박멸에 중요한 역할을 했던 백신은 같은 올소폭스바이러스속Orthopoxvirus Genus에 속하는 우두cowpox virus에서 유래했다.[5]

---

3 지역과 시기에 따라 치명률이 높은 바리올라 마요르(*variola major*)와 치명률(case fatality rate)이 낮은 바리올라 미뇨르(*variola minor*)가 유행했다. 18세기 유럽과 미국에서는 전자가 유행했고, 후자는 19세기 말 미국에서 그 사례가 보이는 것으로 알려져 있다. Michael Willrich, *Pox: An American History*, London: Penguin Books, 2011, p. 45.

4 두창 감염 확산에 대해서는 WHO의 "Chapter 5. The History of Smallpox and Its Spread around the World"를 참고할 것. 특히, 유럽과 북미대륙에 대해서는 pp. 229-232, 238-240 참고. F. Fenner, D. A. Henderson, I. Arita, Z. Jezek & I. D. Ladnyi, *Smallpox and Its Eradication*, Geneva: World Health Organization, 1988.

5 20세기 초부터 두창 백신으로 이용된 백시니아 바이러스(Vaccinia virus)와 마두 바이러스(horsepox virus), 엠폭스(원숭이두창) 바이러스[Mpox(Monkeypox) virus] 등도 같은

18세기 말 영국의 의사 에드워드 제너^{E. Jenner}(1749-1823)는 우두의 효능을 처음 과학적으로 증명해 우두가 두창 예방에 효과가 있음을 알리고[6], 우두를 광대한 지역으로 확산하는 데 지대한 역할을 한 인물이었다. 우두는 두창 예방에 획기적인 방법이었을 뿐 아니라 백신의 역사를 연, 인류 최초의 백신으로 기록되고 있다.

두창 백신의 중요성은 위에서 언급한 '최초로 박멸된 질병', '최초의 백신'이라는 타이틀과 주로 함께 언급되지만, 많은 사람은 두창 백신이 백신 접종정책의 역사에서 가지는 위치는 간과한다. 제너의 1798년 저작을 통해 우두의 두창 예방 효능이 알려진 이후부터 19세기 말 세균학의 발달에 따라 다른 여러 백신이 등장하게 되는 시기까지, 우두 백신은 거의 1세기에 조금 못 미치는 시간 동안 유일한 백신으로 자리를 지켰기 때문에 19세기 동안 발달한 우두 백신접종법은 이후 20세기로 이어지는 백신 접종정책의 기반을 형성했다고 할 수 있다. 따라서 우두접종법은 최초의 백신접종법이기도 했다.

질병의 유행, 특히 두창과 같은 치명률이 높은 질병의 유행은 인명과 경제적 손실, 그리고 사회 불안정 등 국가 통치에 있어 많은 곤란한 문제를 일으키며, 통치자의 역량을 시험대에 올려놓는다. 19세기 서구 근대 국가의 지도자들은 우두 백신^{cowpox vaccine}이라는 새로운 의료 기술을 통해 질병 통제, 더 나아가 질병 박멸을 꿈꿀 수 있게 되었다. 1806년 우

속(genus)에 속한다.

6 제너가 흔히 우두를 발견한 사람으로 알려져 있지만, 제너 이전에 일부 유럽 지역에서 우두의 두창 예방 효능이 이미 알려져 있었다. 제너는 이를 실험적으로 증명하고, 그 결과를 다음의 출판물에 정리했다. E. Jenner, *An Inquiry into the Causes and Effects of the Variolæ Vaccinæ*, London: Sampson Low, 1798.

두 백신의 확산을 강력하게 지지했던 미국의 3대 대통령 토머스 제퍼슨 T. Jefferson(1743-1826)은 제너의 공로를 인류에 대한 공헌으로 치하하며, 우두 백신을 통해 두창이 인류의 역사에서 사라질 것이라고 확언했다. 제퍼슨의 예언은 실로 현실화되었는데, 1980년 세계보건기구의 두창 박멸 선언에 앞서 미국에서는 1949년 이후로 두창 감염 환자가 발생하지 않았던 것이었다.

그러나 제퍼슨의 기대와는 달리 미국 내 두창 박멸은 1세기가 넘는 길고도 지난한 시간이 지난 후에 이루어질 수 있었다. 우두 백신 기술은 제너의 책이 소개된 18세기 말, 그리고 우두가 실질적으로 수입된 19세기 초엽에 미국에 전래되었다. 그러나 대중화의 길은 멀고도 멀었다. 대중이 이 기술을 받아들이고 우두를 접종받게 하기 위해서는 별개의 정책적 노력이 필요했다. 본 장에서는 이러한 우두 접종정책 발달의 과정, 그에 대응하는 대중 여론의 형성, 그리고 그로 인한 백신 접종정책의 방향 전환 등 관련 역사를 간략하게 살펴보면서, 우두 백신이 백신 접종정책 발달에 남긴 역사적 족적에 대해 생각해 보도록 하겠다.

2. 우두 백신접종법의 발달과 의무접종법의 등장

역사가들은 18세기 말 에드워드 제너의 우두법과 함께 면역학 immunology의 역사가 시작된 것으로 본다. 그러나 제너가 최초 백신 보급에 중요한 역할을 한 인물이었을지라도, 그는 우두 접종이 어떠한 메커니즘을 통해 두창 감염을 예방하는지를 설명하지는 못했다. 이는 우리가 현재 알고 있는 면역학적 지식이 19세기 후반부터 급속하게 성장한 세균학의 발달과 함께 축적되었기 때문이다. 독일의 미생물학자 하인리히 헤르만 로베르트 코흐H. H. R. Koch(1843-1910)의 탄저균, 결핵균, 그리고 콜레라균의 발견, 프랑스의 생화학자 루이 파스퇴르L. Pasteur(1822-1895)의 탄저병 및 광견병 백신 연구, 러시아의 생물학자이자 세균학자인 일리야 일리치 메치니코프I. I. Mechnikov(1845-1916) 등의 연구를 통해 우두 백신 등장 후 거의 1세기의 시간이 흐른 뒤에야 비로소 인류는 조금씩 인간과 질병 간의 관계에 있어서 백신의 효능을 과학적(경험적이 아닌)으로 설명할 수 있게 되었다.

그러나 서구 세계에 있어 면역학의 기원으로 볼 수 있는 의학기술의 등장은 18세기 초엽으로까지 소급될 수 있다. 이는 면역immunity이라는 단어 및 개념이 부재한 가운데에도 인위적인 의학적 조치를 통해 특정 질병의 위협에 미리 대항하는 예방 기술로, 우두 백신에 앞서 두창 환자로부터 유래한 두창 바이러스를 이 질병에 면역이 없는 사람에게 접종해 질병에 대한 면역을 기르는 인두법smallpox inoculation이 존재했기 때문이다. 중국, 인도, 튀르키예, 아프리카 등지에서는 유럽이나 북미보다 더 이른 시기부터 다양한 인두 접종 기술이 쓰이고 있었고, 영국과 미국에서는 1720년대 초반에 인두법이 처음으로 실시되었다. 현대인에게 익숙한 백신을 통한 예방의 개념, 즉 인위적인 방식으로 건강한 사람의 면역력을 길러 주는 의학적 기술은 18세기 영국인과 미국인들에게는 매우 생소한 것이었다. 이에 인두법의 도입은 구대륙과 신대륙 양측 모두에서 매우 복잡한 의학적·종교적·윤리적, 그리고 공중보건학적 논쟁을 불러일으켰다. 인두 접종 기술의 안전성뿐 아니라 전통적으로 신의 영역으로 생각되어 온 생명과 질병의 문제에 인간이 인위적으로 개입하는 것이 종교적으로, 도덕적으로 올바른 것인가에 대한 논쟁이 계속되었고, 그 답에 따라 인두법 도입에 대한 반대와 찬성의 의견이 나누어졌다.[7]

그러나 무엇보다 인두법에 대한 논쟁은 우두 백신이 등장하기 이전부터 공중보건과 개인의 권리 간의 근본적인 긴장관계가 어떻게 형성되어 왔는지를 보여 준다. 18세기 후반에 등장하는 우두법과는 달리 인두를 접종받은 사람의 경우 실질적으로 면역이 없는 타인에게 두창을 전염시킬 가능성이 있었다. 공중보건학적 위험성을 가진 인두법을 둘러싸고, 공공기관이 누구의 권리 —인두를 접종받아 질병으로부터 건강을 지키려는 사람의 권리 또는 질병의 감염으로부터 건강을 지킬 개인의 권리—를 보호해야 하는가라는 질문이 사회적 논란의 중심에 서게 되었다. 인두법 수용에 부정적이거나 소극적인 공동체의 경우, 인두법을 통해 건강을 보호하려는 개인과 인두법을 통제해 전염성 질환의 유행 가능성을 차단하려고 하는 집단 이익이 충돌했다. 공중보건학적으로 인두법의 수용이 더 유용한가 아니면, 금지가 더 적절한가라는 질문에 대한 미국의 지역사회 및 식민지별 대응은 상이했었다.[8] 영국에 대항한 미국독립전

---

7 인두법을 둘러싼 종교적, 의학적, 공중보건학적, 인종적 논쟁에 대해서는 다음의 연구들을 참고할 것. J. B. Blake, "The Inoculation Controversy in Boston, 1721-1722," *The New England Quarterly* 25, 1952, pp. 489-506; *Public Health in the Town of Boston, 1630-1822*, Massachusetts: Harvard University Press, 1959, pp. 52-73; O. E. Winslow, *A Destroying Angel: The Conquest of Smallpox in Colonial Boston*, Massachusetts: Houghton Mifflin, 1974, pp. 44-58; J. Schmotter, "William Douglass and the Beginnings of Medical Professionalism: A Reinterpretation of the 1721 Boston Inoculation Controversy," *Historical Journal of Western Massachusetts*, 1977 6(1), pp. 23-36; C. E. Wilson, "The Boston Inoculation Controversy: A Revisionist Interpretation," *Journalism History* 7, 1980, pp. 16-19; M. Van De Wetering, "A Reconsideration of the Inoculation Controversy," *The New England Quarterly 58*, 1985, pp. 46-67; M. Minardi, "The Boston Inoculation Controversy of 1721-1722: An Incident in the History of Race," *The William and Mary Quarterly* 61, 2004, pp. 47-76; R. Tindol, "Getting the Pox off All their Houses: Cotton Mather and the Rhetoric of Puritan Science," *Early American Literature* 46, 2011, pp. 1-23; A. M. Kass, "Boston's Historic Smallpox Epidemic," *Massachusetts Historical Review* 14, 2012, pp. 1-51.

8 20세기 중반까지도 미국의 경우 백신에 대한 정책은 연방의 주도가 아닌 개별 시 또는

쟁(1775-1783) 기간에 후일 미국의 초대 대통령이 될 조지 워싱턴[G. Washington] (1732-1799)이 대륙군[the Continental Army]을 대상으로 광범위한 인두 접종정책을 펼쳤고, 전쟁기 인두 접종정책은 인두 접종의 대중화에 영향을 미치기도 했다. 그럼에도 대륙군의 이와 같은 인두 접종정책은 전쟁 이후 신생 공화국의 모든 지역에서 보편적으로 인두법이 허용되는 데까지 이어지지는 않았다.[9]

이러한 상황 속에서 제너의 우두법은 백신을 통한 질병 예방정책에 있어 하나의 중요한 전환점을 만들었다. 우두의 보급을 지지하는 사람들은 인두법에 비해 우두가 의학 및 공중보건학적으로 안전한 의료 기술임을 강조했다. 우선, 우두 접종자는 인두 접종자에 비해 가벼운 증상을 앓고 병에서 회복되었고, 인두법에 비해 우두법은 낮은 치명률 및 부작용을 보인다고 그들은 주장했다. 더욱이, 인두와는 달리 우두를 접종받은 사람들은 지역사회에 질병을 전염시킬 염려가 없었다.[10] 1회 접종으로 평생 면역을 얻을 수 있는 인두법과 비교했을 때, 우두법이 가진 단점이라고 할 수 있는 재접종이 필요하다는 사실이 19세기 초반에 알려지게 되었지만, 70여 년이 넘는 지난 시간 동안 인두의 적극적 보급을 가로막았던 공

주의 경계 내에서 개별적으로 결정되었다. M. Wehrman, *The Contagion of Liberty: The Politics of Smallpox in the American Revolution*, Baltimore: Johns Hopkins University Press, 2022.; H. J. Lee, "Public Health and the Emergence of New Clinical Settings for Smallpox Inoculation in Boston, 1753 to 1764," *The Korean Journal of American History* 43, 2016, pp. 5-9, 26-30 참고.

9 워싱턴의 결정에 대해서는 A. M. Becker, "Smallpox in Washington's Army: Strategic Implications of the Disease during the American Revolutionary War," *The Journal of Military History* 68, 2004, pp. 381-430 참고. 이 시기 인두법을 둘러싼 갈등에 대해서는 Jeffrey Michael Weir, "A Challenge to the Cause: Smallpox Inoculation in the Era of American Independence, 1764-1781," Ph.D. Dissertation, George Mason University, 2014를 참고할 것.

10 *Columbian Centinel* (25 Jun.), 1803, p. 2.

중보건학적 위험(두창 유행 가능성)이 우두의 도입으로 해소되게 되었다.

이와 같은 이유로 구대륙과 북미대륙에서 우두법의 확산은 급속도로 진행되었다. 1799년에는 빈과 하노버, 1800년에는 제네바, 파리, 나폴리, 지브롤터, 베를린, 마드리드와 키예프, 1801년에는 코펜하겐과 모스크바에도 우두가 전파되었다. 미국에서는 보스턴을 시작으로 1801년에는 뉴욕, 볼티모어, 필라델피아, 그리고 1802년 봄까지 오하이오, 켄터키, 미시시피까지 우두 백신이 전해졌다.[11]

우두가 가진 공중보건학적 우위는 인두법의 보편적 도입에 있어 가장 소극적인 태도를 견지해 오던 매사추세츠주에서조차 큰 변화를 일으켰다. 에드워드 제너의 우두법은 보스턴 의사 벤저민 워터하우스[B. Waterhouse] (1754-1846)에 의해서 미국에 처음 소개되었다. 워터하우스는 1800년 영국으로부터 우두를 들여와 자신의 자녀들에게 성공적으로 접종했다. 그후, 워터하우스는 우두 백신 확산에 노력을 기했으며, 1802년 보스턴에서 우두의 효능을 대중에게 홍보하기 위한 우두 공개 실험을 조직하고 진행하는 데 중요한 역할을 하기도 했다. 질병 통제에 관련된 법률을 통해 평상시 인두 접종을 강력하게 통제해 오던 보스턴을 주도[capital]로 하는 매사추세츠는 우두 백신 수용에 있어 선도적인 역할을 하게 되는데, 1809년 매사추세츠는 일반 대중을 대상으로 백신 접종을 의무화한 첫 주[state]가 되었다.[12]

---

11 B. Hervé, *Vaccination: A History from Lady Montagu to Genetic Engineering*, Arcueil: John Libbey Eurotext, 2011, pp. 81, 83.

12 P. Cash, *Dr. Benjamin Waterhouse: A Life in Medicine and Public Service*, Massachusetts: Boston Medical Library & Science History Publications, 2006, pp. 111-182; J. Colgrove, *State of Immunity: The Politics of Vaccination in Twentieth-Century America*, California: University of California Press, 2006, pp. 9-10.

1812년 미국은 영국과 또 다른 전쟁(war of 1812, 1812-1815)에 돌입하게 되는데 이 전쟁과 함께 두창의 위험도 돌아왔다. 전쟁이 시작된 다음 해인 1813년 메릴랜드 의사 제임스 스미스J. Smith(1771-1841)의 청원을 받아들여 제임스 매디슨 대통령J. Madison(1751-1836, 재임 1809-1817)과 연방의회는 국가백신기구The National Vaccine Institution의 설립을 승인했다. 제임스 스미스를 수장으로 하는 이 기관은 우두 백신이 계속 생산될 수 있도록 하는 업무와 함께, 연방우편제도를 이용해 우두 백신을 필요한 곳에 공급하는 역할을 담당했다. 우두에 걸린 소는 영국의 일부 지역에서만 매우 제한적으로 발견되었기 때문에 멀리 떨어진 미국과 같은 지역에서는 원활하게 해외로부터 우두를 공급받는 것이 어려웠다. 이와 더불어 이 시기에는 체외에서 우두를 보관하는 기술도 발달하지가 않았기 때문에 우두 접종을 연속적으로 이어 가면서, 적절한 시기에 환자의 몸에서 우두를 얻는 것이 가장 우두 백신을 '신선하게' 유지할 수 있는 방법이었다. 그러나 두창의 위협이 없을 경우 우두 접종률이 매우 떨어졌고, 경험이 적은 의사들의 경우 다른 질병과 우두 환자를 구분하고 좋은 우두를 선별해서 보관하는 데 어려움을 겪었다. 이러한 이유로 메릴랜드의 의사 스미스는 연방 차원의 일원화된 우두 생산, 보관, 공급 기관이 필요하다고 생각했다. 그의 청원은 1812년 전쟁 초기 우두 백신의 공급이 필요해지면서, 1813년에 「백신 접종을 독려하기 위한 법An Act to Encourage Vaccination」의 통과와 국가백신기구의 설립으로 실현되었다. 연방정부는 이 기관에 대해 연방우편제도를 이용할 수 있도록 허가하는 이례적인 지원을 결정했지만, 직접적인 재정 지원은 꺼려 했다. 결국, 이 기관 설립의 법적 기반이었던 1813년 백신법은 후일 1822년 의회에서 폐지되었고, 제임스 먼로 대통령J. Monroe (1758-1831, 재임 1817-1825)은 스미스 의사를 해임했다. 제너의 우두 백신 보급을 적극 지원했던 영국과는 달리 미국의 국가백신기구는 9년 만에 문을 닫게 되었다. 이후 미국에서 백신에 대한 연방의 개입은 20세기 초까지 없었다. 백신의 생산과 품질의 문제는 의사 개인과 백신의 지속적 공급을 위해 만들어진 일부 민간 협회vaccine society, 그리고 19세기 중반 이후로는 우두 백신을 생산하는 민간 기업의 손에 맡겨지게 되었다.[13]

그러나 백신의 안전성 관리가 민간의 손에 맡겨진 가운데, 미국의 주state정부들은 우두 백신 접종률을 높이기 위해 19세기 동안 백신 의무접종법compulsory vaccination laws을 적극적으로 도입했다. 이 기간 동안 미국에 앞서 유럽의 많은 국가가 법을 통해 백신 접종을 의무화했고, 이는 국가 주도 백신 접종의 주요 전략으로 자리 잡게 되었다. 스웨덴의 경우 1816년 최초로 백신 접종을 강제하는 법을 도입한 것으로 알려져 있으며, 스웨덴의 의무접종법은 유럽과 미국 등의 다른 국가에서 유사한 법률을 도입하는 데 모델이 되었다.[14] 영국의 경우 1840년대부터 빈민법에 의거한 무료 백신 접종을 통해 아동의 백신 접종을 독려했다. 영국의 법은 빈민이 질병 전염을 가장 많이 시키고 백신 접종률이 낮다는 가정 아래, 저소득 계층 부모의 자녀를 대상으로 삼고 있었다. 영국에서는 1853년에 처음으로 「의무 접종법The Compulsory Vaccination Act of 1853」이 도입되는데, 이 시기에는 아직 실행에 있어 강제력은 없었다. 1863년을 기점으로 우두 백신의 접종을 의무화하는 법은 더욱 확대되어 웨일즈, 아일랜드, 스코틀랜드 등도

---

13 제임스 스미스와 국가백신기구에 대해서는 다음의 문헌 참고, 이현주, 「제임스 스미스(James Smith, 1771-1841)의 두창 박멸의 꿈과 국가백신기구」, 『의사학』 31(70), 2022.

14 P. Sköld, "From Inoculation to Vaccination: Smallpox in Sweden in the Eighteenth and Nineteenth Centuries," *Population Studies* 50, 1996, pp. 259-260; "Offer and Request: Preventive Measures against Smallpox in Sweden 1750-1900," *Health Transition Review* 7, 1997, p. 78.

그 실행 내용과 방식에는 차이가 있었지만 우두 백신의 접종을 강제하는 영국의 백신법에 통합되었다. 영국은 1867년과 1871년 두 차례 개정을 통해 백신 접종을 실행하지 않는 부모에 대한 벌금 및 구금을 통한 강제력 행사가 가능해지도록 하는 방향으로 우두 백신 접종을 강화했다.[15]

독일 지역에서는 프러시아가 1835년 백신법을 통해 군에 입대하는 모든 성인 남성을 대상으로 백신 접종을 의무화했다. 독일 지역의 경우 6세 이전 아동의 절반이 사망하는 높은 아동 사망률을 보이고 있었는데, 18세기 말 우두법이 소개되었을 때 높은 아동 사망률을 타개하기 위한 노력의 일환으로 우두법에 대한 국가적인 관심이 모아졌다. 의사들 또한 우두법의 도입을 의료인의 특권을 더욱 강화하는 수단, 공적 영역에 영향력을 행사할 수 있게 하는 기회로 여기거나 여분의 경제적 수입원으로 생각해 반겼다. 19세기 초부터 독일 전역에서 앞서 언급한 국가들과 유사한 백신정책이 실시되는데, 백신 센터가 설치되고, 빈민의 자녀를 대상으로 하는 무료 백신 접종이 실시되었다. 이와 함께 독일의 대부분의 지역에서 일찍이 백신 의무 접종법이 제정 되는데, 프러시아의 경우는 법적으로 의무화를 확정하는 것에 조심스러워했지만, 대신 칙령을 통해 강제적 백신 접종을 실시했다. 1871년 독일제국이 탄생하면서, 독일제국의 수상이었던 오토 폰 비스마르크[O. E. L. von Bismark](1815-1898)는 1874년 2월 전면적인 백신 의무화 법안을 도입했다. 같은 해 4월 8일 독일제국 내 모든 아동은 출생 후 첫 번째 역년[calendar year]이 끝나기 전에 반드시 백신을 접

---

15 D. Brunton, *The Politics of Vaccination: Practice and Policy in England, Wales, Ireland, and Scotland, 1800-1874*, New York: University of Rochester Press, 2013, pp. 2-4, 7, 9; N. Durbach, *Bodily Matters: The Anti-Vaccination Movement in England, 1853-1907*, North Carolina: Duke University Press, 2005, pp. 15-23.

종받고 12세가 되었을 때 재접종을 받는다는 의무화 법이 통과되었다. 백신 접종이 아동의 생명에 지장을 줄 수 있다는 의사의 소견서 없이 백신 면제는 불가능했다.[16]

미국에서도 많은 주에서 유럽 국가와 같은 우두 접종 의무화 정책을 도입하는데, 일찍이 1827년 보스턴에서는 공립학교에 입학하는 모든 아동이 백신 접종 증서를 제출해야 한다는 법률이 만들어졌다. 이후 19세기 초반 공교육이 확대되면서, 주요 백신 접종 대상인 미취학 아동이 공립학교에 입학하기 전에 우두 백신 접종을 반드시 받도록 하는 백신 접종 의무화가 많은 주에서 입법화된다. 19세기 말까지 뉴욕(1862), 코네티컷(1872), 인디애나(1881), 일리노이와 위스콘신(1882), 아이오와(1889), 아칸소와 버지니아(1882), 캘리포니아(1889), 그리고 펜실베이니아(1895) 등의 주들이 유사한 법률을 제정했다.[17] 이러한 백신 의무 접종법의 도입은 백신의 보급을 위해 국민의 건강 및 공중보건에 대한 정부의 개입을 강화했다.

3. 백신 저항의 기원과 조직화

백신의 대중화를 통한 두창 예방정책은 18세기 말에서 19세기 초

---

16 A. Lupton, "The Prussian Vaccination Law of 1835," *The British Medical Journal* 1(2252), 27 Feb. 1904, p. 517; C. Huerkamp, "The History of Smallpox Vaccination in Germany: A First Step in the Medicalization of the General Public," *Journal of Contemporary History* 20, 1985, pp. 621-623, 627.

17 J. G. Hodge Jr. & L. O. Gostin, "School Vaccination Requirements: Historical, Social, and Legal Perspectives," *Kentucky Law Journal* 90, 2002, p. 831.

이미 다양한 형태의 저항에 직면하게 되었다. 역사학자 존 블레이크[J. Blake]의 보스턴 지역 연구에 의하면 19세기 초엽 보스턴에서 두창 감염의 위험이 직접적이고 즉각적이지 않을 경우, 주민의 자발적인 백신 접종 참여율은 매우 낮았다.[18] 『면역의 국가: 20세기 미국의 백신 접종정책[State of Immunity: The Politics of Vaccination in Twentieth-Century America]』의 저자 제임스 콜그로브[J. Colgrove]는 19세기 초반 백신 접종과 관계된 저항은 백신정책의 전개에서 발생되는 개별적 조처나 사건들에 대한 일련의 저항 사례를 통해 관찰된다고 설명한다. 예를 들어 그는 1820년 버몬트주 노스히어로에서 D. 헤이즌[D. Hazen]이 마을 사람들의 우두 접종을 위해 자신의 소를 몰수하는 순경[constable]에게 저항했던 사건을 소개했다. 그러나 19세기 초반에 이미 백신 접종 거부뿐 아니라 강제성을 띤 주 백신정책에 대한 다양한 형태의 저항이 존재했음에도 이 시기에 발생한 백신 접종에 대한 저항은 산발적인 형태로 진행되었다.[19]

하지만 우두 백신 의무화 정책이 가장 먼저 도입된 스웨덴을 필두로 19세기 중반부터 이 법에 대한 공식적 도전이 이루어졌다. 스웨덴의 경우 1856년 처음으로 의무 접종법 폐지를 주장하는 청원서가 국회에 제출되었고, 1863년에는 폐지를 골자로 하는 4개의 기획서가 추가로 공개되었다. 1870년도에서 1880년도에 들어서 다른 유럽 국가에서 백신 반대 운동이 두드러지게 성장하면서 스웨덴에서도 백신에 대한 저항 운동이 조직화되기 시작했다.[20] 독일의 경우에도 국가 주도의 백신 접종 의무화는 백신의 효과에 대한 의문 제기, 국가에 의한 개인의 자유 침해의 문

---

18 Blake, *Public Health in the Town of Boston*, pp. 189-191.
19 Colgrove, *State of Immunity*, p. 10.
20 Sköld, "From Inoculation to Vaccination," pp. 259-260; "Offer and Request," p. 78.

제, 백신 접종의 위험성, 비접종자가 접종자에게 위험을 가하지 않는다는 등의 이유로 많은 문제에 직면했다.[21]

영국의 경우 1870년에 들어서면서 백신법을 위반하는 시민에 대한 국가의 단속을 강화하고 백신 접종 행정에 있어서 강제력을 강화했다. 나자 더어바흐[N. Durbach]의 2005년도 저작 『신체적 문제: 1853년에서 1907년 영국에서의 백신 반대 운동[Bodily Matters: The Anti-Vaccination Movement in England, 1853-1907]』에 의하면 의무백신접종법의 직접적인 타깃이었던 빈민층뿐만 아니라 다수의 중간계층도 백신에 반대했는데 이들은 강제적인 접종법을 정부에 의한 개인의 건강권 및 자유에 대한 침해로 이해해 저항했다. 19세기 중반부터 백신 접종 피해 사례가 보도되면서 백신의 안전성에 대한 논란이 퍼져 나가는 가운데, 국가가 건강과 의료의 문제에서 '개인이(이 경우에 개별 부모가 자녀가) 어떠한 위험을 감수할지'를 선택할 권리를 침해한다는 이의가 제기되었다. 개인의 권리 침해의 논리는 직접적인 백신 강제 접종의 대상이 된 노동자 계층을 연대하게 했을 뿐 아니라, 하층민과 백신을 공유를 하기를 꺼렸던 중간계층의 지지도 얻었다.[22]

이러한 변화 속에서 미국에서도 19세기 후반에서 20세기에 걸친 시기에 백신 접종 반대 운동은 새로운 전기를 맞이하게 된다. 이 시기에 백신 접종 반대 운동이 더욱 활발하게 진행되는 가운데, 백신 접종 강제법에 대항한 수많은 기관이 만들어지면서 백신 접종 반대 운동은 더욱 조직화되었다. 미국에서도 1870년도에서 1880년도에 걸쳐 전국적인 백신 의무화 법률에 대한 반대 운동이 일어났다. 사회계급이 높고 경제력이 있

---

21 Huerkamp, "The History of Smallpox Vaccination in Germany," p. 628.
22 Durbach, *Bodily Matters*, pp. 201-207; R. M. Wolfae & L. K. Sharp, "Anti-Vaccinationists Past and Present," *British Medical Journal* 325, 2002, pp. 430-431.

는 사람들은 주치의에게 백신 접종을 의뢰했으나, 그렇지 않은 사람들은 시에서 고용한 백신 접종 의사들이 가정을 방문하는 형태로 백신 접종이 이루어졌고, 백신 접종 의사의 방문을 거부하거나 쫓아내는 경우가 많았다. 영국의 백신 반대 운동가 윌리엄 텝^{W. Tebb}이 미국을 방문하기도 하는데, 1879년도에는 뉴욕에 미국백신반대협회the Anti-Vaccination Society of America in New York가 조직되었다.[23] 1879에서 1900년까지 비슷한 조직들이 전국적으로 확산되는 가운데, 지역사회에 기반을 둔 백신 접종 반대 단체들이 버클리, 보스턴, 브루클린, 클리블랜드, 밀워키, 세인트 폴 등의 도시에 만들어졌고, 주 차원의 연맹체state leagues들이 캘리포니아, 콜로라도, 코네티컷, 매사추세츠, 미네소타, 미주리, 펜실베이니아, 유타 등에서 형성되었다. 주 정부 주도의 중앙통제적인 백신 정책과 강제성을 가지는 백신접종법이 보편적으로 도입되면서, 그에 대한 대중의 반대도 다양한 네트워크 및 정보망을 통해 광대한 지리적 공간을 포괄하며 전파되었던 것이다.[24]

19세기 말에서 20세기 초 미국에서 활발하게 활동하던 백신 접종 반대 운동가들은 다양한 이유로 백신 접종에 반대했다. 우선, 그들은 두창 감염 사례의 감소와 백신 보급의 관련성을 부정했다. 이들은 백신의 보급보다는 인두법의 금지와 적절한 두창 환자의 격리 조치 등이 두창 감소라는 공중보건학적 성과에 더 큰 영향을 미쳤다고 평가했다. 더불어, 백신을 반대하는 사람들은 병원이라는 한정된 공간에서 수집된 백신의 효용성에 관한 통계 자료를 불신했다. 한편, 19세기 후반에 가속화된 의료

---

23 Willrich, *Pox*, 2011, pp. 254-256, 290-291; J. Colgrove, "'Science in a Democracy': The Contested Status of Vaccination in the Progressive Era and the 1920s," *Isis* 96, 2005, pp. 173-176.

24 Willrich, *Pox*, pp. 253-256, 274; Colgrove, "Science in a Democracy," pp. 173-176.

전문화와 세균설^{Germ theory} 등 새로운 의학이론의 대두는 백신을 둘러싼 정규의학 의료인과 비정규의학 의료인의 대립 구도를 형성하기도 했다.[25]

19세기 동안 여전히 극복하기 어려웠던 백신 생산 기술의 한계 및 불안정성도 백신에 대한 불신을 부추겼다. 20세기 이후 두창 백신에 사용되는 백시니아 바이러스^{vaccinia virus}는 19세기 말엽 등장했을 것으로 추정되나, 1939년까지 그 존재가 확연히 구분되지 않았었다. 백시니아 백신 발견 이전 우두 백신이 가진 한계점을 극복하고자 몇 가지의 기술적인 시도가 이루어졌다. 18세기 말, 벤저민 워터하우스가 영국에서 미국으로 우두 백신을 처음 공수했을 때, 영국에서 생산된 우두에 걸린 소의 농을 린넨에 적신 후 말린 형태로 백신이 전해졌다. 초기 우두 백신 시대 동안 우두에 걸린 소를 미국에서 찾을 수 없었고, 감염된 린넨 또는 실조각을 이용해 백신 접종이 이루어지거나(특히 원거리 이동 등 보관 기간이 길어질 때), 유리판 사이에 보관하거나, 란셋에 직접 감염 물질을 묻혀 건조한 후 이용하기도 했다. 그러나 이러한 방식을 통한 백신 접종은 그 실패율이 높았다. 이러한 한계를 극복하기 위해 우두를 접종받은 사람의 접종 부위에서 직접 농을 채취해 다음 환자에게 접종하는 방식^{arm-to-arm}이 이용되었다. 그러나 이 방식은 지속적인 우두 접종을 위해 두창에 면역력이 없는 환자가 계속 공급되어야 한다는 한계, 그리고 매독과 같은 혈액 매개성 감염이 환자와 환자 사이에 일어날 수 있다는 우려 때문에 점차 지양되었다.[26]

---

25 Willrich, *Pox*, pp. 258-260, 263.

26 A. Rusnock, "Catching Cowpox: The Early Spread of Smallpox Vaccination, 1798-1810," *Bulletin of the History of Medicine* 83(1), 2009, pp. 17-36; Willrich, *Pox*, pp. 180-181; Colgrove, *State of Immunity*, p. 7.

그리하여 우두에 걸린 소에게서 직접 감염물질을 확보하는 방식이 이용되게 되었다. 미국에서는 1860년경 우두에 걸린 소를 관리하는 백신 농장vaccine farms들이 생겨나게 되었다. 그러나 이 방식 역시, 동물이 가지고 있는 질병이 사람에게 옮겨 올 가능성, 그리고 채취된 우두의 보관이 제한적이라는 이유로 소에게서 채취된 우두를 글리세린을 이용해 보관하는 방식glycerinate calf lymph이 이용되었고, 이러한 방식은 1898년까지 미국뿐 아니라 국제적으로 통용되는 방식으로 자리 잡았다. 이 외에도 백신 접종 이후 나타나는 다양하고 복합적인 부작용 사례들은 백신의 안정성에 대한 불신을 키웠으며, 백신 접종을 강제하는 의무 접종에 대한 시민적 반감을 더욱 가중시켰다.[27]

그러나 무엇보다 19세기 후반에서 20세기 초반까지 활발하게 진행된 백신 접종 반대 운동은 백신 접종을 강제하는 법과 정책, 국가 주도의 의료화에 대한 저항이었다. 시민들에게 백신 접종을 강제하는 법은 주정부의 개인의 건강에 대한 의사결정권 침해로 인식되었다. 이 시기 백신 반대 운동을 연구한 마이클 윌라이치M. Willrich는 "국가 주도 의료"에 대한 적극적인 반대는 "교육, 가정생활, 개인적 믿음, 신체적 자율성, 그리고 표현의 자유 등의 영역에 있어 대폭 확장된 정부의 영향력에 대항하는 광대한 사회적, 문화적 투쟁의 일환이었다"라고 평가했다.[28] 윌라이치와 더불어 제임스 콜그로브는 19세기 후반에서 20세기 초 미국에서 활

---

27 미국에서 백신 농장의 발달에 대해서는 J. Esparza, S. Lederman, A. Nitsche & C. R. Damaso, "Early smallpox vaccine manufacturing in the United States: Introduction of the 'animal vaccine' in 1870, establishment of 'vaccine farms,' and the beginnings of the vaccine industry," *Vaccine* 38(30), 2020 참고; Willrich, *Pox*, pp. 185, 269.

28 Willrich, *Pox*, p. 252.

발하게 전개된 백신 반대 운동이 다양한 사회계층의 지지를 얻었음을 시사한다. 이들은 백신 반대 운동이 활발하게 전개된 정치적, 사회적, 과학적, 그리고 문화적 원동력에 대한 다양한 해석을 제시했는데, 두 학자 모두 백신 반대 운동의 동기나 원동력을 하나의 정치적, 사회적 또는 문화적 흐름 속에 귀속시키기는 매우 어렵다는 데에 동의한다. 백신 접종에 반대하는 다양한 조직 및 기관들이 만들어지는 가운데, 다채로운 전략과 광범위한 대응방식들이 도입되었기 때문이다. 중앙권력 중심의 사회개혁, 개인의 사적 영역에 대한 국가의 침해 등에 대한 거부감과 시민적 저항은 제국주의에 대한 반대, 동물 생체 해부 반대, 조세권에 대한 저항 등의 시민적 자유 및 인권에 관련된 광범위한 사회·문화 운동과 그 맥이 닿아 있었다. 윌라이치와 콜그로브의 연구에 의하면 이들은 신념과 전략 그리고 목표에 있어서 매우 다양한 성향을 가진, 하나의 집합적 성향으로 설명할 수 없는 그룹이었지만 반▷엘리트주의 및 강력한 자유주의적 사상을 표방했다는 공통점이 있었다.[29]

4. 19세기 우두 백신 접종정책과 백신 저항의 유산

19세기 많은 유럽 국가에서는 두창 유행의 효율적인 예방을 위해 전 국민을 대상으로 하는 국가 주도의 전방위적인 우두 백신 접종 의무화 정책을 실시했다. 이 시기에 북유럽, 서유럽, 아메리카 대륙의 많은

---

29 Willrich, *Pox*, pp. 252-254, 256-267, 270-272; Colgrove, "Science in a Democracy," pp. 172-173, 178-180, 182; Colgrove, *State of Immunity*, pp. 43-44.

나라가 국가적 차원에서 백신 접종을 장려했다. 19세기 유럽의 국가들과는 다르게 미국의 정치와 행정은 지방분권적인 특성을 가지고 있었고, 연방정부를 대신해 주정부에서 백신 관련 정책을 주도하기는 했지만, 미국의 대부분의 주에서도 우두 백신 의무 접종법을 도입했다. 미국의 경우 공립학교 입학생에게 우두 백신 접종을 의무화하는 방법을 통해 두창에 취약한 인구 집단인 아동의 사망률을 낮추려는 노력을 했다. 이러한 백신 접종 의무화는 보다 큰 공동체 단위에서 백신 접종을 확산하는 데 기여했다.

그러나 앞서 살펴본 바와 같이 19세기 후반기 의학적, 정치적, 문화적 측면의 다양한 이유로 인해 우두 백신 의무 접종법은 사회적 논란에 부딪히게 되었다. 19세기의 백신은 많은 기술적 문제점과 그에 따르는 안전 문제를 가지고 있었고, 백신 접종에 대한 불안도 높았다. 이러한 상황에서 백신 접종의 의무화 정책은 다양한 사회적 반향과 백신, 그리고 백신 정책에 대한 의구심과 불만을 가중시켰고, 질병 통제의 일환으로 전개된 개인의 신체에 대한 국가의 개입과 통제의 정당성에 대한 질문이 쏟아져 나왔다.

그렇다면 이러한 포괄적인 백신 접종 반대 운동은 결과적으로 백신 정책에 어떠한 변화를 일으켰는가? 백신 의무 접종 반대에 대응해 19세기 유럽의 국가들은 크게 두 가지의 변화를 도입했다. 면제 조항을 통해 개인의 자율권을 일부 인정하는 것, 그리고 백신 안전관리에 국가가 개입하는 것이었다. 우선 독일에서는 백신 접종과 관련된 안전성 문제를 해결하기 위해 접종시설의 편의와 안전성 개선, 검증된 백신 접종자만 백신 접종을 할 수 있도록 하는 규율을 제정(1887)했고, 동물 백신(1898)만 사용하도록 하는 등 백신의 종류에 대한 규제도 함께 실시했다.[30] 영국은 백신의 종류를 글리세린 동물 백신으로 제한하는 것과 함께 1898년 기존의 의무 접종법에 대한 의무 불이행자에 부과되는 벌금을 제한하고, 법적 절차에 따른 양심적 거부자conscientious objectors의 인정을 공식화하는 면제 조항을 도입했다.[31]

미국도 그 과정은 다르지만 유사한 변화를 겪었다. 미국에서는 백신 반대 운동의 결과로 주와 연방 차원의 두 가지 변화가 일어났다. 우선 19세기 말부터 미국에서는 주별로 면제 조항을 도입하려는 노력이 계속 이어졌다. 백신 접종 반대 단체의 지속적인 성장 속에 19세기 후반부터 20세기 초반에 강제법의 합법성에 대한 법정공방이 매사추세츠, 유타, 미네소타, 캘리포니아 등의 다양한 주에서 일어났다.[32] 이 영향으로 오늘날 미국의 모든 주에서 아동이 백신을 접종받기 어려운 의학적 상황이 생기는 경우, 의학적 사유에 의한 백신 접종 면제를 인정하고 있다. 의학적 면제만을 인정하는 캘리포니아, 버지니아, 미시시피를 제외한 주들에서는 종교적 또는 철학적 사유로 인한 백신 접종 면제도 인정을 하고 있다.[33]

한편, 20세기 초 미국의 연방정부는 백신과 관련해 새로운 역할을 담당하게 되었다. 백신 생산기관이 대체로 국영기관이거나 국가의 관리하에 놓여 있었던 유럽과는 달리, 미국에서는 20세기에 들어서기까지 백신의 생산과 유통이 민간 기업의 손에 맡겨져 있었다. 1901년에 백신 오염

---

30 Huerkamp, "The History of Smallpox Vaccination in Germany," pp. 629-630.

31 Durbach, *Bodily Matters*, pp. 176-180.

32 Willrich, *Pox*, pp. 247, 254-280.

33 "What is an Exemption and What Does it Mean?," Centers for Disease Control and Prevention vaccines site, 12 Oct. 2017. https://www.cdc.gov/vaccines/imz-managers/coverage/schoolvaxview/requirements/exemption.html#:~:text=All%20states%20and%20the%20District,for%20religious%20or%20philosophical%20reasons.

사건이 잇따라 발생하는데 이는 백신을 비롯한 생물학제제의 안정성에 대한 미국인들의 불안과 백신 반대, 백신 의무 접종법 반대 여론에 불을 지폈다. 이에 1902년에 위원회를 조직해 연방기관이 백신, 독소, 항독소, 면역 혈청과 같은 생물학제제의 생산과 유통, 제조업체의 면허를 관리할 수 있게 하는 법률^{The Biologics Control Act}이 국회에서 통과되었고, 1903년부터 발효되었다. 1822년 이래로 백신 문제에 전혀 관여하지 않았던 연방정부가 백신 생산과 품질 관리 문제에 적극적인 개입을 하게 된 것이다.[34]

이러한 직접적인 변화 이외에 앞서 소개한 미국의 면역정책을 연구한 콜그로브는 이 시기 의무 백신 접종에 대한 저항 운동은 강제의 실효성에 의문을 제기하고 국가가 새로운 전략을 모색하게 하는 좀 더 장기적인 유산을 남겼다고 설명한다. 백신 접종에 대한 광범위한 저항은 1920년대 이래로 강제^{compulsion}를 중심으로 하던 백신정책이 캠페인, 홍보, 대중교육 등을 주로 하는 설득^{persuasion}의 방식으로 전환하는 데 영향을 미쳤다는 것이다.[35]

18세기 초 백신의 전신인 인두법이 도입된 이래로 면역에 관계된 의료 기술을 둘러싼 공동체와 개인의 이해관계 사이의 긴장이 시작되었다. 19세기에는 우두법 보급을 위해 백신 의무 접종법이 도입되면서, 19세기 말 강제로라도 백신 접종률을 늘려 감염병의 유행으로부터 공동체를 지키고자 하는 국가와 백신 안전성이 확보되지 않은 상황에서 건강에 대한 자기결정권을 인정받고자 하는 개인의 이익이 충돌했다. 19세기 말

34 D. E. Lilienfeld, "The First Pharmacoepidemiologic Investigations: National Drug Safety Policy in the United States, 1901-1902," *Perspectives in Biology and Medicine* 51(2), 2008, pp. 193-195.

35 Colgrove, *State of Immunity*, pp. 80-112.

과 20세기 초 그리고 또 한 세기를 지나며 미국의 백신 정책과 백신 안전성 관리는 많은 진보를 거듭했다. 그럼에도 지난 몇 세기 동안 인두와 우두의 시대를 거쳐 등장한, 공동체의 면역 증대와 개인의 권리와 가치에 대한 존중 사이의 갈등은 21세기 우리 시대의 면역 정책을 만들어 가고 재정립하는 데에도 여전히 유효한 질문들을 던지고 있다. 기술적 진보와 안전성 관리 행정의 진화, 자유와 공동체 가치에 대한 문화적 해석의 변화, 그리고 신종 감염병의 위협이 함께하는, 지속적으로 변화하는 역사적 맥락 속에서 우리는 어떻게 과거보다 더 나은 면역 정책에 대한 사회적 합의에 도달할 수 있을까? 그 속에서 국가의 역할은 또한 어떻게 재정립될 수 있을까? COVID-19 팬데믹이라는 또 하나의 위기의 시대를 살아나가며 위와 같은 문제에 대한 더 많은, 그리고 장기적인 논의와 고민의 중요성에 대해 강조하지 않을 수 없다.

7장

무균 사회의 욕망과 한센병 통제 제도의 변화와 지속

김재형

인구 건강을 관리하기 위한 근대국가의 여러 보건의료제도 중 하나인 감염병을 통제하기 위한 방역은 환자뿐 아니라 개인의 삶에 매우 큰 영향을 미친다.[1] 국가의 방역 제도는 감염병 통제를 목적으로 검역, 접종, 격리 등 다양한 방역 조치를 제도화하고 실행하는데, 이러한 방역 조치의 핵심은 감염병의 원인이 되는 요인을 찾아내 억제하거나 제거하기 위해 병인인 바이러스나 박테리아 등을 통제하고 가능한 경우 이를 박멸하는 것이다. 이러한 근대 방역제도는 19세기 중반부터 20세기 중반까지 가장 강력한 의료 패러다임이었던 세균설Germ theory에 근거하고 있다. 세균설은 감염병이 기본적으로 하나의 숙주host로부터 다른 숙주로 박테

---

1   이 글은 『사회와 역사』 134(2022)에 실린 저자의 논문 「보건당국의 신체 및 사회에 대한 무균화 기획과 질병 낙인의 지속-한센병 사례를 중심으로」를 수정한 것이다.

리아 등 미생물이 전염됨으로써 발병한다는 단순한 메커니즘을 제시하는 병인론^etiology이다. 세균설은 곧 감염병에 대한 다른 여러 병인론을 모두 기각시키고 가장 강력한 의료 패러다임^paradigm으로 등극하였다.

세균설은 질병의 발생, 전파 메커니즘을 설명하는 데 힘을 발휘했을 뿐만 아니라 질병의 치료방식과 공중보건제도의 형성에도 큰 영향력을 끼쳤다. 감염병의 치료방법은 질병을 야기하는 체내의 세균을 제거하는 것에 집중되었으며, 세균을 죽이는 약제를 만드는 데 노력이 집중되었다. 세균설에 기반한 방역제도는 병인의 확산을 매개하는 곤충, 동물, 인간 등의 매개체를 통제하는 격리^quarantine or segregation제도로 이어진다. 즉 근대 방역제도는 세균설에 근거해 가용한 관심과 자원을 병인을 억제하거나 제거하기 위해, 그 매개체를 통제하는 데 집중하는 방식으로 발전해 온 것이다. 하지만 매개체가 인간인 경우, 병인을 담지한 환자나 보균자는 하나의 인격적 존재로서 병인을 전파시키는 매개체로 인식되어 감염병을 통제하기 위해 통제해야 할 존재로 전락하게 될 가능성이 커진다. 이러한 전략의 결과 환자의 몸은 일상생활과 사회적 역할에서 배제되는 등 비인격화를 경험하게 된다. 급성감염병의 경우 상대적으로 이러한 비인격화 기간이 짧지만, 병의 진행과 치료 기간이 긴 만성감염병의 경우에는 비인격화 기간이 장기화되거나 때로는 평생에 걸쳐 진행되기도 한다.

한센병은 이러한 환자의 몸을 둘러싼 국가의 감염병 통제 메커니즘을 명백히 잘 보여 주는 동시에, 그러한 감염병이 환자에게 어떻게 경험되는지 잘 보여 주는 사례이다. 국가는 한센병에 대한 방역을 위해 환자의 몸을 강력히 통제하는 방식으로 한센병 통제제도를 만들어 왔다. 이 논문에서는 먼저 한센병 통제정책과 제도가 시기적으로 어떻게 변화했는지를 역사적으로 살펴보고, 동시에 궁극적으로 병인을 '절멸^extiction'시킴으로써 질병을 통제하려는 기본 인식이 정책에 어떻게 남아 영향력을 발휘하는지, 그 결과 환자의 몸이 치료 이후 죽을 때까지 국가의 통제 대상으로 전락되는 과정을 한센병 지식과 제도의 변화, 환자 경험을 중심으로 살펴보고자 한다.

한센병에 대한 지식과 치료법이 아직 발전되지 않았던 일제강점기에 한센병 관리 제도는 환자 신체 내부의 균보다 환자의 몸을 직접 통제함으로써 이 질병을 통제하려 했다. 그 결과 (강제) 격리정책은 환자의 몸을 사회에서 배제하고 시설 안에서 통제하는 가장 적절한 시스템으로 인식되어 도입되고 강화되었다. 하지만 광복 이후 한센병에 대한 의학 지식과 치료법의 발전은 한센병의 통제 방식의 변화를 가져왔다. 치료제의 발전으로 신체 내부가 통제의 직접적인 공간이 되기 시작한 것이다. 다른 한편, 국가 보건의료제도가 발전함에 따라 사회 내의 잠복이나 은닉해 있는 질병의 매개자들을 색출할 수 있게 되었다. 이렇듯 국가가 신체 내부와 외부 모두에서 병균을 제거할 수 있는 체제를 구축하자, 역설적으로 환자들은 완치 이후에도 국가의 통제에서도 사회의 낙인과 차별에서도 벗어날 수 없는 처지가 되었다.

1. 일제강점기 한센병 통제 정책의 형성과 발전: 환자의 몸에 대한 직접 통제

1) 세균설의 부상과 격리제도의 확립

한센병은 역사가 오래된 질병으로 시기와 지역에 따라 병의 원인과

2부 국가 감염병 통제의 이상과 현실

치료에 대한 각기 다른 이론이 존재했다. 한센병이 병균에 의해 발생하는 전염병이라는 것은 노르웨이의 게르하르 한센^{G. A. Hansen}이 1873년 현미경으로 한센병균을 발견하면서 점차 합의된 과학적 지식이 되어 갔다. 그리고 세균학적 발견에 따라 병균의 매개체인 환자를 격리하는 방향으로 공중보건정책 역시 변화해 갔다. 1875년 노르웨이의 한센병 의료 총 책임자가 된 한센은 세균학과 역학적 자료를 근거로 한센병 환자를 병원에 격리시키는 법안을 제안했고, 그 결과 1877년 「가난한 한센병 환자 등을 위한 지원에 관한 법^{Act for the Maintenance for Poor Lepers, etc.}」을, 1885년에는 「나병환자 등을 고립시키는 법^{Act of the Isolation Lepers, etc.}」이 통과되어 한센병 환자의 격리가 제도화되었다.[2]

한센병이 환자를 매개로 병균에 의하여 전파되고 발병된다는 지식은 점차 서구 사회에 받아들여졌고, 이는 곧 인종주의와 결합하여 한센병에 걸린 유색인종이 순수한 유럽과 미국을 오염시킬 것이라는 생각과 결합했다.[3] 19세기 후반은 다양한 전염병이 유색인종을 통해 서구 사회를 공격할 것이라는 인종주의적 두려움이 팽배했으며, 이를 막기 위해 이민자들에 대한 검역 제도가 발전하던 시기였다.[4] 이에 한센병으로부터 유럽과 미국 등 소위 문명국을 보호하려는 목적으로 1897년 베를린에서 제1회 국제나회의^{International Leprosy Congress}가 개최되었고, 이곳에서 한센병은 병균에 의하여 발병되는 전염병이며, 이를 막기 위해서는 한센병 환

2　H. P. Lie, "Work in Norway," *Leprosy Review* 1(2), 1928, p. 10.

3　Z. Gussow, *Leprosy, Racism and Public Health*, Colorado: Westview Press, 1989.

4　A. M. Kraut, *Silent Travelers: Ger, Genes, and The "Immigrant Menace,"* Baltimore and London: The Johns Hopkins University Press, 1994; N. Tomes, *The Gospel of Germs*, Massachusetts: Harvard University Press, 1998.

자에 대한 격리정책이 필요하다는 권고안이 결의되었다.[5]

곧 전 세계적으로 한센병 통제를 위한 한센병 환자의 강제격리제도가 보편화되기 시작했고, 일본도 이러한 제도를 적극적으로 도입했다. 일본은 제1차 국제나회의가 개최된 지 2년 후인 1899년 국회에서 한센병 환자에 대한 단속이 논의되기 시작되었고, 결국 1907년 의회에서 「나예방법에 관한 건癩予防二関スル件」이 통과되면서 1909년부터 부랑 한센병 환자에 대한 강제격리가 시작되었다.[6] 일본의 영향을 받아 식민지 조선에서 부랑 한센병 환자에 대한 격리가 1916년 소록도자혜의원의 설립과 함께 시작되었다. 세균설에 근거한 공중보건정책의 제도화는 많은 것들을 변화시켰다.

일제에 의한 부랑 한센병 환자에 대한 단속과 격리는 조선 사회의 한센병의 병인에 대한 인식을 근본적으로 변화시켰다. 1610년 『동의보감』의 편찬 이후 조선에서의 한센병(당시 이름은 대풍창大風瘡)의 병인은 풍수風水, 전변轉變, 자불조섭自不調攝의 개념이 뒤섞인 채로 존재했다.[7] 자불조섭은 '자신을 잘 다스리지 못하는 것'을 의미했고, 풍수와 전변은 '미신'과 '전염'의 개념이 뒤섞인 것으로 '유전'의 개념과 비슷했다. 동의보감은 대풍창의 원인으로 "분묘가 있었던 터이거나 풍수가 좋지 못하거나, 부모나 부부나 가족에게 전염되거나, 밖에서 함부로 똥 더미 위에서 잠자리나 옷을 펴고 잤거나, 다리 위나 나무 밑에서 쉬거나, 운명으로 흉성凶星을 만

─── 5   S. S. Pandya, "The First International Leprosy Conference, Berlin, 1897: the politics of segregation," *História, ciências, saúde ─ Manguinhos* 10(1), 2003, pp. 161-177; A. Ki Che Leung, *Leprosy in China: A History*, New York: Columbia University Press, 2009.
   6   藤野豊 編, 『歷史のなかの「癩者」』, 東京: ゆみる出版, 1996.
   7   『東醫寶鑑』, 雜病編, 諸瘡, "大風之源, 有三種五死. 一種風水, 二種傳變, 三種者, 自不調攝."

난 것 등이 있다"고 묘사했다.[8] 이것은 풍수를 잘못 썼거나 금기를 위반했을 때 가족 내 감염이 발생한다는 것인데, 실제로는 선대로부터 후대로 전염(유전)된다고 생각했다.[9] 이러한 이유에서 조선 사회에서는 굳이 한센병 환자를 마을에서 추방하거나 따로 격리할 필요가 존재하지 않았다. 한센병에 대한 이러한 인식은 19세기 후반까지 이어졌다.

19세기 후반 조선에서 활동했던 서양 의사들 역시 한센병을 전염병이라고 인식하지 못했다. 1885년 제중원濟衆院(설립 당시 광혜원廣惠院)의 설립 이후 서양 의사에 의한 한센병 치료가 시작되었다. 당시 제중원을 운영했던 선교의인 호러스 알렌H. N. Allen과 존 헤런J. W. Heron은 한센병 환자를 일반 환자와 분리해 격리하지 않고, 같은 공간에 입원시키고 치료했다.[10] 1890년대까지 이들이 한센병의 전염성을 확신하지 못했기 때문이다. 실제로 알렌과 헤런은 1885년과 1886년의 보고서에 한센병을 전염병이 아닌 피부질환 범주에 넣어 기록했다. 심지어 엘런은 1885년 보고서에서 자신의 관찰에 따르면 한센병은 유전일 가능성이 있다고만 기록했다. 1890년대 조선에서 활동했던 다른 서양 의사들 역시 한센병이 유전병인지 전염병인지 확신하지 못했으며, 대다수 조선인은 한센병을 유전병이라 인식했기에 환자에 대한 격리나 추방은 존재하지 않았다고 보고했다.[11]

---

8 『東醫寶鑑』, 雜病編, 諸瘡, "或有墳墓居址風水不吉, 或父母夫妻家人遞相傳染, 或在外不謹糞坑房室床鋪衣被, 橋上樹下歇息, 去處命值委死凶星."

9 김재형, 『한센인의 격리제도와 낙인차별에 관한 연구』, 서울대학교 사회학과 박사학위 논문, 2019a, pp. 32-34.

10 H. N. Allen & J. W. Heron, 「First Annual Report of the Korean Government Hospital, Seoul(1886)」: H. N. Allen, 「Report on the Health of Seoul(Corea, 1885)」, 여인석 역, 『알렌의 의료보고서』, 역사공간, 2016.

11 J. Cantlie, *Report On The Conditions Under Which Leprosy Occurs In China, Indo-China, Malaya, The Archipelago, And Oceania: complied chiefly during 1894*, London: MacMillan and Co., 1897; 김재형, 「"부랑나환자" 문제를 둘러싼 조선총독부와 조선사회

하지만 20세기 초부터 세균설은 조선 사회에 당연한 것으로 여겨졌다.[12] 이는 세균설에 근거한 법제도가 일상생활에 영향을 미치기 시작했기 때문이다. 예를 들어 1915년 6월 5일 제정된 「전염병예방령(조선총독부제령 제2호)」 제10조는 급성전염병을 통제하기 위하여 "전염병의 병독에 오염되거나 오염이 의심되는 물건은 당해 이원의 허가를 받지 아니하면 사용·수수·이전·유기 또는 세척할 수 없"도록 했다. 그리고 1924년 개정된 「전염병예방령」 제8조 제2항은 "전염병 환자는 업태상 병독 전파의 우려가 있는 업무에 종사할 수 없"도록 해 환자를 경제생활에서 배제했다. 식민지 조선에서 세균설은 일본에 의하여 수입되었고 일본 본토보다 훨씬 강제적으로 제도화되고 시행되었다. 하지만 전반적인 사회경제적 요인의 상승 없는 급성전염병 중심의 강력한 위생행정의 결과, 식민지 조선에서 폐결핵과 같은 만성전염병의 유병률과 사망률은 매우 심각한 수준에 이르게 되었다.[13]

1917년 부랑 한센병 환자에 대한 단속과 격리가 시작되자, 한센병이 병균에 의해 전파되고 발병한다는 세균설에 근거한 지식과 인식이 조선 사회에 내면화되기 시작했다. 가장 큰 변화는 전근대 조선 사회에서 가족과 마을 공동체의 일원이었던 한센병 환자가 질병의 매개체로 인식되며 위험한 집단으로 낙인찍힌 것이다.[14] 한번 위험한 집단으로 낙인찍

의 경쟁과 협력」, 『민주주의와 인권』 19(1), 2019b, p. 130.

12 신동원, 『호환 마마 천연두: 병의 일상 개념사』, 돌베개, 2013; 박윤재, 「19세기 말-20세기 초 병인론의 전환론과 도시위생」, 『도시연구』 18, 2017, pp. 7-30.

13 신동원, 「세균설과 식민지 근대성 비판」, 『역사비평』 58, 2002.

14 정근식, 「한국에서 근대적 나(癩)구료의 형성」, 『보건과 사회과학』 1(1), 1997a, pp. 1-30; 정근식, 「식민지적 근대와 신체의 정치」, 『사회와 역사』 51, 1997b, pp. 211-265; 김재형, 「"부랑나환자" 문제를 둘러싼 조선총독부와 조선사회의 경쟁과 협력」, 『민주주의와 인권』 19(1), 2019b, pp. 123-161.

힌 한센병 환자들은 식민지기 내내 집과 공동체에서 추방당해 부랑을 시작하거나, 자살하거나, 혹은 살해당하기 시작했다.[15] 더 나아가 1920년대 중반부터 조선인과 일본인 사회는 모두 부랑하는 한센병 환자를 위생뿐만 아니라 치안의 문제로 여기며 도시에서 추방하거나 강제격리시킬 것을 조선총독부에 요구하기 시작했다.[16] 즉 질병에 대한 세균 환원주의적 태도는 이 질병을 일으킨 사회경제적 요인 등을 치료와 공중보건정책에 있어 비가시화했고, 그 결과 환자들은 병균의 매개체로 전락하여 제도 및 사회적으로 철저히 배제되었다.

2) 환자 몸에 대한 직접 통제

세균설은 의료적으로 한센병에 대한 진단과 치료, 완치 기준을 변화시켰다. 전근대 조선에서 한센병의 진단은 관찰에 의한 임상적 증상의 유무로 판단되었지만, 근대 의학의 도입으로 인해 현미경에 의한 세균 검출 방식이 점차 중요해지기 시작했다. 근대 의학은 한센병 치료에서도 병균에 초점을 맞추기 시작했다. 전근대에는 환자의 증상을 경감시키거나 없애는 것이 치료의 목적이었다면, 근대 의학은 신체 내부에 있는 병균 제거를 최종 목표로 삼았다. 신체 내부에 있는 병균의 제거를 위해 대풍자유 혼합제가 1900년대 초에 개발되어 상용화되었고, 1916년경부터 조선에 수입되어 사용되기 시작했다.[17] 대풍자유 혼합제의 사용으로 인

---

15 김재형, 「식민지기 한센병 환자를 둘러싼 죽음과 생존」, 『의사학』 28(2), 2019c, pp. 469-508.

16 김재형, 「"부랑나환자" 문제를 둘러싼 조선총독부와 조선사회의 경쟁과 협력」, 2019b, pp. 123-161.

하여 서양나병원과 소록도자혜의원 모두에서 중증 한센병 환자의 사망률이 급격히 감소했으며, 증상이 완화되고 초기 환자의 경우 완치되기도 했다. 하지만 대풍자유 혼합제의 치료제로서 효과에 대한 평가에서는 서양나병원과 소록도자혜의원 사이에 차이가 있었다. 임상적 증상의 감소나 소실을 완치 기준으로 삼았던 서양 나병원에서는 치료제의 효과가 좋은 것으로 보고했고 완치자도 많이 나왔다.[18] 완치되어 퇴원한 사람들은 서양 나병원 인근에 마을을 만들어 생계를 꾸리고 살면서 주기적으로 나병원에서 치료를 받았다. 반대로 세균의 유무를 완치 기준으로 삼았던 소록도에서는 완치자가 거의 발생하지 않게 되었고 퇴원자도 극히 드물어졌다. 즉 치료제의 발전에도 불구하고 세균의 유무에 근거한 완치 기준은 오히려 한센병을 치료 불가능한 질병으로 인식하게 만든 것이다.[19]

대풍자유 혼합제가 조선에 도입된 직후 언론은 완치된 한센병 환자를 소개하며 곧 한센병은 치료 가능해질 것이라는 내용의 낙관적인 기사를 보도했다.[20] 하지만 1920년대 중반 이후로는 한센병의 치료 가능성에 관한 기사는 더는 소개되지 않았다. 서양나병원에서 많은 환자가 완치 판정을 받고 퇴원하고 있었으며, 더 많은 환자가 치료로 인하여 상당한 효과를 보고 있었다는 것은 기사에 등장하지 않았다. 즉 한센병은 대풍자유 혼합제로 관리 가능한 만성병이라는 사실은 알려지지 않았고, 대

— 17 김재형, 「한센병 치료제의 발전과 한센인 강제격리정책의 변화」, 『의료사회사연구』 3, 2019d, pp. 5-40.

18 R. M. Wilson & T. I. Kang, "Statistical data of 709 Korean cases of leprosy," *International Journal of Leprosy* 2(4), 1934, pp. 447-451.

19 김재형, 「한센병 치료제의 발전과 한센인 강제격리정책의 변화」, 2019d, pp. 5-40.

20 「나병환자 오인 전치」, 『동아일보』, 1923.08.03.; 「나병전치자 삼인」, 『동아일보』, 1923. 09. 18.; 「나병전치 양인 퇴원」, 『동아일보』, 1923. 11. 17.; 「나병환자 전유」, 『매일신보』, 1924. 06. 06.

신 언론에서 한센병은 점차 "치료 불가능한 질병", "천형병" 등 치료가 불가능한 질병으로 묘사되었다. 이에 치료 불가능한 한센병 환자를 도시에서 추방하고 시설에 격리해야 한다는 주장이 사회적으로 만연해졌다.

한센병 환자에 대한 사회적 낙인과 차별은 다시 격리제도를 강화하는 데 중요한 역할을 했다. 조선총독부는 한센병 환자를 처리하라는 사회적 요구를 받아들여 소록도 격리시설을 확장하고 수용 환자 수를 늘렸으며, 1934년 「조선나예방령」의 제정으로 모든 환자를 격리 대상으로 삼았다. 하지만 더욱 강화된 격리 조치에도 불구하고 더불어 강화된 낙인과 차별로 환자들이 더욱 숨어들게 되자, 한센병은 더욱 확산했고 식민지 조선 초 2만 명으로 추정되던 한센병 환자 수는 광복 직후 4만에서 5만 명으로 증가했다. 결국 한센병균의 통제에만 초점을 맞춘 근대 한센병의 방역제도는 낙인과 차별을 강화시켜 오히려 질병을 확산시키는 결과를 가져온 것이다.

2. 광복 이후 한센병 통제 정책의 변화: 신체 내부의 균 제거

일제강점기 대풍자유 혼합제제로 인하여 서양나병원에서는 만성병으로서 관리 가능했던 한센병은 소록도에서는 세균의 유무로 완치 기준을 설정함으로써 한센병을 치료 불가능한 질병으로 만들었고, 이는 다시 한센병 환자에 대한 낙인과 차별을 강화했으며 강제격리를 강고하게 만들었다. 이는 한센병이라는 만성전염병의 예방과 치료, 완치에 있어 다양한 의료적, 사회경제적 요인을 무시하고 세균의 제거에 공중보건 정책이 초점을 맞추었기 때문이었다. 이러한 상황은 광복 이후에 더욱 효과적인 새로운 치료제가 등장하면서 변화의 계기를 맞이하게 되었다. 1937년 미국 루이지애나주의 카빌 국립 한센병 요양소에 근무하던 패짓 G. Paget 박사가 새로운 한센병 치료제 디디에스 DDS: Diaminodphenly Sulfone 의 유도제인 프로민 Promin 을 만들어 환자 치료에 사용하기 시작했다. 1940년대 프로민은 한센병 치료에 탁월한 효과가 있다는 것을 인정받았고, 1948년 쿠바에서 열린 제5차 국제나회의에서 표준 치료제로 인정받았다.[21]

프로민은 1946년 미군정의 나병 근절 자문관이었던 윌슨 R. M. Wilson 에 의하여 남한에 들어왔고, 이후 다양한 디디에스제가 남한에 들어와 한센병 치료에 사용되었다.[22] 디디에스제는 이후 부작용은 줄어들고 효과는 더 뛰어난 새로운 약제들로 개발되었다. 이 중 가격이 매우 저렴하고, 효과는 훨씬 뛰어나며, 경구용이었기에 복용이 간편한 댑손 Dapsone 제가 세계적으로 점차 주요 치료제로서 자리를 잡아 갔다.[23] 댑손제는 1951년 한국에 도입되었고 1953년에는 전국적으로 사용되기 시작되었다.[24] 디디에스제는 곧 그 효과가 인정되었고, 그 결과 1959년에 이르러 정부는 한센병이 완치된다고 선언 했다.[25] 이는 곧 「전염병예방법」의 개정으로 이어졌다. 1963년 개정된 「전염병예방법」에서 3종 전염병이지만 1종 전염병과 동일하게 한센병 환자에 대해서도 강제격리를 명시한 조항이 삭제

21 J. Parascandola, "Miracle at Carville: The Introduction of Sulfones for the Treatment of Leprosy," *Pharm. Hist* 40, 1998, pp. 59-66.
22 「나병치료약품을 각 요양소에 배당」, 『공업신문』, 1948. 01. 27.; 「나병치료약품 각지 요양소에 배당」, 『대한일보』, 1948. 01. 27.; 「나병특효약 프로민 입하」; 「나병환자에 복음, 미국서 약품 입하」, 『독립신보』, 1948. 01. 27.; 「나병치료약 입하」, 『현대일보』, 1948. 01. 27.; 「나병환자 복음 명약 푸로민 입하」, 『한성일보』, 1948. 01. 28.
23 R. H. Gelber & Jacques Grosset, "The chemotherapy of leprosy: An interpretive history," *Leprosy Review* 83, 2012, pp. 221-240.
24 갱생원, 『갱생원연보』, 1955; 대한나관리협회, 『한국나병사』, 1988, 151쪽.
25 「나병은 완치할 수 있다: DDS로 치료사업전개중」, 『의사시보』, 1959. 06. 29.

된 것이다. 이는 새로운 디디에스제로 인하여 국가의 한센병 정책에 큰 변화가 있었다는 것을 의미한다.[26] 소록도병원에서 일정 기간 여러 번 시행한 세균 검사에서 모두 음성으로 판정되면 '치유'된 것으로 보고 퇴원이 가능해진 것이다. 하지만 모든 치유된 환자들이 퇴원할 수 있는 것은 아니었고 균음성 판정을 받은 이들 가운데 노동 능력이 있고 외모에 큰 변형이 없는 자들만 퇴원이 허락되었다.

이러한 이유에서 세균 검사는 매우 중요한 의미가 있다. 왜냐하면, 세균 검사를 통해 한센병균이 검출되면 그 사람은 법적으로 한센병 환자가 되어 국가의 통제 대상이 되는 데다가, 다양한 형태의 낙인과 차별, 그리고 격리의 대상이 되기 때문이었다. 더군다나 세균 검사는 확진뿐만 아니라 병형 분류, 전염성 판정, 환자의 예후판정, 치료 효과 판정 및 병의 예방에 중요한 판단 기준이 되었다.[27] 당시 가장 많이 사용된 세균 검사법은 웨이드법이었다.[28] 하지만 이 검사는 정확성에 있어 한계를 갖고 있었다. 첫째, 세균 검사법은 숙련도에 따라 그 결과가 다르게 나올 가능성이 컸다. 한센병 환자 임상검사사원이었던 유상현 씨가 1963년 10월 『서광Vision』지에 쓴 글에 따르면 세균 검사는 검사 부위에 따라 결과가 달라질 수 있었다.[29] 양성 환자는 대부분 눈썹과 귀의 피부에서 균이 검출되지만, 가끔은 양성임에도 불구하고 다른 부위에서 균이 검출되기도 한다는 것이었다. 또 다른 어려움은 세균 검사 과정에서 피부조직을 염색하

— 26 김재형, 「한센병 치료제의 발전과 한센인 강제격리정책의 변화」, 『의료사회사연구』 3, 2019d, 5-40쪽.
27 정민, 「"한센"씨병 이란 어떠한 것인가?: (2) 세균학적 검사」, 『서광(Vision)』 1(2), 1963, 4쪽.
28 웨이드법 외에 절단법, 천공법, 절단 압천법 등의 방법이 있었으나 거의 다 사라지고 1950년대 이후에는 웨이드법만 유일하게 남았다.
29 유상현, 「나병과 세균 검사」, 『서광(Vision)』 1(5), 1963, 15쪽.

는데, 이 염색 과정이 미숙할 경우 검사 결과가 달라질 수 있다는 것이었다. 마지막 어려움은 현미경으로 피부조직을 세밀하게 관찰하지 않을 경우 균을 발견하지 못할 가능성이 있다는 것이었다. 즉 세균 검사는 검사자의 숙련도에 따라 양성환자를 놓칠 가능성이 있었다.

더 어려운 문제는 세균 검사에서 일정 기간 균이 검출되지 않은 것을 어떻게 해석하느냐였다. 일반적으로 한센병균이 가장 많이 검출되는 곳은 병변이 발생한 피부나 콧구멍, 귀 등이었고 장기나 체내에서는 검출이 잘 안 되기 때문에 피부를 중심으로 세균 검사를 진행했다. 하지만 의사들은 검사하지 않는 곳에 한센병균이 존재할 가능성을 의심했다. 이렇게 신체 어딘가에 살아남아 있을지 모르는 균을 유존균persisting germ이라 불렀다. 그리고 국가와 의료전문가에게 유존균의 존재 가능성은 음성 판정을 받아 퇴원한 환자가 사회에서 재발relapse할 가능성이 있다는 것을 의미했고, 이들에 대한 통제를 중단했을 경우 어디선가 재발한 환자가 병을 전염시킬 사회적 위험risk을 의미했다.

1960년대 한국의 한센병 연구자들은 세균 검사에서 음성 판정을 받고 퇴원하는 환자들이 사회에서 발생시킬지도 모르는 위험을 최대한 줄이기 위해 새로운 세균 검사법 만들기 위해 노력했다. 한국의 대표적인 한센병 학자인 유준 교수는 1960년 논문을 통해서 기존의 웨이드법보다 월등하게 나은 트립신 소화법을 개발했다고 소개했다.[30] 하지만 국제학회지에도 소개된 유준의 트립신 소화법은 이후에 대중화되지 않은 것으로 보인다. 한편 또 다른 한센병 학자인 최시룡 교수는 1940년대 일본인

---

30 유준·정민, 「"트립신" 소화법에 의한 나의 조기진단과 조기증상의 재검토」, 『나학회지』 1(1), 1960, 53-61쪽.

들에게 개발된 흉골골수천자법이 웨이드법보다 세균 검출률이 더 낮다는 연구 결과에 근거해 소록도에서 환자들을 대상으로 흉골골수천자법을 시험했다. 최시룡은 이 연구를 바탕으로 흉골골수천자법이 다른 검사법에 비해 결과가 탁월하며 특히 신경나와 반문나에서 더 그렇다는 내용의 논문을 발표했다.[31] 이렇듯 더 나은 세균 검사법의 개발이 시도되었지만 웨이드법보다 더 나은 세균 검사법은 개발되지 못했다.

하지만 1960년대에는 신체 내 유존균의 존재는 가능성일 뿐이었고 아직 유존균은 증명되지 않았다. 하지만 이 가능성에 근거해서 세균 검사에서 음성판정을 받은 환자들이 사회에서 발생시킬 위험을 관리할 필요가 제기되었고, 이들을 지칭하는 '음성나환자(음성치유자)'라는 새로운 용어가 만들어졌다. 한국에서 음성나환자라는 개념은 일제강점기의 소록도나 서양나병원에서는 존재하지 않았다. 광복 이후에 소록도에서는 1958년경까지 세균 검사에서 세균이 발견되지 않는 사람을 '음성자'라고 호칭하여 별도로 기록했으나, 이 용어는 아직 치료가 완료되었다거나 전염성이 사라진 것을 의미하지는 않았다.[32] 소록도에서는 1957년부터 새로운 환자 분류가 등장하는데, 전염성을 기준으로 "개방성 환자open patient"와 "폐쇄성 환자closed patient"로 구분하기 시작했다.[33] 즉 1957년경부터 세균

---

31 최시룡, 「흉골골수천자에 의한 나의 진단」, 『대한나학회지』 2(1), 1963, 57-69쪽. 최시룡의 흉골골수천자를 이용한 나균 검출 방법은 심각한 인권침해 문제가 있는 것이었다. 흉골골수천자란 환자의 앞가슴 중앙을 국소마취 시키고 앞가슴 연골을 뭉툭한 드릴로 뚫은 뒤 골수를 채취하여 검사하는 방법으로, 이 방법은 환자에게 상당히 공포스럽고 고통스러운 것이었고, 큰 상처와 피해를 입히는 방식이었다. 환자들의 여러 증언에 의하면 허약한 환자들에게 후유증이 매우 컸고, 그 부담을 이기지 못하고 사망에 이른 환자도 있었다고 한다.
32 국립소록도갱생원, 『소록도 갱생원 연보』, 1958, 17쪽.
33 소록도갱생원, 『연보』, 1957, 29쪽.

의 유무로 환자의 전염성 여부를 구분하였고, 1960년대에 들어서면 비전염성환자는 음성나환자로 지칭되기 시작했다.

음성나환자는 시설에서 퇴원할 수 있는 자격을 받게 되었다. 1963년 전염병예방법에서 "라병"환자에 대한 강제격리조항이 사라지고, 개정된 전염병예방법에 근거하여 1964년에 개최된 나병관리협의회에서는 "치유자"에 대한 퇴원 조치를 결정했다.[34] 그러나 모든 음성나환자가 퇴원할 수 있었던 것은 아니다. 음성 판정을 받았다 하더라도 장애가 심해 노동력을 상실했거나, 외모의 변형이 너무 심해 타인에게 혐오감을 줄 가능성이 있거나, 또는 돌아갈 곳이 없어 부랑할 가능성이 있는 이들은 퇴원할 수 없었다. 1984년도 보건사회부의 「나병관리사업지침」에 따르면 퇴원 대상은 "나균 검사 결과 계속 3년 이상 음성으로 판정된 자 중에서 나병의 전염 우려가 없으며 신체적, 경제적으로 능히 재활할 수 있다고 원장이 인정하는 자"로 규정되어 있다.[35]

하지만 퇴원이 결정된 음성나환자들이라 할지라도 바로 사회로 복귀할 수 있는 것은 아니었다. 여전히 사회적 낙인과 차별이 강했기에 정부는 '음성나환자촌'을 만들어 이들을 정착시켰다. 그리고 이 정착마을에 거주하게 된 음성나환자는 환자로 등록되어 국가의 관리를 받게 되었다. 정착마을이 위치한 관할 지역의 보건소는 나이동진료반의 협조를 받아 모든 음성나환자를 등록하였고 나관리지침에 의거해 규칙적으로 치료했다. 또 보건소는 음성나환자에게 연 1회 이상의 세균 검사를 포함한 검진을 실시했는데, 이 검사의 목적은 재발환자와 디디에스 저항환자를

---

34 국립소록도병원, 『한센병 그리고 백년의 성찰: 의료편』, 2017, 98쪽.

35 보건사회부, 『나병관리사업지침』, 1984, 25쪽.

발견하는 것에 있었다.[36] 만약 음성나환자가 이러한 치료나 검사에 참여하지 않을 경우에는 면보건요원(또는 나이동진료반)이 직접 가정을 방문하여 투약하도록 하고, 다음 치료일에는 반드시 참석하도록 권유했다. 또 음성나환자 중 3개월 이상 치료일에 참석을 하지 않을 때에는 나이동진료반장 또는 보건소장이 직접 방문하여 세밀한 검진과 세균 검사를 실시했다. 또 음성나환자가 다른 지역으로 이주했을 때에는 이장 및 동장의 협조를 얻어 전출지를 확인한 후 전출지 보건소에 통보하여 계속 관리하도록 했다.

국가의 등록 및 관리 정책, 그리고 통계 사업을 보면 정부는 환자 관리에 있어 양성환자와 음성나환자를 크게 구분하지 않았다. 이미 전염성이 사라진 음성나환자도 양성환자와 같이 지속적으로 치료하고 디디에스제를 복용하도록 했으며, 더 나아가 재발 환자를 찾기 위하여 주기적으로 세균 검사를 실시한 것이다. 이러한 상황들을 보았을 때 국가와 의료전문가들은 공식적으로는 한센병은 치료 가능한 질병이라고 선언했지만, 실제로는 한센병의 완치 가능성을 확신하지 못하고 세균 검사에서 음성 판정을 받은 이들을 재발과 전염의 위험이 있는 집단으로 간주하고 통제했다. 세계보건기구(이하 WHO)는 '비활동성 치유자'의 퇴록을 권고했는데, 이에 따라 1973년 「나병관리사업지침」에는 비활동성 치유자의 판정 기준에 근거해 퇴록심의위원회의 자문을 받아 기준에 맞는 음성나환자들은 퇴록하도록 했다.[37] 하지만 실제로 퇴록된 음성나환자들은 거의 없었다. WHO의 비활동성 판정 기준은 다음과 같다.

---

36 보건사회부, 『나병관리사업지침』, 1973, 62쪽.
37 보건사회부, 『나병관리사업지침』, 1973, 11쪽.

표 6 비활동성 판정 기준(WHO 기준)

병형별	기준
결핵양형나	병 진행 중지 및 세균 음성이 계속 1년 6개월 이상인 자
부정군나	병 진행 중지 및 세균 음성이 계속 3년 이상인 자
나종형나	병 진행 중지 및 세균 음성이 계속 10년 이상인 자
중간군나	병 진행 중지 및 세균 음성이 계속 10년 이상인 자

출처: 보건사회부, 『나병관리사업지침』 1973, 12쪽.

치료가 완료된 후 일정 기간 병균이 더는 검출되지 않은 이들을 음성나환자로 호칭하고 이들을 음성나환자 정착마을에 이주시켜 계속 관리하고 통제한 것은 이들에 대한 사회적 낙인과 차별을 지속하는 결과를 낳았다. 언론에서도 증상과 전염성이 이미 사라진 이들을 그대로 음성나환자라고 지칭함으로써 일반인들이 이미 환자가 아닌 이들을 여전히 전염성이 있는 환자로 인식하도록 만들었다. 또한 이들이 모여 사는 정착마을 역시 '음성나환자촌'이라 호칭함으로써 사회에서 이 마을은 전염성이 있는 환자들이 모여 사는 사회적으로 위험한 곳이라 여기도록 했다. 국가는 세균 검사의 한계에서 비롯된 유존균의 존재 가능성과 이로 인한 재발의 위험을 통제하기 위한 부담을 음성나환자에게 지운 것이다. 그 결과 한센인에 대한 낙인과 차별은 지속되었고 심지어 지금까지도 사회에서는 이들을 여전히 환자로 부르고 있다.

3. 보건 역량의 증가와 사회 속 병균 색출: 신환자 발견 사업

한센인에 대한 낙인과 차별이 오랫동안 지속된 데에는 단순히 음성나환자, 음성나환자촌이라는 명칭에만 원인이 있는 것이 아니었다. 음성나환자 등에 대한 사회의 부정적 시각을 강화하고 유지하는 데에는 정부의 등록제도와 신환자 발견 사업이 중요한 역할을 했다. 디디에스제의 탁월한 효과가 증명되어 점차 양성환자가 감소하고 음성환자가 증가하자 정부는 본격적으로 사회에서 한센병을 박멸할 계획을 세우기 시작했다. 한센병을 박멸하기 위해서는 먼저 얼마나 많은 환자가 있는지를 추정하고 이 추정치에 맞게 환자를 찾는 것이 필요했다. 하지만 한센병의 특성상 병이 느리게 진행되어 초기 환자를 발견하기 힘든 데다가, 이 질병에 대한 사회적 낙인과 차별이 강고했다. 따라서 환자가 자신의 병을 인지하더라도 드러내는 것을 주저하거나 적극적으로 감추기 때문에 정확한 환자 수를 추정하는 것은 어려운 일이었다. 그러므로 드러나지 않은 '잠복 환자' 또는 '은닉 환자' 수를 추정하는 작업은 일제강점기부터 이루어졌다. 하지만 이러한 추정 작업은 정확한 통계방법론에 의해 이루어진 것이 아니라 '감'이나 비슷한 한센병 유병률의 외국의 추산치와 비교로 이루어졌다. 그렇기에 추산치는 학자마다 크게 달랐다.

정부는 1961년 8월 8일 필리핀의 마닐라에서, 그리고 같은 해 9월 14일에는 한국의 서울에서 WHO 및 국제아동보호기금회UNICEF와 한국 나관리협정을 체결했다.[38] 이 나관리협정에 근거해 같은 해 11월에 WHO 고문관 트라프만Trappmann이 국내에 파견되었다. 그리고 1963년 보건사회부는 트라프만의 협조로 한국 내 한센병 환자를 추산하기 위한 전 단계로 경북 월성군에 대한 일제 검진 및 표본 조사를 실시했다. 이를 위해 보건사회부는 다시 WHO와 UNICEF와 추가 협정을 하고 정부 이동진료반을 위한 차량과 소요 기재, 약품 등의 구입에 들어가는 1만 3천 달러를

---

38 대한나관리협회, 『한국나병사』, 1988, 213-217쪽.

지원받았다. 그리고 1964년에도 다시 추가 협정을 통해 추가적인 지원을 받았다.[39] 보건사회부가 월성군을 표본 조사 지역으로 결정한 것은 이 지역이 한센병 유병률이 높은 데다가, 도시와 농촌이 적절히 섞인 지역이었기 때문이었다.

당시 월성군 주민 189,995명(남 94,498명, 여 95,497명)을 검진하기 위하여 각 면별 이장 및 반장 회의를 통해 거주자 명부를 작성하였고, 검진 시에는 이장과 반장이 입회하여 검진 대상자를 확인했다. 일제 검진은 1963년 4월에 시작하여 1965년 12월까지 2년 8개월이 걸렸는데, 총 대상 인원의 95.3%에 달하는 181,084명이 검진됐다. 검진 결과 '미지환자' 375명이 발견되었는데, 검진 인원 대비 미지환자 발견율은 2.07%였다. 또 미지환자 375명 중 양성환자는 60명(16%), 음성환자는 315명(84%)이었다.[40]

월성군 검진 결과에 근거해 WHO 고문관 트라프만과 보건사회부는 1966년 현재 한국의 한센병 유병률은 0.2%이며 약 80,000명의 한센병 환자가 있는 것으로 추산했다.[41] 이후 이 80,000명이라는 한센병 환자 추산 수는 한센병 관리 사업에 있어 매우 중요한 기준이 되었다. 1966년 한국에는 약 30,000명의 한센병 환자가 등록되어 있었는데, 전국적인 추산 환자 수가 약 8만 명이었기에 잠복 및 은닉 환자 수는 50,000명에 달하는 것으로 추정되었다. 때문에 정부의 사업목표는 여전히 한센병을 확산시키고 있는 이들 40,000명이 넘는 잠복 및 은닉 환자, 즉 신환자를 발견하는 것이었다. 보건사회부는 매년 약 3,000명의 신환자 발견을 목표로 삼

39 대한나관리협회, 『한국나병사』, 1988, 217-219쪽.
40 대한나관리협회, 『한국나병사』, 1988, 218-219쪽.
41 Dharmendra, 『한국 나 관리 사업 보고서(*Report on Leprosy Control Project in Korea*)』, 보건사회부, 1966.

고, 각 지역 담당자에게 신환자 발견을 할당했다.[42]

보건 제도를 통해서 신환자를 발견하는 방법은 두 가지가 있었는데, 첫 번째 방법은 일반 보건의료망을 통해서 환자를 발견하는 것으로 피부과 등에 진찰을 받으러 온 사람 중 의심환자를 검사하는 것이었다. 하지만 이러한 방법으로 신환자를 찾는 것은 효과적이지 않았던 것으로 보인다. 두 번째 방법은 '나이동진료반'을 통해 신환자를 발견하는 것이었다. 나이동진료반은 재가 환자 치료와 지역 사회에 대한 한센병 보건교육을 목적으로 1956년 정부에서 해외원조자금을 사용하여 경상북도에 설치했다.[43] 이후 정부는 1958년 경상남도에도 나이동진료반을 설치했고, 1966년 1월부터는 WHO와 UNICEF, 말타기사회, 독일구라협회의 지원으로 나이동진료반을 기존의 2개에서 9개로 증설하여 전라남도, 전라북도, 충청남도, 충청북도와 한센병의 유병률이 높은 지역을 담당하도록했다. 한편 민간에서는 천주교구라회의 스위니[R. P. Sweeney] 신부가 1956년에, 그리고 대영구라회의 로이드[Lloyd] 선교사가 1959년에 각각 민간 나이동진료반을 경상북도에 설치했다.

1966년 한국에 부임한 WHO 고문관 다멘드라[Dharmendra]는 한국의 한센병 시찰을 마치고 당시 정부의 나이동진료반 9개와 민간의 나이동진료반 3개를 합쳐 총 11개가 있다고 밝혔다. 그리고 이들 나이동진료반이 앞으로 5년 내 미발견 환자의 약 60%를 발견할 것으로 기대했다. 각 이동진료반은 의사 1명, 세균 검사원 2명, 간호사 1명, 운전사 1명, 자동차 1대로 구성되었다.[44]

42　이학송(대한나병협회 회장), 「대한나병협회의 나갈 길」, 『나병관리세미나자료』, 보건사회부, 1970, 135-142쪽.

43　오중근 · 유준, 「한국 나병의 관리 및 추세」, 『대한나학회지』 7(1), 1970.

하지만 정부의 신환자 발견 사업은 기대와 달리 몇 가지 문제를 안고 있었다. 1970년 보건사회부 주최로 한센병 관련 공무원과 의사, 한센병 시설 원장, WHO 고문관, 외원 단체장 등이 모인 '나병 관리 세미나'에서는 정부의 한센병 관리 사업을 점검하고 개선 방안을 논의하는 과정에서 신환자 발견사업의 여러 문제가 지적되었다.[45] 월성군 사업이 끝난 후 한국의 한센병 관리 사업은 다음과 같이 이루어졌다. 첫째, 제2차 경제 개발 5개년 사업의 일환으로 나음성환자의 사회복귀를 위한 정착 사업으로 5개 국립 한센병 병원 중 3곳을 폐쇄하고 이를 정착마을로 변환시켰다. 둘째, 정부에서 운영하는 9개 나이동진료반을 자치단체에 이관하고 직접 관리하도록 했다. 그리고 1967년 5월부터 전국 102개 보건소에 나병관리요원을 배치하여 등록환자를 관리하고 신환자 발견사업에 힘쓰게 했다.[46]

이 세미나에서 WHO 한센병 고문관인 노시토[F. Noussitou] 박사는 보건소와 이동진료 사업을 통한 신환자 발견 사업에 여러 문제가 있다고 지적했다.[47] 먼저 보건사회부에서 책정된 한센병 관리 예산 중 80%가 여전히 한센병 시설에 사용되고 단지 20%만이 시설 바깥의 등록환자들을 치료하고 36,000명으로 추산되는 잠복 및 은닉 환자를 발견하는 데 배당되고 있다는 것이 지적됐다.[48] 그 결과 월성군의 사례에서 단 한 명의 담당

---

44 Dharmendra, 『한국 나 관리 사업 보고서』, 1966.
45 보건사회부, 「정부나병관리 사업현황」, 『나병관리세미나자료』, 1970, 1-10쪽.
46 1980년대 중반 이후 정부 나이동진료반은 모두 대한나관리협회로 이관되었다. 1988년 대한나관리협회에서 담당하는 14개반과 민간단체에서 담당하는 10개반, 총 24개의 나이동진료반이 운영되었다.
47 F. M. Noussitou, "Analysis of present organization, allocation of resources and operational achievements of the Leprosy Control Programme in Korea," 『나병관리세미나자료』, 보건사회부, 1970, 45-51쪽.

자가 200,252명의 인구가 사는 146개 리에 흩어진 473명의 환자를 담당
하고 있었다. 이 한 명이 이 지역에서 주기적으로 등록 환자들을 관리하
고 검진하며, 세균 검사를 실시하고, 그 결과를 매달과 분기별로 보고해
야만 했고, 동시에 정착마을 관리도 해야만 했다. 당시 WHO 기준으로
한 명의 담당자는 20,000명에서 50,000명의 주민이 있는 지역에서 200-
250명의 환자를 담당하는 것이었는데, 이 기준에 비교하면 한국은 2배가
량의 환자를 한 명이 담당하고 있는 것이었다. 또한 이동진료팀의 구성
원에 대한 교육도 불충분하기 때문에 피부 및 신경학적 검사조차 제대로
실시되지 않는 것도 지적되었다.

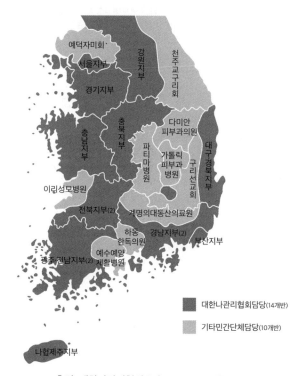

출처: 대한나관리협회, 『연보』 1988, 58쪽.

이렇듯 예산도 인력도 충분하지 않은 상황이었기에 목표한 신환자 발견은 달성하기 어려울 수밖에 없었다. 정부는 연간 3,000명의 신환자 발견을 목표로 하고 있었으나 1970년 1월부터 8월까지 발견된 신환자 수는 990명에 불과했다.[49] 예산과 인력이 부족한 상황에서 당시 파티마병원 피부과장이었던 하용마는 '나병관리요원' 등 신환자 발견에 참여하는 인력의 전문성을 높이는 방안을 제시했다. 하용마는 보건소와 나이동진료반의 요원들이 '고도의 지식', '인간적 소양', 그리고 '헌신적 사명감'을 가질 것을 주문하면서도, 다음의 방법들을 시도할 것을 제시했다.[50]

표 7 신환자 발견 방법(1970년)

번호	발견 방법	세부 내용
1	전 주민 검진을 통한 발견	가장 완벽한 방법이지만 시기적, 인적, 경제적 조건 때문에 채택하기 힘듦. 하지만 유병률이 높은 지역이나 마을에서는 시도가 필요.
2	정보에 의한 발견	정보에 의한 신환자 발견이 가장 많음. 정보를 얻을 수 있는 대상은 마을 주민으로 평소 인간관계를 잘 맺고 사업의 중요성을 주지시킬 것. 또 병을 자각한 초기에 정보를 얻기 위해 세간에 알려진 환자에게 접촉하는 경우가 있으므로 환자를 정보원으로 활용할 것. 이외에 경찰관, 보건요원, 이장/동장, 면공무원, 집배원을 통하여 정보를 얻을 것.
3	환자 접촉자 검진을 통한 발견	환자 접촉자, 그중에서도 가족에게 이환율이 높으므로, 이들 접촉자에 대한 검진을 연 1회 정기적으로 시행할 것. 나병관리요원과 진료반이 직접 방문하여 검진할 필요.
4	노상 검진을 통한 발견	종사자가, 노상, 차 내, 극장, 시장 등 모든 곳에서 지나가는 사람을 살펴 의심 가는 사람을 설득해 검진.
5	학교 검진을 통한 발견	각급 학교의 학생들에게 집단적으로 검진하는 방법이지만, 발견율이 매우 낮으므로 권장하지 않음.

---

48 당시 보사부 추정은 추산환자 80,000명, 등록자 수 37,601명, 미발견환자 40,000명이었다. 이학송, 「대한나병협회의 나갈 길」, 1970, 135-142쪽.

49 이학송, 「대한나병협회의 나갈 길」, 1970, 135-142쪽.

50 하용마(파티마병원 피부과장), 「환자발견」, 『나병관리세미나자료』, 보건사회부, 1970, 65-74쪽.

6	징병 검사 시 검진을 통한 발견	징병관의 허가를 받아 검진할 수 있으며 상당히 효과적임. 징병연령기의 발병율이 높기에 제도화될 필요가 있음.
7	순회집단진료를 통한 검진	보건소 공의나 각종 단체에서 시행하는 무의촌 진료 등에 나관리요원이 참여하는 것으로 실효성이 낮음.
8	보건교육활동을 통한 발견	리, 동 단위로 조직되어 있는 어머니회 등 단체 모임에서 슬라이드와 녹음기 등을 이용; 계몽교육을 실시하고, 그다음 날 자진 검진 희망자를 검진.
9	기등록 환자에 대한 적극적인 치료를 통한 발견	기등록 환자에 대한 치료와 사후 관리를 통해, 정기 치료에 출석하는 환자들을 일반인들이 볼 때 자연스럽게 한센병 관리 사업을 홍보하고 자진해서 검진을 받게 할 수 있음.

하용마에 의하면 잠복 환자와 은닉 환자를 발견하는 데 가장 실효성이 높은 방법은 '정보에 의한 발견'이었다. 나관리요원들은 관할 지역에 신환자 발견을 위한 인적 네트워크를 만들고, 이 네트워크에서 정보를 얻어 자신의 병을 숨기고 있는 환자들을 찾아냈다. '보건교육활동을 통한 발견'도 지역의 여러 단체에 계몽 활동을 통해 네트워크를 만들고 정보를 얻는 방식이라 할 수 있다. 정부는 이렇게 나관리요원 등을 통해 지역에 신환자 발견을 위한 촘촘한 네트워크를 만들어 활용했다. 정부는 계몽 활동을 통해 '한센병은 낫는다'는 메시지를 전달함과 동시에 주민들이 주변에 혹시라도 환자가 숨어 있지 않나 의심하고 신고하도록 만들었다. 이 과정에서 주민들에게 지속적으로 사회 곳곳에 위험한 한센병 환자가 숨어 있다는 인식을 심어 한센인에 대한 낙인과 차별을 유지시켰다.

더불어 중요한 신환자 발견 방식은 '환자 접촉자 검진을 통한 발견'이었다. 주로 음성나환자촌에 거주하는 '환자'들과 자주 접촉하는 이들을 주기적으로 검진하는 방식이었는데, 여기서 환자란 음성나환자를 포함하는 것이었다. 음성나환자는 이미 세균 검사에서 균이 발견되지 않고 전염성도 사라졌지만 정부는 이들에 대한 감시를 유지했고, 심지어 이들과 접촉하는 이들에 대해서도 주기적으로 감시했고, 심지어 1년에 한 번씩 검진했다. 더 나아가 '기등록 환자'가 주기적으로 치료 및 검진을 받도록 했는데, 기등록 환자에는 음성나환자도 포함되었다.

1970년도 세미나에서 논의되었던 내용은 곧 국가의 나병관리사업지침에 반영되었다.[51] 1973년도 「나병관리사업지침」에 따르면 신환자의 조기 발견을 위해 사업요원은 균양성자의 가족접촉자와 유병률이 높은 지역을 주 대상으로 검진 순위를 결정해 사전에 해당 마을에 통지하고, 반장의 책임하에 월 20일 이상 집단적으로 전 주민의 일제 검진을 실시하도록 했다. 또한 보건사회부와 대한나협회가 협조하여 전국적으로 신환자 발견 사업에 필요한 홍보자료를 만들어 배포하고 검진 캠페인을 실시하도록 했다. 정부에서는 양성환자와 유병률이 높은 지역을 검진 대상으로 삼았지만, 한센병에 대한 사회적 편견과 차별 때문에 환자가 은닉하고 있는 상황에서 신환자 발견사업은 기존의 등록환자 주변에서 이루어질 수밖에 없었다. 그리고 음성나환자 가족들을 비롯한 주변의 사람들은 주기적으로 관리당할 대상이 되었다. 더 나아가 정착마을이 있거나 유병률이 높은 지역의 주민들 역시 감시 대상이 되었다.

이러한 상황에서 음성나환자촌 주변 지역에서 음성나환자를 바라보는 시선은 국가로부터 감시받고 있으며 여전히 위험한 집단이라는 부정적인 것이었다. 더 나아가 음성나환자들이 모여 사는 음성나환자촌은

---

51 보건사회부, 『나병관리사업지침』, 1973, 5-6쪽. 1983년 보건사회부에서 펴낸 『만성병관리사업지침』의 나정착장 관리지침에 따르면 정착장에 거주하는 모든 한센병 환자를 등록하여 연 1회 이상의 정기적 검진(세균 검사 포함)을 받게 하고, 접촉자(건강인 가족)에게도 연 1회 이상의 검진을 실시하여 발병 유무를 감시하도록 했다. 음성나환자촌 음성나환자와 그들 가족에 대한 주기적인 감시 체제는 1980년대까지 확고하게 자리 잡았다. 또 1985년 대한나관리협회 『연보』에 따르면 대한나관리협회 소속 이동진료반은 재가 및 정착마을 주민만 검진하는 것이 아니라, 대상자 거주지의 마을, 심지어는 인근 학교 학생들까지 검진했다.

여전히 '환자'들이 모여 사는 곳으로, 전염의 가능성이 있는 위험한 공간으로 여겨졌다. 그리고 음성나환자촌이라는 위험한 공간을 벗어나 자신의 일상생활 공간으로 들어온다는 것은 일반인들에게 공포로 느껴졌다. 즉 국가의 음성나환자촌을 중심으로 실시되었던 신환자 발견 사업은 일반 사회에서 음성나환자와 음성나환자촌에 대한 낙인을 강화하는 결과를 가져왔다.

* * *

일제강점기 세균설에 근거한 엄격한 한센병 환자 단속과 격리제도가 도입되면서 오히려 환자에 대한 심각한 낙인과 차별이 형성되었고, 환자들은 사회적으로 배제되는 등 다양한 인권침해를 경험하게 되었다. 그리고 결국 낙인이라는 사회적 요인을 고려하지 못한 보건정책은 실패하게 되었고 오히려 한센병이 더욱 확산되는 결과를 가져왔다. 광복 이후에도 세균설에 근거한 엄격한 한센병 통제 정책에 대한 반성보다는 이를 강화하는 방식으로 한센병 정책이 이어졌다. 1940년대 후반 효과적인 치료제인 디디에스제가 도입되었고 1950년대 후반에 이르면 완치환자가 급증하여 이들의 퇴원과 사회복귀가 중요한 의제가 되었음에도 불구하고 질병에 대한 이전의 태도는 변화하지 않았다.

1960년대 본격적으로 치료가 완료된 환자들이 퇴원하고 사회에 복귀하기 시작하면서 보건 당국은 새로운 시도를 시작했다. 즉 오랫동안 반복적인 세균 검사에도 한센병균이 검출되지 않아 퇴원을 시키기로 결정했음에도 불구하고, 정부와 의료전문가들은 검사법의 한계 때문에 혹시 체내에 남아 있을지 모르는 유존균을 걱정하고 통제하기로 결정한 것이다. 그래서 이들을 일컫는 음성나환자라는 새로운 범주를 만들고, 이들을 통제할 제도를 만들었다. 음성나환자들은 음성나환자촌에 모여 살면서 정부의 감시를 받아야 했는데, 이들은 죽을 때까지 혹시라도 모를 재발을 방지하기 위해 독한 디디에스제를 복용해야만 했다. 그리고 한번 정부에 환자로 등록되면 거의 퇴록되지 못하고 정부의 관리를 받게 되었다. 그 결과 일반 사회는 정부가 이들을 음성나환자로 부르고 지속적으로 통제하는 것을 보고, 이들이 여전히 전염성을 갖고 있는 환자이며 이들이 모여 사는 음성나환자촌은 전염의 위험이 가득한 위험한 곳이라 인식하게 만들었다. 이러한 이유로 일반 사회의 한센인에 대한 낙인과 차별은 계속 이어졌다.

또 정부는 신체 내부에 숨어 있는 균을 모두 없애는 데 그치지 않고, 사회 내부에 숨어 있는 균들도 모두 제거할 계획을 세웠다. 즉 숨어 있는 모든 환자를 색출해 치료하고 관리함으로써 결과적으로 한센병을 박멸할 장기 프로젝트를 시작한 것이다. 이러한 목표를 위해 정부는 먼저 대한민국에 있는 전체 환자 수를 추정하고, 이에 근거해 잠복하거나 은닉하고 있는 환자 수를 추산했다. 그리고 이들 잠복 환자와 은닉 환자 수를 신환자 발견의 목표로 삼고 제도를 발전시켰다. 신환자 발견에서 가장 중요한 제도는 이동나진료반이었다. 하지만 인력과 예산이 부족한 상황에서 신환자를 발견하는 데 가장 중요한 공간은 이미 등록되어 있는 음성나환자의 거주지인 음성나환자촌이었다. 정부는 음성나환자를 위험 요인으로 간주했고, 이들뿐만 아니라 음성나환자촌과 인근 지역까지 감시하고 통제했다. 이 과정에서 주변 주민들은 한센병의 전염에 대한 공포감이 지속되었고 한센인에 대한 낙인과 차별은 유지되었다.

그 결과 최근까지 한센인 정착마을 인근에서는 낙인과 차별이 유지되었다. 더 큰 문제는 정부가 한센인의 가족, 특히 한 번도 한센병이 발병한 적 없는 자녀들에 대해서도 감시와 통제를 함으로써, 이들에 대한 사회적 낙인과 차별이 강고해지는 결과를 낳았다. 결과적으로 한 세기에 걸친 한센병균이 없는 무균사회를 위한 국가와 사회의 노력으로 인하여 현재 한센병은 대한민국에서 거의 사라졌다. 하지만 그 과정에서 한 세기 동안 한센인들이 겪은 고통은 표현할 수 없는 것이었다. 이미 일제강점기 대풍자유 혼합제로 인하여 한센병은 통제 가능한 만성병이 되어 적절한 치료만 받으면 일상생활이 가능해졌다. 게다가 광복 이후 효과적인 치료제로 인해 관리만 잘 받으면 전염성이 사라지고 일상생활을 영위할 수 있었음에도 불구하고, 국가와 의료권력은 사회에서 균을 완전히 없애려는 무균화 욕망에 사로잡혀 한센인의 삶을 고려하는 정책을 생각조차 하지 못했으며, 낙인과 차별을 유지시켰다. 질병에 대한 낙인과 차별은 비합리적인 편견에 근거할 때도 있지만, 한센병의 사례에서 우리는 그런 낙인과 차별이 합리적인 지식과 제도로 인해 발생하고 지속될 수도 있으며, 그렇기에 합리성을 맹신하기보다는 환자의 경험에 근거하여 더 인간적인 치료와 관리 제도는 없는지 고민해야 한다는 교훈을 얻을 수 있다. 이러한 교훈은 코로나19 시기 지나친 감염 동선 추적으로 인하여 사회적으로 감염자나 감염 의심자에 대한 불필요한 낙인과 차별이 발생했고, 이것이 감염병의 통제에 오히려 방해되었던 것과 연결된다.

3부
국경 없는 감염병과 국가

기후변화, 흑사병 그리고 대전환[1]

8장

박흥식

반세기 전 국외는 물론 국내에서도 '봉건제 위기론', '14세기 위기설', 그리고 '자본주의 이행 논쟁' 등 중세 말의 위기적 상황과 근대의 출현을 둘러싼 여러 논쟁이 치열하게 전개된 바 있었다. 그렇지만 당시 기후나 환경과 같은 외생적 요인은 위기의 배경 혹은 간접적 요인으로 간주되어 검토의 대상조차 되지 못했으며, 흑사병은 주로 인구 변동의 원인이라는 점에서만 주목을 받았다.[2] 현재까지도 역사 연구에서 자연재해가 인류의 역사 전개에서 수행한 역할을 적극적으로 수용하고 평가하려는 시

---

1   이 글은 필자가 『역사학보』 252(2021)에 게재한 동일 제목의 글을 일부 수정한 것이다.
2   당시에도 비라뱅이나 라뒤리처럼 흑사병을 환경이나 생물학적 관점과 연결시켜 해석하려는 예외적인 입장도 있었다. J.-N. Biraben, *Les hommes et la peste en France et dans des pays européens et méditerranéens 2* (Paris, 1975-1976); E. Le R. Ladurie, "Un Concept: L'Unification Microbienne du Monde (XIVᵉ-XVIIᵉ Siècles)," *Schweizerische Zeitschrift für Geschichte* 23, 1973, pp. 627-696.

도는 드물다. 여기에는 자연의 영향은 역사 연구의 대상이 아니라고 간주하는 오랜 전통이 자리 잡고 있을 뿐 아니라, 기후 혹은 자연적 요인을 역사 변화의 주역으로 수용할 경우 환경결정론으로 치우칠 것을 우려하는 시각도 있다.[3]

역사 속에 출몰했던 여러 감염병과 비교할 때 흑사병은 유례없이 치명률이 높았고, 장기간 지속되며 영향을 끼쳤다. 역사가들은 그동안 사료에 기반해 이 역병이 초래한 파국적 결과와 다양한 측면에 미친 영향을 해명해 왔으며, 상당한 성과도 거두었다. 그렇지만 그들은 병인학적 측면을 도외시하였을 뿐 아니라, 흑사병을 출현시킨 기후변화는 물론이고 그와 맞물려 작용하였던 생태적·사회적 요인들을 두루 살펴보며 이를 종합하려는 노력을 기울이지 않았다. 일부 예외적인 역사가가 역사 전개의 결정적 요소로 기후에 주목하는 태도를 보이기도 했으나, 구체적인 연구결과로 이어지지는 못했다.[4] 반면 자연과학에서는 지구 온난화와 기후위기를 연구하는 과정에서 기후변화와 감염병의 관계로도 관심을 발전시켰으며, 그 연장선상에서 중세 말에 발병한 흑사병에 대해서도 상당한 성과를 도출해 왔다.[5] 특히 최근 20년 사이에는 기후 자료가 방대하게 축

---

3 최근에서야 일부 예외적인 성격의 글들이 발표되고 있다. B. M. S. Campbell, "Nature as historical protagonist: environment and society in pre-industrial England," *The Economic History Review* 63(2), May 2010, pp. 281-314.

4 페르낭 브로델, 『물질문명과 자본주의』 I-1, 주경철 역, 까치, 1995, 50-52쪽.

5 N. C. Stenseth et al., "Plague dynamics are driven by climate variation," *PNAS* 103(35), 2006, pp. 13110-13115; J. C. Semenza & B. Menne, "Climate Change and Infectious Diseases in Europe," *Lancet Infect Dis* 9, 2009, pp. 365-375; S. Altizer et al., "Climate Change and Infectious Diseases. From Evidence to a Predictive Framework," *Science* 341, 2013, pp. 514-519; R. S. Ostfeld, "Climate change and the distribution and intensity of infectious diseases," *Ecology* 90(4), 2009, pp. 903-905; T. B. Ari et al., "Plague and Climate; Scales Matter," *PLoS Pathogens* 7(9), 2011, pp. 1-6.

적되었을 뿐 아니라, 이를 분석하는 능력도 크게 향상되어 기후변화가 생태계 전반에 미친 영향에 대해서 많은 지식을 확보하게 되었다. 나이테 기록과 빙하 자료를 통해 흑사병에 대해 새로운 시각을 제시한 연륜학자 마이크 베일리와 방대한 자연과학적 데이터를 활용해 흑사병 시기 환경적 요소와 인간적 요소의 결합을 설명한 브루스 M. S. 캠벨의 연구는 이처럼 새로운 연구환경에서 통섭 연구의 지평을 연 사례들이다.[6]

중세 사료에 특이한 기상 정보나 천문 현상에 대한 단편적 언급은 있지만, 방대한 지역에 걸쳐 나타나는 자연현상을 파악할 수 있는 기록은 남아 있지 않다. 대부분의 역사가는 이와 같은 이유에서 기후변화와 같은 주제가 그들의 전문 영역을 넘어선다고 판단해 왔다. 그렇지만 첨단 학문과 발달한 과학기술로 재구성한 고기후 자료들이 사료로 알 수 없던 과거에 대한 지식을 전달할 수 있다는 사실이 확인되면서 자연에 대한 역사가들의 새로운 관심을 일깨우고 있다. 기후변화와 흑사병은 국경을 초월하여 광범위하게 전개되고 확산되었기 때문에 이 글은 질병과 국가에 대한 논의의 일부로 수용되었다. 하지만 제한된 지면과 글의 초점이 흐트러질 우려 때문에 본격적으로 국가 문제를 다루지는 않을 것이다.

본 연구는 이와 같은 맥락에서 흑사병의 발병과 확산, 나아가 장기간에 걸친 유행의 근본 원인에 주목하면서 13세기에 시작된 전 지구적 차원의 기후변화가 유럽의 사회경제적 위기, 흑사병, 그리고 결국 대전환으로 귀결된 과정을 거시적으로 살펴본다. 이 글의 초점은 1347~1353년 사이 흑사병의 첫 번째 대유행 시기에 있지만, 후반부에서 근대 초까지 미

---

6 M. G. L. Baillie, *New light on the Black Death: the cosmic connection*, Stroud: The History Press, 2006; Bruce M. S. Campbell, *The Great Transition, Climate, Disease and Society in the Late-Medieval History*, Cambridge: Cambridge University Press, 2016.

친 영향도 간략히 검토할 것이다. 이 글에서 중점적으로 살펴볼 내용은 다음 세 부분이다. 첫째, 기후변화가 어떻게 페스트균의 발병 및 유행으로 이어지게 되었는지 중앙아시아에서 유럽으로의 전파 과정을 추적할 것이다. 둘째, 기후변화로 인해 발생한 유럽 사회의 사회경제적 변화와 인위적인 역사 행위들이 어떻게 재난을 확대시켰는지 검토할 것이다. 셋째, 기후변화, 생태환경의 전환, 그리고 인간 사회의 대응이 시너지 효과를 내게 된 이유를 종합적으로 살펴볼 것이다. 그리고 마지막 부분에서는 흑사병 연구에서 해결해야 할 연구 과제에 대해 지적하게 될 것이다.

여러 커다란 주제를 아울러 하나의 글에 담으려다 보니 다소 시론적 성격을 띠게 되었다. 기후, 감염병, 사회적 요인이 상호 간에 긴밀히 결합하여 위기를 심화시킨 중세 말의 사례에 대한 고찰은 기후위기 상황을 겪고 있는 현대사회에도 시사하는 바가 있을 것이다.

1. 기후변화와 페스트균의 이동

11세기에서 13세기 전반까지 지구상에는 중세 온난기라 불리는 안정적이고 온화한 기후가 대세를 이루고 있었다. 이 시기에 유럽은 농업생산의 증대를 토대로 인구 성장과 사회경제적 발전을 이루었고, 그 번영에 기반해 타 문화권에 이르기까지 다양한 방식으로 팽창과 이주가 진행되었다. 늘어나는 인구를 부양하기 위해 경사가 급하고 척박한 땅까지 농지로 개간하였고, 서유럽은 물론 중북부 유럽에서도 수많은 도시가 건설되었다. 이와 같은 호황기에 이루어진 과도한 개발은 유럽의 환경을 변화시켰고 농업생산과 관련하여 구조적인 취약성을 키운 결정적인 요인이었다.

유럽의 성장이 이어지고 있던 13세기 후반, 오랜 기간 지속되었던 대기 순환 패턴이 급격히 바뀌면서 안정적인 기후 상황이 종식되었다. 이는 1280년경에 태양의 흑점 활동이 급감하기 시작하던 볼프 태양 극소기[Wolf Solar Minimum][7]와도 관련이 있는데, 일부 연구자는 1257~1258년의 인도네시아 사말라스 화산 폭발을 기후변화의 계기로 지적하기도 한다.[8] 기후변화에 영향을 주는 요소는 지구 궤도 변화의 강제력, 흑점 주기와 관련된 태양 복사량, 화산 폭발, 이산화탄소 농도의 변화, 대기-해양 상호작용 등 다양하다. 이러한 기후 인자들이 복합적으로 작동해 대기 현상을 결정한다. 유럽의 기후와 직접 관련이 있는 대서양의 대기 순환 패턴은 북대서양 진동[NAO: North Atlantic Oscillation][9]에 의해 좌우되는데, 고기후 자료들

---

7 태양 극소기 혹은 극소기란 통상 11년을 주기로 반복되는 태양 주기 중 태양 활동이 가장 적은 기간을 의미하며 주로 수십 년의 시간 규모로 변한다. 흑점 수의 감소는 대체로 태양 활동을 약화시켜 지구의 기온이 낮아지는 결과를 초래한다. 볼프 극소기는 1280년에서 1350년 사이, 스푀러 극소기(Spörer Minimum)는 1450년에서 1550년 사이를 지칭한다. 소빙기 가운데 최저 기온을 보인 마운더 극소기(Maunder Minimum)는 1645년에서 1715년 사이를 가리키는데 겨울철 평균기온이 평년 겨울보다 1∞1.5도 낮았다. 김범영, 『지구의 대기와 기후변화』, 학진북스, 2014, 225-226쪽.

8 M. E. Mann et al., "Underestimation of volcanic cooling in tree-ring-based reconstructions of hemispheric temperatures," *Nature Geoscience* 5, 2012, pp. 202-205.

9 북대서양 진동이란 아이슬란드의 저기압과 아조레스군도의 고기압 차이로 인해 발생하는 대규모 진동이다. 이 기압의 차가 평균보다 클 때 진동지수가 양을 보이는데, 아이슬란드 주변이 강한 저기압이고 아조레스군도가 강한 고기압인 경우가 대표적이다. 이 경우 편서풍이 강해지고 따라서 대서양의 열과 수증기가 중북부 유럽으로 더 많이 유입되면서 겨울이 평년보다 온화하고 강수량이 많아져 밀 농사를 지을 수 있는 조건이 구비되고, 남유럽과 북아프리카는 건조해진다. 이로 인해 중앙아시아 초원까지 건조한 상태가 유지된다. 반대로 진동지수가 음이 되면, 편서풍이 약해지고, 북극과 시베리아의 찬공기가 남하하여 중북부 유럽이 평소보다 건조하고 추워진다. 하지만 남유럽과 북아프리카는 강수량이 증가한다. 이 지수는 수년에서 최대 수십 년을 주기로 변동한다. 윌리엄 F. 러디먼, 『지구의 기후변화. 과거와 미래』(3판), 이준호·김종규 역, 시그마프레스, 2015, 411-413쪽; 브라이언 페이건, 『기후는 역사를 어떻게 만들었는가. 소빙하기 1300-1850』, 윤성옥 역, 중심, 2000, 61-68쪽.

은 13세기 후반에 대기 순환 패턴이 변화하며 지구 전체의 기온이 낮아졌고, 편서풍의 방향, 규모, 속도를 좌우하는 북대서양 진동 지수가 변동한 사실을 뒷받침한다.[10]

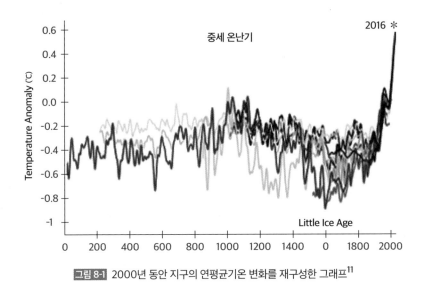

그림 8-1 2000년 동안 지구의 연평균기온 변화를 재구성한 그래프[11]

이 시기에 발생한 기후변화는 곧 소빙기의 시작을 의미한다.[12] 빙핵,

---

10 R. P. H. Yue & H. F. Lee, "The delayed effect of cooling reinforced the NAO-plague connection in pre-industrial Europe," *Science of the Total Environment* 762, 2021, pp. 1-9.

11 [그림 8-1]은 지난 2000년 동안 지구의 연평균기온 측정치 11개를 비교한 것이다. 가장 최근에 측정한 것이 붉은색으로 오래된 것이 푸른색으로 표현되었다. 온도가 계측된 근래의 자료는 검은색으로 표시되었다. 흑백으로 인쇄된 도판에서는 시종일관 진한 색으로 표시되는 실선이 붉은색이다. 1300년경 붉은색 곡선이 아래쪽으로 급격히 떨어지는 모습을 확인할 수 있다. https://commons.wikimedia.org/wiki/File:2000_Year_Temperature_Comparison.png (2023.01.16. 검색)

12 소빙기의 시작과 종료 시점에 대해서는 학자들마다 의견이 다르다. 허버트 H. 램, 『기후와 역사』, 김종규 역, 한울, 2004, 362-363쪽. 이 논문에서는 소빙기를 1250~1850년에 걸쳐 지속된 냉각기로 보는 견해를 채택한다. 소빙기 동안의 연평균기온 변화는 각주 7번

나이테, 산호, 호수와 바다의 침전물 등 다양한 자연의 흔적들을 측정하고 통계화한 결과에 따르면 소빙기에 연평균기온은 0.5도에서 최대 1도 정도 하강하였다(참조 [그림 8-1]). 소빙기 동안에도 정상적인 기후를 보이는 해가 적지 않았으나, 유럽에 있어서 주목할 변화는 기상의 불안정성이 지속되면서 겨울은 춥고, 여름은 강우가 많은 해가 대세를 이루었으며, 극단적인 기상이변도 빈번하였다는 점이다. 이로 인해 곡물이 생장할 시간이 충분하지 않아 여러 지역에서 기근이 빈발하였고, 1315~1317년 사이에는 유럽 전역에 대기근이 초래되었다.[13]

대기 순환 패턴의 변화는 1270년대에 시작되었는데, 지구의 기후는 멀리 떨어진 지역과도 서로 관련을 맺고 있기에 거의 모든 지역에서 변화가 동반되었다. 아메리카 서부는 강수량이 증가했으며, 남아시아의 몬순은 약해졌다. 14세기에 접어들어 약해지던 북대서양 진동의 영향으로 북대서양을 지나는 편서풍의 궤적이 이전에 비해 아래쪽으로 변경되면서 남유럽과 북아프리카의 수분을 이전보다 위도가 낮은 중앙아시아 초원 지역으로 전달하였다. 이는 그 지역의 식물 생장과 생태계에 의미 있는 결과를 초래했다.[14] 대부분의 미생물학자가 페스트균의 근원지라고 추정하는 중국 서부의 티베트 고원 서쪽과 중앙아시아 초원 지역에 수분 공급이 증가함으로써 비롯된 생태환경의 변화는 예기치 않은 감염병의 출현으로 이어졌다.[15]

에서 설명한 흑점의 활동과 대체로 일치한다.

13 볼프강 베링어, 『기후의 문화사』, 안병옥·이은선 역, 공감, 2010, 167쪽.

14 G. Ottersen et al., "Ecological effects of the North Atlantic Oscillation," *Oecologia* 28(1). 2001, pp. 1-14.

15 페스트균의 발생과 관련하여 최근 의학사학자 그린이 제기한 독특한 주장도 있다. 그녀는 유라시아 대륙에서 흑사병이 13세기 이전 발병했고, 기원한 장소는 통상 언급되는 티

페스트균이 옮기는 흑사병은 숙주는 물론 벼룩과 같은 매개생물을 필요로 한다. 이 역병을 인간에게 감염시키는 데 동원되는 여러 매개생물은 광범위한 지리적 규모에 걸쳐 진행된 기후변화로부터 영향을 받았으며, 변화된 생태적 환경에 민감하게 반응하였다. 기후와 감염병의 상호작용은 매우 복잡한 문제인데, 페스트균의 경우 구체적인 생태적 발전 과정이 아직 충분히 규명되지 않았다. 하지만 온화하고 습한 날씨가 페스트균의 번식과 활동을 촉진한다는 사실은 확인되었다.[16] 대체적으로 중앙아시아 초원 지역의 생태환경의 변화로 흑사병이 풍토병에서 유행병으로 도약하는 기회를 잡을 수 있었다고 추론된다. 페스트균은 그 지역에서 땅을 파고 군집 생활을 하던 야생 설치류, 특히 게르빌루스 쥐 Gerbil 에 서식하고 있었다. 그런데 그 지역에 수분 공급량이 다소 늘어나 식물이 풍부해졌고, 온화하고 축축한 날씨가 지속되자 야생 설치류와 매개생물의 재생산이 활발해지면서 개체 수가 크게 증가했다.[17] 그렇지만 상당한 시간이 흐른 후 그 지역이 다시 건조해져 기근이 심해지면서 설치류의 생존조건이 악화되자 기존 서식지는 해체되었고, 그에 기생하던 벼룩이 인간과 공생하는 새로운 설치류로 옮겨 갈 수밖에 없게 되었다. 결

베트 고원 북동부가 아니라 중국과 키르기스스탄 국경지대이며, 일찌감치 기원지에서 네 갈래로 나뉘어 발전했다고 주장한다. 근거 자료가 다소 미약하지만, 검토해 볼 가치는 충분하다고 판단된다. M. Green, "The Four Black Deaths," *The American Historical Review* 125(5), 2020, pp. 1600-1631.

16 K. L. Kausrud et al., "Modeling the epidemiological history of plague in Central Asia: Palaeoclimatic forcing on a disease system over the past millennium," *BMC Biology* 8(112), 2010, pp. 1-14.

17 K. L. Kausrud et al., "Climatically driven synchrony of gerbil populations allows large-scale plague outbreaks," *Proceedings of the Royal Society B: Biological Sciences* 274(1621), 2007, pp. 1963-1969; R. J. Eisen & K. Gage, "Transmission of flea-borne zoonotic agents," *Annual Review Entomology* 57, 2012, p. 69.

국 기후 및 생태 조건의 변화가 거듭되면서 페스트균이 인간에게 옮겨 갈 가능성을 높였던 것이다.[18] 그리고 1310년에서 1340년 사이에 이 병원균은 중앙아시아 초원에서 차츰 독성이 강한 감염병으로 변이를 일으켰으며, 대상들의 이동 경로와 몽골군의 네트워크를 따라 유라시아 대륙의 여러 지역으로 광범위하게 확산되었다.[19] 1320년대 말부터 평균기온이 회복되었고, 1340년대에는 볼프 극소기까지 끝나 기온이 다시 오르기 시작한 것이 페스트균의 확산에 기여했으리라 추측된다.[20] 서쪽 방면으로 이동한 흑사병은 1346년경 마침내 흑해 지역 카파에 다다랐고, 선박을 통해 콘스탄티노폴리스 주변 및 지중해 지역에 광범위하게 전파되기 시작하였다.

2. 대기근, 확대되는 전쟁, 그리고 교역로의 변경

소빙기가 본격화되면서 유럽, 특히 중북부 유럽에는 1290년대 이래로 많은 양의 여름 강수가 내렸고 홍수도 잦았다. 반면 스칸디나비아와

---

18 A. J. McMichael, "Paleoclimate and bubonic plague: a forewarning of future risk?," *BMC Biology* 8(108), 2010, pp. 1-3; N. I. Samia et al., "Dynamics of the plague —wildlife— human system in Central Asia are controlled by two epidemiological thresholds," *PNAS* 108(35), 2011, pp. 14527-14532; J. Reijniers et al., "Plague epizootic cycles in Central Asia," *Biology Letters* 10(6), 2014, pp. 1-4.

19 페스트균은 벼룩, 설치류, 인간 등 다양한 부류에서 검출되는데, aDNA 게놈 분석에 따르면 중국, 몽골, 구소련, 미얀마 등지에서 광범위하게 발견된다. 이는 페스트균이 서쪽뿐 아니라 다른 지역으로도 확산되었음을 보여 준다. Y. Cui et al., "Historical variations in mutation rate in an epidemic pathogen, Yersinia pestis," *PNAS* 110(2), 2013, p. 580.

20 C. Pfister et al., "Winter severity in Europe: The fourteenth century," *Climatic Change* 34(1), 1996, pp. 100-101.

알프스 지역에는 겨울에 기온이 낮아지면서 빙하가 점차 전진하여 산사태와 낙석이 마을을 덮치는 상황까지 발생하였다. 아이슬란드와 그린란드에서는 빙산 때문에 항로가 위험해졌고 피요르드 해안의 결빙으로 사람들은 정착지를 떠나야만 하였다.[21] 유럽 사회에서는 수십 년에 걸친 기온저하로 경작 가능 지역이 지속적으로 축소되었고, 앞선 시기에 개간한 농지들에서 토양 침식이 대대적으로 발생하였다. 대부분의 지역에서 이미 한계지까지 개간을 하였기에 더 이상 농지를 확대할 수도 없었다. 결국 제한된 토지를 보다 집약적으로 이용하는 방법을 모색해야만 하였고, 필요한 경우 목초지도 경작지로 전환하였다. 기후변화가 초래한 경작 조건의 악화는 압도적으로 농업에 의존하고 있던 사회에 커다란 타격을 주었다.

유럽 전역에 강수량이 증가하자 평년 이하의 수확을 얻는 해가 빈번해졌다. 1297년에는 전 유럽적으로 흉년이 들었으며, 기근으로 인한 사망률이 약 5%에 이르렀다. 악천후와 기근은 14세기 초에도 계속되었으며, 1315~1317년 사이에는 유럽 역사상 최악의 기근이 발생하였다. 재난을 겪은 지역이 저지대, 이탈리아, 라인란트, 남부 독일, 잉글랜드, 스코틀랜드, 스칸디나비아, 발트해 연안과 러시아 등에 이르러 유럽에서 기근 피해를 입지 않은 곳을 찾기 어려울 정도였다.[22] 풍요로운 토스카나

21 J. M. Grove, *Little ice ages: ancient and modern*, London: Routledge, 2004, pp. 153-159.
22 연대기를 비롯한 당대의 여러 기록은 많은 비와 뒤이은 기근에 대해 상세히 언급하고 있다. *Chronicon Abbatie de Parco Lude*, E. Venables (ed.), Lincs. Rec. Soc., 1891, p. 24; *Chronicon Henrici Knighton*, J. R. Lumby (ed.), Rolls Ser., 1889, I, pp. 411-412; *Die Chroniken des Wigand Gerstenberg von Frankenberg*, H. Diemar (ed.), Marburg, 1909, p. 238; J. Z. Titow, "Evidence of Weather in the Account Rolls of the Bishopric of Winchester, 1209-1350," *The Economic History Review* 12(3), 1960, pp. 385-386.

지역에서도 토양 침식이 심각했고, 피렌체는 대규모 홍수까지 겪었다.[23] 잉글랜드의 경우 1322년까지 지속된 대기근 시기에 밀 수확이 30~40% 정도 감소하여 곡물가가 3~4배나 폭등하였고, 생존 위기에 내몰린 사람들 중 식인이 이루어졌다는 이야기까지 전한다.[24] 식량을 수입에 의존하던 플랑드르의 상황은 다른 지역보다도 더 심각하였다. 유럽 전역의 경제 침체로 직물 수요가 줄어든 반면, 식량 가격은 감당이 어려울 정도로 올라 도시 노동자들의 고통이 배가 되었다. 노동자들이 축적된 사회적 분노와 불만을 억누를 수 없어 봉기를 일으켰지만, 무위로 끝이 났다.[25] 이 시기에 잉글랜드와 플랑드르에서는 지역 및 도시별로 10%에서 15% 정도의 인구 감소가 있었다. 기근은 구조적 성격을 띠었을 뿐만 아니라, 다른 재난과도 결합하여 극복에 상당한 시간이 소요되었다.

소빙기의 환경 조건은 생태계에 극심한 스트레스를 주었다. 13세기 말에서 14세기 초 사이 소와 양을 비롯한 가축들은 혹독한 추위와 습한 환경이 지속되고 마른 건초마저 부족해지자 광범위하게 유행한 동물 감염병으로 희생되었다.[26] 이 시기에는 병명을 알 수 없는 질병으로 목숨을 잃는 사람들도 적지 않았다. 유럽 전역에서 발병한 동물 감염병, 특히 우역牛疫은 농촌의 상황을 극단적으로 악화시켰다. 농사에 이용할 소들이 크게 줄어들자 노동생산성은 크게 떨어졌고, 주민들의 단백질 공급에

---

23 K. R. Bartlett (ed.), *The Civilization of Italian Renaissance*, Toronto: University of Toronto Press, 1992, pp. 38-40.

24 이 기간에 잉글랜드와 저지대 지역에서는 곡물가가 3~4배 폭등하였다. D. Waley & P. Denley, *Later Medieval Europe 1250-1520*, 3rd ed., London: Routledge, 2001, p. 93.

25 D. M. Nicholas, *Medieval Flanders*, London: Routledge, 1992, pp. 207-208.

26 T. P. Newfield, "A cattle panzootic in early fourteenth-century Europe," *The Agricultural History Review* 57(2), 2009, pp. 155-190.

도 영향을 미쳤다.[27] 잉글랜드에서는 1315~1316년과 1324~1325년 사이에 양에게 유행하는 감염병까지 발생해 치명적인 피해를 입었다. 그 결과 양모 수출은 이전의 1/3 수준으로 격감했으며 10년 이상 복구되지 않았다. 이는 질이 좋은 잉글랜드의 양모 공급에 크게 의존하던 플랑드르의 모직물 산업에도 즉각적으로 영향을 끼쳤다.[28]

한편 13세기 말 십자군 원정이 실패로 종결된 후 유럽 국가들은 중앙집권적 왕권을 확립해 나가는 데 주력하였다. 이 과정에서 군주들은 무력 사용을 마다하지 않았다. 중세 성기盛期에는 교황이 하느님의 평화령과 십자군 원정을 주도하면서 상대적으로 유럽 내부에서의 전쟁은 잦아들었다. 그러나 후기에 접어들자 상황이 바뀌어 교황은 종교적·도덕적 권위를 현저히 상실하였으며, 평화를 위한 조정력을 발휘할 수 없었다. 반면 국왕들은 지역 제후와 부유한 도시를 왕권의 통제 아래에 두려는 의욕을 보였으며, 잉글랜드에서는 적극적으로 정복 전쟁을 추진하였다. 에드워드 1세(재위 1272-1307)의 웨일스 합병과 에드워드 2세(재위 1307-1327)의 스코틀랜드 정복 시도는 대표적인 사례이다. 특히 에드워드 2세는 심지어 네 차례나 대기근 시기에 군대를 소집하였고, 스코틀랜드인은 기근이 발생한 해의 수확기에 맞추어 잉글랜드 국경 지역을 침략한 뒤, 철수할 때에는 인근 농촌 지역까지 초토화시키는 전술을 구사해 농민들의 상황을 벼랑 끝으로 내몰았다.[29]

---

27 J. A. Raftis, *The estates of Ramsey Abbey*, Toronto: Pontifical Institute of Mediaeval Studies, 1957, p. 319.

28 I. Kershaw, "The Great Famine and Agrarian Crisis in England," *Past & Present* 59(1), May 1973, pp. 3-50.

29 J. Aberth, *From the Brink of the Apocalypse. Confronting Famine, War, Plague and Death in the Later Middle Ages*, 2nd ed., New York: Routledge, 2010, pp. 34-35.

흑사병이 발병하기 10년 전에 시작된 잉글랜드와 프랑스 사이의 백년전쟁(1337-1453)은 에스파냐와 이탈리아까지 관여된 중세 최대의 국제전이었다.[30] 이 전쟁에서는 전술상 보병의 역할이 강조되고 섬멸전이 전개되면서 유례없이 많은 사람이 희생되었다. 전쟁이 치열해지고 화력도 증강됨으로써 중세 국가의 재정으로 감당할 수 없는 과도한 지출을 유발하였다. 각국은 세금 징발로 충당할 수 없는 재원을 유력한 상업 자본으로부터 조달하였는데, 최종적인 부담은 위기에 내몰리고 있던 신민들에게 전가되었다. 당시 도시와 농촌을 막론하고 끊이지 않던 봉기는 이런 상황에 대한 저항적 성격을 띠고 있었다.[31] 양상은 달랐지만, 이탈리아, 독일, 그리고 에스파냐 등에서도 전쟁은 끊이지 않았다. 전쟁의 확산과 일상화된 전시 상황은 농업은 물론 상업 전반에도 부정적 영향을 미쳤다. 상인들은 오랫동안 확립해 온 교역로에서도 안전을 보장받을 수 없어 위험을 무릅써야 했다.

이탈리아 도시들이 13세기 지중해에서 호황을 누린 것은 동서 교역을 연결하는 역할 덕분이었다. 베네치아는 4차 십자군 이후 레반트와 흑해 지역 등 지중해 동부와 이집트의 교역에서 큰 특혜를 누리며 교역의 주도권을 차지하였다. 반면 제노바는 북아프리카와 북서유럽에서 베네치아보다 우위를 보였다. 몽골 평화 시대에 동서를 연결하는 세 갈래 노선은 콘스탄티노폴리스에서 흑해를 경유해 중앙아시아 대륙을 관통하

---

30 R. W. Winks & T. F. Ruiz, *Medieval Europe and the World. From Late Antiquity to Modernity, 400-1500*, Oxford: Oxford University Press, 2005, pp. 243-244.

31 C. Allmand, *The Hundred Years War. England and France at War c. 1300-c. 1450*, Revised ed., Cambridge: Cambridge University Press, 2001, pp. 102-111. 특히 시에나와 같은 작은 도시에 감염병과 더불어 잦은 전쟁으로 인한 재정 위기는 치명적이었다. W. Bowsky, *The Finance of the Commune of Siena, 1287-1355*, Oxford: Clarendon Press, 1970.

는 북방 노선, 레반트 지역에서 바그다드를 경유해 페르시아만과 인도양으로 연결되는 중앙 노선, 그리고 알렉산드리아-카이로와 홍해를 지나 아라비아해로 이어지는 남방 노선이 있었다. 점차 그물망처럼 진화하고 있던 이들 교역로를 통해 세계 경제는 그 이전 어느 시기보다 긴밀히 결속되고 있었다[32](참조 [그림 8-2]).

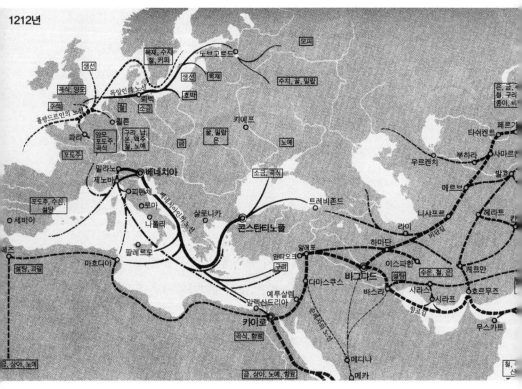

1212년

그림 8-2 13세기 초 지중해에서 중앙아시아로 연결되는 노선들[33]

— 32 재닛 아부-루고드, 『유럽 패권 이전. 13세기 세계체제』, 박홍식·이은정 역, 까치, 2006, 163-177쪽.
33 아부-루고드, 『유럽 패권 이전』, 165쪽에서 재인용.

1261년 비잔티움 제국 내에 세워졌던 라틴 제국의 멸망은 베네치아의 교역 독점 체제에 균열을 일으켰다. 비잔티움 제국의 재건을 도운 보상으로 제노바 상인들은 페라와 카파를 중심으로 북방 노선을 통해 동방과의 내륙 교역에서 큰 이익을 확보하게 된 것이다. 반면 베네치아인들은 북방 노선에서 밀려나자 남방 노선을 독점하기 위해 이집트의 맘루크에 공을 들였다. 하지만 맘루크가 향신료 교역에 대한 통제를 차츰 강화하면서 두 세력 사이에 갈등이 고조되었다. 일칸국의 바그다드 파괴에 이어 맘루크가 1291년 십자군 최후의 거점 아크레를 장악함으로써 중앙 노선이 사실상 막히게 되자 제노바 상인들은 북방 노선에 집중할 수밖에 없었다. 이슬람화된 몽골 칸국들이 레반트와 중동을 지배하게 되면서 남방 노선에 의존하게 된 베네치아 상인들은 더 이상 이전과 같은 번영을 구가할 수 없었다.[34]

그럼에도 불구하고 13세기 말과 14세기 전반에 걸쳐 베네치아와 제노바로 대표되는 이탈리아 도시국가들은 여전히 세계 교역의 네트워크를 이어 주는 역할을 수행하였다. 이 세계 교역 체제에는 이탈리아인 외에 무슬림과 슬라브인 등 다양한 사람들이 참여하였고, 그만큼 다양한 지역과 도시들을 경유하며 많은 상품이 오고 갔다.[35] 이탈리아 해양도시들은 기동성과 안정성이 개선된 대형 선박들을 동원해 주요 항로를 정기적으로 운행하면서 동서 교역로의 서쪽 끝에서 상품을 유럽 전역에 공급했다.[36] 그런데 1347년 예기치 않게 최악의 감염병이 발달한 교역로를

34 P. Jackson, *The Mongols and the West, 1221-1410*, Harlow: Pearson Longman, 2005, pp. 165-173.

35 아부-루고드는 여러 권역의 경제들이 통합되고 교류하였기에 13세기에 하나의 세계체제가 형성되었다고 평가한다. 아부-루고드, 『유럽 패권 이전』, 148-153쪽.

따라 유럽과 구대륙 전역으로 급속히 확산되는 상황이 벌어지게 된 것이다. 네트워크를 활성화시키고 제국주의적 팽창을 위해 힘쓰던 제노바와 베네치아는 이 역병의 유입으로 첫 발병 후 불과 2년 만에 도시 인구의 약 60%를 상실하는 치명적인 대가를 치렀다.[37]

3. 기후환경의 변화와 새로운 질병의 시대

앞서 살펴보았듯이 14세기에 대기 순환 패턴의 근본적인 조정과 소빙기가 겹쳐지면서 기후의 불안정성은 증대되었고, 유라시아 대륙 전반에는 이상기후와 환경재앙이 빈번해졌다. 기후 재난으로 인한 농업과 농촌에서의 피해는 유럽에만 국한된 현상이 아니었다. 중국에도 대기근이 찾아왔으며, 나일강은 해마다 넘쳐 홍수 피해를 겪었다. 유럽에서 왕권이 가장 일찍 확립된 프랑스와 잉글랜드는 하필 이 시기에 백년전쟁에 돌입하여 재정 대부분을 쏟아부으며 비축해 둔 역량을 소진하였다. 한편 레반트 지역에서는 맘루크와 오스만 세력이 확장하고 있었기에 이탈리아 상인들이 지중해 동부에서 누리고 있던 해양시장에서의 기득권이 도전을 받게 되었다. 이처럼 13세기 후반 이래 진행되고 있던 기후변화, 생태환경의 악화, 농업 위기, 상업과 교역에서의 정체, 그리고 고조되던 정치적·군사적 불안과 전쟁 등 유럽 사회 전반에는 부정적 요소들이 중첩

36 아부-루고드, 『유럽 패권 이전』, 136-139쪽.

37 F. C. Lane, *Venice, A Maritime Republic*, Baltimore: Johns Hopkins University Press, 1973, p. 19; B. Z. Kedar, *Merchants in Crisis: Genoese and Venetian Men of Affairs and the Fourteenth-Century Depression*, New Haven: Yale University Press, 1976, p. 5.

되고 상호 결합하여 위기를 가중시켰다. 1340년대에는 여기에 치명적인 감염병까지 가세함으로써 사회-생태 시스템이 급변점急變点, tipping point에 도 달했고, 대규모 재앙으로 확산되어 치명적인 타격을 입었다.[38] 이 복합적 현상을 설득력 있게 설명한 캠벨은 기후가 흑사병의 유행을 지속시킨 연료였으며, 1340년대에서 1370년대 사이에 위기적 요소들이 증폭하여 퍼펙트 스톰, 즉 초대형 복합위기가 발생하였고, 그 여파로 유럽 사회는 근본적이고 비가역적 변화, 즉 대전환이 이루어졌다고 주장한다.[39]

유라시아 대륙의 교역로를 따라 흑해 지역에 도달한 흑사병은 콘스탄티노폴리스와 지중해 지역을 중심으로 폭발적으로 창궐하였다. 페스트균의 이동에는 세 가지 동서 교역로 중 중앙아시아로 이어지는 북방 노선이 결정적으로 기여한 것으로 알려져 왔다. 하지만 최근 유럽 내에 페스트균의 항구적인 저장소 역할을 한 지역이 없었음이 확인되면서, 페스트균이 최초의 발병 이후로도 중앙아시아에서 육로와 해로가 교차되는 중앙 노선과 홍해를 지나 수로로 이어지는 남방 노선을 거쳐 지속적으로 유럽으로 이동해 갔으리라는 새로운 주장이 주목을 받고 있다.[40]

---

38 '사회-생태 시스템(socio-ecological system)'이라는 용어는 캠벨에게서 차용하였다. 그는 인간사에 개입하는 요소들을 기후, 생태계, 미생물(병균), 인간, 생물, 사회 6가지로 나누고, 그 전체를 사회-생태 시스템이라고 명명하였다. 각 요소들은 다른 요소들과 연결되어 직간접적으로 되먹임 작용을 하면서 스스로 독립적인 역학 과정을 갖는다고 설명한다. 어떤 요소도 고립되어 존재하지 않으며, 한 요소의 변화는 다른 요소에 영향을 끼친다는 것이다. 모든 요소가 상호 연관되어 작동하기에 변화를 설명하기 위해서는 전체 시스템에 대한 이해를 필요로 한다고 강조한다. Campbell, *The Great Transition*, pp. 21-24.

39 Campbell, *The Great Transition*, pp. 10-15.

40 B. V. Schmid et al., "Climate-driven introduction of the Black Death and successive plague reintroductions into Europe," *PNAS* 112(10), 2015, pp. 3020-3025. 바닷길을 통한 전파 가능성을 가장 먼저 제기한 것은 돌스였다. 그는 당대 이슬람의 자료에서 페스트균이 중앙아시아 초원으로부터 남쪽과 서쪽으로 이동한 과정을 추적하였다. 이 과정에서 초기 중동지역의 흑사병 발병에 대한 기록을 풍부하게 소개하였다. M. W. Dols, *The Black Death in the Middle East*, Princeton: Princeton University Press, 1977, pp. 35-67,

이에 따르면 페스트균은 아시아에서 유럽으로 주기적으로 유입되었으며, 특히 지중해 주요 항구에 입항한 선박들이 페스트균의 매개생물인 감염된 쥐와 벼룩을 지속적으로 서쪽으로 공급하였으리라고 추정된다. 이 연구 결과는 흑사병이 유럽은 물론 선박과 항구도시들을 통해 중동과 아프리카 지역으로 들어가게 된 정황을 설명해 준다. 결국 동서 교역로를 통해 이동한 페스트균은 얼마 후 이 교역로를 이어 주던 유럽과 몽골 두 문명에 모두 치명적인 타격을 가함으로써 동서 교역로마저 단절시키는 결과를 초래하였다.[41]

1346년부터 약 7년에 걸친 1차 유행 때 페스트균은 소아시아, 중동, 북아프리카, 그리고 유럽 대부분 지역을 유린하였다. 흑사병이 거쳐 간 지역들은 어디에서나 최소 30%에서 50% 사이의 희생자가 발생하였다.[42] 유럽의 경우 흑사병은 1347~1353년 사이 1차 유행에 이어, 1360~1363년, 1369년, 1374~1375년, 1382~1383년 등 되풀이되어 발병하면서 인구를 회복할 여력마저 앗아갔다. 잉글랜드 통계에 따르면 2차와 3차 유행의 경우에도 사망률이 10%를 상회한 것으로 추정된다.[43] 그 결과 유럽의 인구는 1460년대까지 계속 하강곡선을 그렸으며, 이 시기의 인구는 1300년경 인구의 절반에도 미치지 못하였다[44](참조 [그림 8-3]).

41 아부-루고드, 『유럽 패권 이전』, 391쪽. 근대 초에 이르기까지 흑사병이 발병하는 곳이면 어디서든 수시로 교통망이 단절되어 사람과 물자의 이동이 제한되는 상황이 반복되었다.

42 Dols, *The Black Death in the Middle East*, pp. 172-200.

43 R. S. Gottfried, *The Black Death, Natural and Human Disaster in Medieval Europe*, New York/London: The Free Press, 1983, pp. 129-135; 박흥식, 「흑사병과 중세 말기 유럽의 인구문제」, 『서양사론』 93, 2007, 28-30쪽.

44 일국 단위의 통계 산출이 유일하게 가능한 유럽 국가는 잉글랜드인데, 해처는 모든 자료를 종합하여 15세기 중반의 인구가 흑사병 발병 직전에 비해 약 60% 감소했다고 추정한다. J. Hatcher, *Plague, Population and the English Economy*, London: Springer, 1977, pp. 68-69.

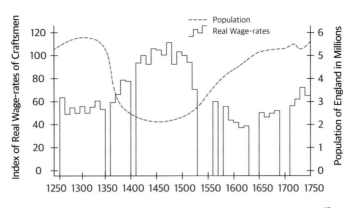

그림 8-3 1250~1750년 사이 잉글랜드의 인구와 노동자 실질임금의 변화[45]

　이 생물학적 재앙은 18세기 중반에 이르기까지 유럽 지역을 떠나지 않고 출몰하면서 인구 회복을 지속적으로 억제하였다. 한 통계에 따르면 흑사병은 유럽 지역에서 1347년에서 1900년까지 6,929회, 1760년까지만 계산하면 6,764회 발병했다[46](참조 [그림 8-4]). 이 역병이 14세기 중엽에서 18세기 중엽 사이에 매년 16.3개 도시 혹은 지역에서 계속 발병한 셈이다. 발병 빈도는 14세기 중엽과 30년 전쟁기에 가장 잦았지만, 그 사이 기간은 물론 17세기 3/4분기까지도 지속적으로 높은 수치를 보였다. 한편 전 기간에 걸쳐 치명률에 어떤 변화가 있었는지 확인할 수 있는 자료는 존재하지 않는다. 분명한 사실은 감염병의 빈번한 발병으로 인한 인구 충격과 위기상황은 중세 말과 근대 초에 걸쳐 유럽사의 전개에 구조

45　Hatcher, *Plague, Population and English Economy*, p. 71에서 재인용.

46　이 통계는 비라뱅의 광범위한 문헌 연구에 기반하였고, 그가 포함시키지 않은 19세기의 통계는 다른 자료를 참조한 것이다. Biraben, *Les hommes et la peste en France et dans des pays européens et méditerranéens* 1, pp. 375-449; U. Büntgen et al., "Digitizing Historical Plague," *Clinical Infectious Diseases* 55(11), 2012, pp. 1586-1588.

적 특징을 형성하였으며, 유럽 사회는 인구의 격감과 노동력 부족이라는 굴레에서 오랜 기간 헤어날 수 없었다는 점이다.

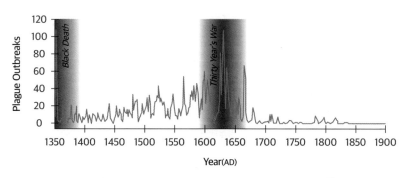

그림 8-4 1347년에서 1900년 사이 연도별 흑사병 발생 빈도[47]

　15세기 전반 기온이 다소 회복되었지만 15세기 중엽부터 다시 한 세기에 걸쳐 스푀러 극소기라 불리는 장기간에 걸친 한랭기가 도래하였다. 14세기 초 경험했던 소빙기 현상들이 더욱 심화되면서 지구 전체적으로 기후가 불안정하여 당대인의 생존 조건을 더욱 악화시켰다. 기후가 인간의 활동과 산업에 부정적으로 작용하였으며, 감염병의 발병까지 지속되면서 인구와 경제의 본격적인 회복을 억제하였다. 흑사병이 주기적으로 발병하여 사람들이 차츰 적응력을 갖게 되던 15세기 후반 유럽에는 천연두, 말라리아, 장티푸스, 이질 등 오래전에 유럽에서 발병하였던 감염병들이 재차 출현하였다. 잉글랜드의 경우 1430년에서 1480년 사이 반세기 동안 전국적 규모로 약 11회 시기적으로는 18년에 걸쳐 감염병이 유행했으며, 지역 단위에서는 적어도 20회에 걸쳐 다른 역병이 추가로

47　U. Büntgen et al., "Digitizing Historical Plague," p. 1587, Figure 1.

발병한 사실이 문헌 사료에서 확인된다. 흑사병이 가장 빈번했고 또 치명적이었지만, 그 외 다른 감염병들이 동시에 출현하여 상황을 악화시켰다.[48] 이처럼 감염병은 산업혁명 이전 시기에 유럽인의 일상을 지배하고 있었을 뿐 아니라, 인구변화와 위기적 상황을 초래했다.

4. 남겨진 과제와 의문들

여러 자연과학적 연구성과들이 보여 주듯이 기후변화는 중세 성기 호황기는 물론 14세기의 대기근과 흑사병의 발병, 농업경제 체제의 위기, 그리고 나아가 대전환에 이르게 한 결정적인 원인이었다.[49] 기후변화는 한편으로 유럽에 기근을 비롯한 다방면의 경제적 위기를 유발하였고, 다른 한편으로 숙주와 매개생물의 생태에 영향을 미쳐 페스트균의 발병과 확산으로 이어졌다. 흑사병이 14세기 중반 유럽 문명의 대전환을 촉발하고 견인하였던 것은 그 시기에 기후환경과 생태계는 물론 유럽의 정치, 경제, 사회 등 여러 조건이 맞물려 역사상 좀처럼 보기 어려운 방식으로 시너지 작용을 일으켰기 때문이다.

기후변화라는 포괄적이고 광범위한 힘이 변화의 원인이자 추진력

---

48 R. S. Gottfried, "Epidemic Disease in Fifteenth Century England," *The Journal of Economic History* 36(1), 1976, pp. 267-270.

49 D. D. Zhang et al., "The causality analysis of climate change and large-scale human crisis," *PNAS* 108(42), 2011, pp. 17296-17301; R. P. H. Yue et al., "Examining the Direct and Indirect Effects of Climatic Variables on Plague Dynamics," *Atmosphere* 11(4), 2020, pp. 1-17. 근래에는 기후변화가 과거의 대규모 이주는 물론 전쟁에 미친 영향도 연구되고 있다. H. F. Lee et al., "Climate change, population pressure, and wars in European history," *Asian Geographer* 36(1), 2019, pp. 29-45.

으로 작용하였을지라도 자연현상이 일방향적으로만 작동한 것은 아니었다.[50] 중세 성기 유럽에서 늘어나는 인구를 부양하기 위해 추진하였던 무분별한 개간과 과도한 도시건설은 생태환경을 악화시켰고, 늘어난 인구가 배출한 오물과 쓰레기 등도 환경에 지속적으로 부담을 끼쳤다.[51] 중세 말기에 두드러졌던 빈번한 전쟁, 유라시아 대륙을 가로지르며 이어진 세계적 규모의 활성화된 네트워크 등 인간 사회가 만들어 낸 여러 종류의 요인들도 흑사병 대유행의 원인을 구성하였으며, 중요한 순간마다 우연적 요소들까지도 개입되었다. 이런 점에서 자연과 인간 사이에 작동하는 힘이 대등하지는 않지만, 관계를 맺는 방식은 상호적이었다고 할 수 있다. 결국 환경과 인간의 상호작용을 통해 성장하고 확산된 페스트균이 취약해진 유럽의 사회-생태 시스템을 전복시켰던 것이다.

한편 흑사병이 18세기까지 유럽에서 사라지지 않고 출몰하였지만, 왜 그토록 오랜 기간 지속될 수 있었는지는 아직까지 수수께끼로 남아 있다. 앞서 페스트균이 중앙아시아로부터 시차를 두고 반복해 유럽으로 유입되었다고 추론하는 주장을 소개하였지만[52], 그 과정에 대해 의문이 있고, 동서 교역로가 예전과 같지 않던 15세기 이후에도 유럽의 흑사병이 그 이전과 동일한 방식으로 확산되었으리라고 인정하기도 어렵다. 주목할 사실은 흑사병의 종식이 1850년경까지 이어지던 소빙기와 운명을 같이하였다는 점이다. 특히 흑사병의 지속성과 소빙기의 관계에서 핵심

---

50 2014년 제40차 기후변화에 관한 정부 간 협의체(IPCC)에서 최종 채택된 「기후변화 2014 종합보고서」에서도 인간 활동이 기후변화의 주된 요인이라고 결론 내린 바 있다.
51 박흥식, 「중세 말 도시의 환경문제와 대응」, 『서양사론』 100, 2009, 39-63쪽.
52 B. V. Schmid et al., "Climate-driven introduction of the Black Death," *PNAS* 112(10), 2015, pp. 3020-3025.

문제는 추위와 흑사병의 상관성이다. 캠벨은 기후변화를 대전환을 가능케 하였던 동력으로 간주하지만, 구체적인 인과관계나 작동방식까지 논리적으로 설명하지는 못하였다. 당대인은 누구나 겨울이 다가오면 흑사병이 물러가리라고 예상할 정도로 추위는 흑사병의 활동을 억제하는 힘을 지니고 있었다.[53] 그렇다면 숙주와 매개생물 없이 유행할 수 없던 페스트균은 소빙기의 추운 겨울에 북유럽에서 어떻게 생존하고 번식할 수 있었을까? 흑사병이 유럽에서 일 년 내내 활동적일 수 있던 이유가 무엇인지 병인학적으로 충분히 규명되지 않았다.[54] 일부 연구자는 근대 초에 이르러 유럽인들이 차츰 페스트균에 저항력 있는 유전자를 축적하며 흑사병과 공존하게 되었다는 주장을 제기했다. 대규모의 반복된 인구재앙을 거치며 생존자의 유전자 구성이 페스트균에 저항하도록 변화했고, 숙주들도 어느 정도 면역성을 획득하면서 흑사병이 점차 사라지게 되었다고 추정한다.[55] 한 연구팀은 14세기의 유행과 비교해 16, 17세기에는 흑사병의 성장 속도가 심지어 네 배까지 빨라졌다는 연구결과를 제시하면서 림프절 페스트에서 폐페스트로 전파방식의 전환을 추론한다.[56] 이처

---

[53] 스콧과 던컨은 오히려 소빙기가 본격화하면서 나타난 대대적인 저온화 현상이 잉글랜드와 스코틀랜드에서 흑사병을 누그러뜨리고 결국 사라지는 데 영향을 미쳤으리라 추측한다. 수잔 스콧·크리스토퍼 던컨, 『흑사병의 귀환』, 황정연 역, 황소자리, 2005, 280-281쪽.

[54] 추운 시기에 페스트균의 활동은 현저히 제한되지만, 동면하는 숙주나 매개생물에 기생해 겨울을 보낼 수는 있는 것으로 알려져 있다. L. P. Bazanova et al., "Seasonal peculiarities of plague agent(Yersinia pestis) transmission to the long-tailed suslik by fleas(Citellophilus tesquorum) in Tuva," *Zoologichesky Zhurnal* 86, 2007, pp. 846-852.

[55] 이와 관련해서는 여러 단편적인 주장과 추론들이 있다. A. B. Appleby, "The Disappearance of Plague: A Continuing Puzzle," *The Economic History Review* 33(2), 1980, pp. 161-173; P. Slack, "The Disappearance of Plague: An Alternative View," *The Economic History Review* 34(3), 1981, pp. 469-476; S. Monecke et al., "Modelling the black death. A historical case study and implications for the epidemiology of bubonic plague," *International Journal of Medical Microbiology* 299(8), 2009 pp. 582-593.

[56] D. J. D. Earn et al., Acceleration of plague outbreaks in the second pandemic, *PNAS*

럼 흑사병의 지속성과 소멸 등을 둘러싸고 제기되는 여러 가설은 아직 문제 제기 차원에 머물러 있으며, 후속 연구와 다방면의 검증을 필요로 한다. 중세 말과 근대 초에 유행했던 흑사병에 대해서는 아직 수수께끼로 남겨져 있는 질문들이 많다.

기후와 흑사병의 관계에서 볼 수 있듯이 기후변화가 인간에게 미치는 광범위한 영향력을 배제한다면 각종 재난이나 사회변화의 원인을 온전히 설명하기 어렵다. 다행스럽게도 이제 자연과학의 성과에 힘입어 기후가 역사에 미친 영향을 파악할 수 있는 자료들이 현저히 많아졌다. 물론 고기후 자료나 분자생물학의 유전 정보 등이 과거를 재구성하는 데 기여할 수 있는 부분은 어느 정도 제한되어 있지만, 역사가들이 문헌사료 외에 자연과학의 성과에 눈과 귀를 열어두어야 할 새로운 환경이 조성된 것만은 분명해 보인다. 학제적 경계를 넘어선 융합연구가 역사학의 영역을 더욱 확장하고, 나아가 풍요롭고 설득력 있게 만들 수 있으리라는 기대를 갖게 한다.

—— 117(44), 2020, pp. 27703-27711.

세계화 시대, 신종감염병의 습격과 대응[1]
– 메르스를 중심으로

안명옥

감염병 역사는 세균, 바이러스 등 병원체 도전과 인간 반응으로 인간과 환경의 상호작용에 의해 변화해 왔다. 지구 생태계에의 인간 개입은 신종감염병의 진화와 연결되어 코로나19[COVID-19]와 같이 인류 전체의 삶에 큰 변화를 가져왔다. 주기적으로 출현하는 신종감염병[emerging infectious diseases]이라 명명된 다양한 인수공통감염병은 더 특이하다.[2]

세계화 시대, 글로벌 시대에는 감염병도 지역경계 없이 급속도로 확

---

1 이 글은 이화사학연구소 2021년 추계학술대회(2021.11.26.)의 주제였던 「감염병과 국가의 대응: 역병에서 메르스까지」에서 발표했던 필자의 국립중앙의료원 원장으로서의 메르스 대응 경험, 「세계화시대, 신종감염병의 습격과 대응 - 메르스를 중심으로」와 그 정리 종설인 『이화사학연구』 64, 2022, pp. 33-107의 저자 논문 「세계화 시대, 신종감염병의 습격과 대응 - 메르스를 중심으로」를 압축, 수정한 글이다.
2 안명옥, 「기후변화와 한국의 감염병: 메르스와 최근 감염병 중심으로」, 『생태환경과 역사』 5, 2019, 31-67쪽.

산하며 움직인다. 2019년 말 시작된 코로나19 팬데믹이 2023년에도 창궐하고 있다. 21세기 진입 후 대한민국은 2003년 사스^{SARS}(중증급성호흡기증후군), 2009년 H1N1 인플루엔자(신종플루), 2015년 메르스^{MERS}(중동호흡기증후군)에 이어 2020년 1월 20일 첫 확진환자 발생을 시작으로 2023년 1월 시점에도 전 세계적 대혼돈 시대를 초래하고 있는 4번째 신종감염병 코로나19를 맞았다. 2014년부터는 에볼라, 메르스, 지카, 중증열성 혈소판 감소 증후군 등 일반 대중은 물론 의학 전공자들도 잘 알지 못하던 질병들이 세계 곳곳에 등장했다. 앞으로도 신종감염병의 습격은 계속될 것이다. 인간안보$^{Human Security}$[3]에 치명적 재난이다. 생명을 지키는 건강안보$^{Health Security}$는 전쟁과 버금가는, 아니 더 근본적인 상위의 인간안보 개념이다. 현재진행형인 코로나19는 2023년 2월 21일 2시 기준 월도미터^{worldometer}[4] 통계상 전 세계 누적환자 678,785,856명, 누적사망자 6,791,688명이다. 대한민국 통계는 2023년 2월 21일 0시 기준 누적환자 30,445,775명, 누적사망자 33,873명이다.

  코로나19 팬데믹으로 천문학적인 사회·경제적 피해 발생은 물론 삶의 근본을 흔들어 생활문화 형태까지 변화되었다. 이제 코로나19 전의 상황으로는 되돌아갈 수 없는, 넥스트 노멀$^{next normal}$[5] 시대를 살아가야 한

---

3 인간안보(Human Security)란 1994년 UNDP Human Development Report에서 나온 개념으로, 7가지 인간안보의 영역은 다음과 같다. ① Economic Security(경제적 안보), ② Food Security(식량안보), ③ Health Security(건강안보), ④ Environmental Security(환경안보), ⑤ Personal Security(개인안보), ⑥ Community Security(지역사회안보), ⑦ Political Security(정치적 안보). UNDP, "Human Development Report 1994: New Dimensions of Human Security," 1994 참조. 최근에는 Cyber Security 개념이 더 첨가되어 사용되기도 한다.

4 국제통계사이트(https://www.worldometers.info/) 참조.

5 McKinsey에서 코로나 팬데믹 발발 직후 2020년 3월 23일 insight report에서부터 차용한 코로나 이후 변화 시대를 지칭하는 상징으로, 세계적으로 학계를 비롯, 모든 영역에서

다. 과거 메르스의 쓰라린 경험 축적과 개선된 체계의 힘으로 대한민국은 불행 중 다행히 코로나 초기, 정치와 행정부의 결정장애에도 불구하고 전 세계적 불행 사태에 비교적 선방하였다. 2022년 3월에는 초기의 선방과 달리 3월 셋째 주에는 인구수에 상관없이 확진환자 전 세계 발생 1위를 차지하는 오명을 갖게 되었다. 이 시기 동안 정치적 결정이 아닌 과학적 근거에 의거한 국가의 위기대응결정이 얼마나 중요하고 절실한지, 지도자와 행정부의 결정이 각국 시민들 생사와 매일의 생활에 얼마나 치명적 영향을 미치는지를 더 잘 알게 된 팬데믹 시기다.

코로나19 바로 직전의 메르스 극복 경험을 돌아보면서 다시금 온고이지신溫故而知新 태도로 새로 도래할 신종감염병 준비에 의견을 보태고자 한다. 임진왜란 후 유성룡의 『징비록懲毖錄』6이 쓰였으나 정묘호란7을 예방하지는 못했다. 기록이 있어도 후속적 공유 및 사유와 행동이 따르지 않는 한 글은 그 막강한 힘을 발휘하지 못한다. 그러나 어디에선가 슬기로운 이들에 의해 경험과 지혜가 공유될 것을 믿으며 기록의 힘, 집단지성의 힘을 믿으며 기록한다. 메르스 경험이 축적의 시간과 경험으로 승화하여 다양한 영감의 씨앗이 되고, 필시 또 도래할 신종감염병에 충실한 대비책이 각 영역에서 마련되기를 충심으로 바란다. 재난에 대한 최상의 대비는 최악 상황을 가정하여 준비하되, 최악의 상황이 발생하지

사용되는 용어.

6 『징비록』은 임진왜란 후 유성룡(1542-1607)이 벼슬에서 물러나 있을 때인 1598년부터 저술했다. 손자가 경상도 관찰사인 외손 조수익(趙壽益)에게 부탁해 1647년(인조 25)에 간행되었다. 처음 간행은 1633년(인조 11) 아들 유진(柳袗)이 『서애집(西厓集)』 간행 시 포함하여 수록했다가 10년 뒤 16권의 『징비록』을 간행한 이후 원본 체재를 갖추었다는 설도 있다. 한국민족문화대백과사전.

7 정묘호란(丁卯胡亂)은 1627년(인조 5) 후금(後金, 뒤의 淸) 침입으로 일어난 전쟁.

않도록 하는 것이다. 겸허한 협업에 의거한 지혜의 축적과 행정부의 실행이 절실히 요구된다.

1. 신종감염병의 습격

1) 우리나라의 법정 감염병

우리나라에서는「전염병예방법」[8]이 1954년 2월 2일 제정되어 1957년 2월 28일부터 시행되었고 그 후 2009년 12월 29일「감염병의 예방 및 관리에 관한 법률」[9]로 전부개정 된 후 2010년 12월 30일부터 시행되었다. 10년이 지난 2018년 3월 27일「감염병 예방 및 관리에 관한 법률」이 또한 번 전부개정[10] 되어 2020년 1월 1일부터 시행된 시점에 1월 20일 코로나19 발생이 보고되었다. 코로나19는 새 체계 1급 법정감염병의 신종감염병증후군으로 분류되었다가 2022년 4월, 2급으로 정부가 분류 체계를 바꾸었다. 앞으로 학문적 근거에 의한 진보된 법정감염병 체계를 기대한다.

---

8   법률 제308호「전염병예방법」(1954.02.02. 제정, 시행 1957.02.28.). https://www.law.go.kr/법령/전염병예방법/(00308,19540202).

9   법률 제9847호「감염병 예방 및 관리에 관한 법률」(2009.12.29., 전부개정, 시행 2010.12.30.). https://www.law.go.kr/법령/감염병의예방및관리에관한법률/(09847,20091229).

10   「감염병 예방 및 관리에 관한 법률」 전부개정으로 2019년까지 1~5군, 지정 등 6종류로 분류하던 총 80가지 법정감염병에서 2020년 1월 1일부터 1~4급 감염병 분류, 총 87종 법정감염병 분류체계를 사용하게 됨. 법률15534호「감염병예방및관리에관한법률」(2018.03.27. 일부개정, 시행 2020.01.01.).

2) 인수공통감염병

우리나라의 경우 「감염병의 예방 및 관리에 관한 법률」 중 제1급감염병에 해당되는 감염병 17종은 모두 인수공통감염병이다.[11] 현재 세계적으로 인간을 감염시킬 수 있는 병원체는 총 1,415종이 확인되어 있는데, 이 중 61%가 인수공통감염병이다.[12] 그중 30~40%가 한국에서도 발병할 수 있을 것으로 추정된다. 또한 20세기 이후 발생한 신종감염병의 75% 이상이 야생동물로부터 유래했다. 최근 10년간 40여 종의 신종 인수공통감염병이 전 세계적으로 발생했는데 세계보건기구WHO에서 연구 및 치료제 개발이 시급한 10대 감염병으로 천명한 감염병 모두 인수공통감염병이며 지속적으로 발생, 유행하고 있다. 10대 감염병은 크리미안콩고출혈열, 필로바이러스(에볼라, 마버그), 고병원 코로나(사스, 메르스), 라싸, 니파, 리프트계곡열, 치쿤구니아열, 지카 바이러스, 중증열성혈소판감소증후군, 신종질환이다. 사스, 신종인플루엔자, 에볼라, 메르스 등 인수공통감염병은 전쟁 다음으로 많은 인명 피해 및 경제 손실을 초래하였는데 전 세계적인 손실을 간략히 살펴보면, 사스의 경우 774명 사망에 500억 달러 손실이 있었고, 신종인플루엔자는 18,500명 사망에 300억 달러 손실을 보았으며, 에볼라는 11,316명이 사망에 총 22억 달러 손실을 기록했다.[13] 코로나19 팬데믹은 2023년 여전히 진행 중이라 그 막대한 손실은 집계 진행 중이다.

이렇듯 최근 세계적인 신종감염병의 주를 이루는 인수공통감염병

---

11   질병관리청, 『2020 감염병감시연보』, 질병관리청, 2021.9.24., 55쪽.
12   질병관리청, 『2018 감염병감시연보』, 질병관리청, 2019.6.28., 447쪽.
13   질병관리청, 『2018 감염병감시연보』, 447쪽.

들 등장은 크게 5가지 원인을 들 수 있다.[14]

① 기후변화: 기후변화로 연평균 기온이 오르고 자연재해가 늘어
나며 매개체들의 활동 지역과 창궐 시기도 변화가 왔다.

② 병원체의 진화: 시간이 흐르며 변이의 등장과 항생제 남용 등
으로 항생제 저항성 병원체도 늘어났다.

③ 개발 확대: 인구 증가와 이동과 연결된 개발 확대로, 매개체,
병원체도 분포가 변화하고 노출 빈도도 증가되었다.

④ 인구 이동 및 무역 증가: 세계적 자유무역과 교류, 경제적 불평
등으로 인한 인구 이동과 함께 병원체도 세계 곳곳으로 이동하
였다.

⑤ 경제 위기: 과거 2008년 세계적 경제 위기는 저소득, 저개발
지역의 열악한 의료자원 부족과 보건의료 시스템에 더한 타격
을 주었다. 그 외에도 다양한 사회, 문화, 경제적 요인에 의한
영향들이 있다.

한국의 인수공통감염병 위기대응 수준은 매우 낮다고 평가된다.
2015년 한국에 막대한 영향을 끼쳤던 메르스 사태에서도 초기 적절치 못
했던 정부의 대응은 비판 대상이었다. 그러나 그 경험에 의거한 반전으
로 잘못을 시정하는 끊임없는 노력과, 전문가들의 민첩한 대응, 민관협
업PPP: Private-Public Partnership과 후속 법제화 등 제도의 신속한 변화로 불행 중
다행히 빠르게 수습되었고, 필요 조치들이 이루어졌다. 그 아픈 경험으

---

14 안명옥, 「기후변화와 한국의 감염병: 메르스와 최근 감염병 중심으로」, 39-40쪽.

로 코로나19의 초기 선방이 가능했다. 신종감염병 국내 제도 변화 영향은 「6. 국가의 대응」에서 논의될 것이다.

2. 메르스(중동호흡기증후군) 유입과 전개

1) 메르스 시작과 종결

대한민국으로의 메르스 유입은 2015년 4월 24일부터 2주간 중동 지역을 업무차 방문한 후 5월 4일 400명 만석의 카타르 항공편을 이용하여 인천공항으로 귀국한 68세 남성으로부터 시작되었다. 귀국 후 7일째인 5월 11일부터 몸살과 발열로 3일간 충남 아산의 한 의원을 방문했으나 증상이 좋아지지 않아 경기도 평택의 병원에 5월 15~17일까지 3일간 입원하고 퇴원 후 서울 다른 의원을 방문하였다가 고열과 호흡곤란으로 삼성서울병원에 5월 18일 입원하였다. 예리한 감염병 전문의의 메르스 의심으로 질병관리본부에 의뢰하여 19일 검사가 시행되었고 20일 확정진단 후 첫 환자는 즉시 국립중앙의료원으로 이송되었다.

메르스 사태를 요약하면, 중동 체류 경험 68세 남성 첫 메르스 환자가 5월 4일 입국 후 2015년 5월 20일 확진된 뒤로 46일째인 7월 4일 마지막 186번째 환자가 확진 발표되었고, 첫 확진 70일째인 2015년 7월 28일, 비공식적으로 메르스 종식이 선언되었다. 같은 해 2015년 12월 23일 정부가 공식적으로 메르스 유행 종료를 선언한 날까지 환자 186명[15], 사망자 38명이 발생하고 16,693명이 격리되었다. 결론적으로 16개 병원에서 186의 확진환자가 발생하였다. 첫 환자가 방문했던 네 병원 중 평택의 병원에서 37명 확진자와 27명 자가격리자가 나왔고, 삼성서울병원에서만 확진자 91명 격리자 4,645명이 발생하였다. 첫 환자가 거쳐 간 두 병원에서만 128명의 환자가 발생하였다. 환자 186명 중, 보호자 혹은 방문객인 경우가 64명, 의료진 39명, 응급실 감염자가 88명이었다. 또한 슈퍼전파자 5명이 186명 중 82.3%인 153명에게 전파하였다. 감염역학적인 분석은 물론 일견하여도, 병원 감염이 주‡였다는 결론이 쉽게 도출된다. 병원 방문 및 간병 문화, 응급실 과밀문제 등 특이한 한국적인 사회·문화적 상황이 표출된 신종감염병이었다.[16]

메르스는 2012년 9월 사우디아라비아에서 첫 사례가 정식 보고된 이후로 2012년 4월부터 2023년 2월 16일까지(2023년 2월 현재 가장 최근 발표) 27개국 총 2,603명의 환자가 발생했고, 935명의 사망자가 발생했다.[17] 대다수의 환자가 병원소로 알려진 단봉낙타의 주요 서식지인 중동 지역에서 발생하였고, 특히 사우디아라비아에서 많은 환자가 발생하였다.[18] 중

---

15 보건당국이 메르스 유행 종료를 선언했던 2015년 12월 23일을 기준으로 국내 메르스 확진자는 186명, 사망자는 38명이었다. 보건복지부, 『2015 메르스 백서』, 2016. 이후 2018년 9월 8일 쿠웨이트를 방문했던 60대 남성이 확진 판정을 받음에 따라 누적 확진자는 총 187명으로 1명 증가했다(『연합뉴스』, 2018.09.08.). 한편, 지난 2017년 9월 13일, 국내에서 74번째로 메르스 확진 판정을 받은 뒤 서울삼성병원에서 2년 3개월 동안 입원해 치료받던 70대 남성이 사망함에 따라 메르스로 인한 누적 사망자는 39명이 되었다(『동아일보』, 2017.09.13.).

16 자세한 날짜별 전개와 내용은 안명옥, 「세계화시대, 신종감염병의 습격과대응 - 메르스를 중심으로」, 『이화사학연구』 64, 33-107쪽, 2022. 참조.

17 Food and Agriculture Organization of The United State(FAO) 웹사이트 참조. https://www.fao.org/animal-health/situation-updates/mers-coronavirus/en (2023.02.16. 검색)

18 질병관리본부에서 매주 갱신하는 「국내외 메르스 발생 동향」 및 질병관리본부, 『2018 메르스 중앙방역대책본부백서』, 질병관리본부, 2019. 우리 질병관리청에서는 이 보고서 이후, 2021년 1월 6일 간단한 메르스 관련 상식이 홈페이지에 게재되었고, 2023년 2월 21일 "2023년 1월 국외 발생 현황 (2023.01.31. 기준) (전체) '23년 신규 발생 없음"이라는 매우 간단한 기록이 있을 뿐, 전 세계 동향에 관한 리포트나 통계수치 등의 자세한 자료를 찾아볼 수 없다.

동 외 지역 발생 환자는 중동 지역 여행자거나 환자와 직간접적인 관련이 있다.

이미 많은 메르스 연구 결과에서 알려졌듯이 지역사회에서의 전파 근거는 없으며, 가족 간 전파와 의료기관에서의 전파로 인한 유행이 보고되었다. 명확한 감염 경로는 밝혀지지 않았지만 사람 간 밀접 접촉과 의료 서비스에 노출되는 것이 감염에서 가장 위험한 요소로 알려졌다.[19] 사우디아라비아에서 메르스가 유행하는 동안 100만 명 이상의 이슬람교도가 성지순례를 했지만 메르스 환자 발생은 없는 것으로 보고되기도 하였다.[20]

2015년 메르스 사태를 거치며 대응 과정의 문제점을 개선하기 위해 보건복지부는 2015년 9월 「국가방역체계 개편방안」을 발표하였다. '유입 차단 및 초기 대응', '유행 확산 시 총력 동원', '거버넌스 개편', '병원 감염 방지 의료 환경' 등 4개 영역의 48개 추진 과제로 구성되어 대부분의 과제가 조기에 이행완료 되어 2018년 메르스 국내 유입 시 추가환자 발생을 막는 데 밑거름이 되었다고 질병관리본부가 당시 자체평가 하고 있다.[21]

2) 메르스 전개과정에서 있었던 일들, 늦은 대응의 시작

2012년 9월 사우디아라비아에서 최초 메르스 환자가 보고된 시기는 2009년의 신종인플루엔자 세계적 대유행 직후여서 세계보건기구와

---

19 안명옥, 「기후변화와 한국의 감염병: 메르스와 최근 감염병 중심으로」, 『생태환경과 역사』 5, 2019, 53쪽.
20 대한감염학회, 『대한감염학회 백서 - 메르스 연대기』, 2017.
21 질병관리본부, 『2018 메르스 중앙방역대책본부백서』, 2019.

각국 보건당국은 사태를 주시했다.[22] 한국 질병관리본부도 2013년 6월부터 메르스 국내 유입에 대비, 중앙 메르스 대책반을 운영했고 모의 훈련도 수행했다.[23] 문제는 심각성이나 내용 등 정보가 일선 의료진에게까지 전달되어 있지 않았던 현실이다. 전국적으로 약 200여 명의 감염병 세부 전문의 정도만 어렴풋이 알고 있는 질병이었다. 2003년 사스 때에도 전 세계적으로 관찰된 문제의 반복 현상이었다. 현장의 일선 의사들은 무슨 일이 일어나고 있는지 알 수 없는 형편이고 한 병원 내(삼성병원 등의 예)에서도 정보 공유가 되고 있지 않았다. 이에 비해 코로나19는 양상이 완전히 다르다. 2019년 12월 31일 중국 우한에서의 환자 발생을 중국당국이 공식 발표함으로써 언론을 통해 이미 우리나라 대부분의 국민까지도 초기부터 인지하게 되었다.

감염병 재난 위기에서 투명한 정보 전달의 중요성을 알게 된 뼈아픈 메르스 경험으로, 그 후 정보 전달과 공유 체계(병원 간, 병원 내 정보 공유)를 만들었고 투명하며 신속한 정보 공개와 정보 전달의 중요성에 입각한 체계가 확립되었다. 하여 코로나19 초기, 한국의 신속한 추적, 검사, 치료 3T[Trace, Test, Treat] K-방역이 빛을 보게 되었다. 의료 체계 안에서는 2015년 메르스 경험으로 만들어진 정보공유시스템이 코로나19 사태 때 전국적으로 수진자자격조회시스템, 해외여행력조회시스템[ITS], 의약품안전서비스 조회시스템[DUR]이 모두 연결되어 의료기관 내원환자의 중국 여행력 정보를 제공했고, 약국 전산시스템을 수진자자격조회시스템과 연계하여, 약국 접수 단계부터도 환자 여행력을 파악할 수 있었다.

―― 22 보건복지부, 『2015 메르스백서』, 2016, 4쪽.
    23 보건복지부, 『2015 메르스백서』, 244쪽.

메르스 당시, 초기 정보 소통의 심각한 문제점이 있던 정부는 6월 1일부터 메르스 정례 브리핑을 시작하였고 언론에 메르스 발생 상황과 관리대책 정리자료를 지속적으로 제공했다. 메르스포털(www.mers.go.kr)을 운영하여 발표자료를 한곳에서 볼 수 있게 하였고, 확진환자 발생 의료기관, 선별진료소 및 국민안심병원 운영에 관한 정보 등을 제공하였다. 24시간 운영 메르스 핫라인(109)으로 국민궁금증을 풀어 주는 민원창구도 운용하였다.[24]

첫 환자나 다른 환자에 대한 메르스 감염 의심 및 확진이 늦어진 데는 많은 이유가 있지만 그중 중요한 점은 메르스[MERS-CoV]에 감염되었을 때 나타나는 호흡기 질환 및 임상 증상만으로는 감염 여부를 의심하기가 쉽지 않다는 점이다. 전 세계 신종감염병 동향을 자세히 알 수가 없는 일선 의료진이 환자의 해외여행 이력과 연결하여 환자 증상이 새로운 신종감염병에 의한 것인지 의심하기는 쉽지 않다. 메르스에서 보듯 보건당국과 감염병 세부전공 전문의들에서나 신종감염병 정보가 약간 부분 공유되고 있는 현실이다. 이는 우리나라뿐 아니라 세계적 현상이다.

초기 메르스 대응의 가장 심각한 문제는 정부의 투명한 정보 소통 부재였다. 그로 인해 보건당국에 대한 신뢰가 낮아졌다. 병원내 감염이었고 지역사회 감염은 없었음에도 정확하지 않은 정보들과 메르스 괴담들이 횡행하였다. 당시 6월 16일 자 중앙일보 기사[25]「뭐가 가장 두려웠나… 메르스 48%, 광우병 23%, 천안함 16%」에서 보듯 메르스에 대한 두려움 감정 비중은 빅데이터 분석이 도입된 2008년 이후 최대치였다. 메르스

---

24 보건복지부, 『2015 메르스백서』, 11쪽.
25 「뭐가 가장 두려웠나… 메르스 48%, 광우병 23%, 천안함 16%」, 『중앙일보』, 2015.06.16.

에 대한 두려움은 공포 그 자체였다. 투명한 소통은 대단히 중요하다.

메르스 대응 문제를 결론적으로 요약하면, 첫째, 초동 대응 실패, 둘째, 투명성이 결여된 소통의 문제, 셋째, 역학조사 전문인력 등 전문인력의 부족 및 소통 부재, 넷째, 시스템 부재다. 그러나 전 세계적으로 낙타가 있는 중동 지역 외에 가장 메르스 환자가 많이 우리나라에서 발생한 이유로는 원천적으로 한국식 병원 문화, 의료전달 체계의 문제, 응급실, 간병, 문병문화, 병실 안 밀집 환경 등 한국적 특이성이 작동했다는 데 있다. 이미 지적한 바대로 메르스 감염은 병원 감염이 주된 감염이었다. 이 와중에도 현명한 협동과 협업으로 민관합동 대책반 활약과 공공보건 의료기관의 의료진을 포함한 모든 종사자의 공공선, 공동선을 위한 헌신으로 첫 환자 확진 43일 후 마지막 환자 확진을 끝으로 확산은 43일 만에 종식되었다.

3. 국립중앙의료원의 메르스 대응

1) 국립중앙의료원 원장 취임부터 재난대응 예방과 준비는 시작되었다

세상에 존재하는 여러 재난을 슬기롭게 극복하는 과정은 네 가지 원칙이 있다. 예방Prevention, 준비Preparedness, 대응Response, 회복Recovery 과정이다. 우연일까 운명일까, 필자가 국립중앙의료원 원장 지원을 생각하던 시기는, 2014년 세계를 공포에 몰아넣었던, 치사율 90%에 달하는 에볼라[26]가

---

26 1976년도 출몰한 높은 치사율의 에볼라는 2013년 12월 기니에서 다시 환자가 발생하고 아

3부 국경 없는 감염병과 국가

서아프리카에서 창궐하던 시기였다. 만약의 경우 국내에 에볼라가 유입될 경우, 국립중앙의료원이 최전선이 될 것이므로 목숨을 바쳐야 하는 원장이 될지도 모른다는 비장한 각오를 다지며 오랜 기간 꿈이었던 공무원으로서의 헌신이라는 생각에 지원을 결행하였다.

에볼라 유입 가능성에 선제적 준비와 대응을 위해 취임 첫날(2014년 12월 22일) 원장실에 들어가기도 전에 처음 방문한 의료원 부서가 특수음압병동이었다. 당시 국립중앙의료원에는 1인실 3개, 5인실 3개를 합해 모두 6병실 18개의 음압병상이 있었다. 인연도 길다. 필자는 17대 국회의원 시절, 사스 당시 부실했던 음압병동 새건립 단초를 제공한 장본인이기도 하다. 국립중앙의료원은 질병관리본부가 국가지정 입원치료병상 병원으로 지정한 전국 19개 병원 중 가장 많은 음압병실을 갖고 있다. 그러나 의료원 상황은 열악했다. 황당했다. 심지어 신종감염병 환자 전용 엘리베이터도 없었다. 음압병실을 세세히 점검했다. 열악했으나 이 상황에서 에볼라 환자를 맞아야 할지도 모르므로 최선의 대응 준비를 해야 했다. 인적 자원 준비가 최우선 순위일 수밖에 없었다. 개인방호복PPE 착탈의 교육을 즉각 가동해 진행했다. 착탈의 교육에는 의료진뿐 아니라 청소하는 용역 업체 직원들까지 포함하였다. 비상시 어떤 상황이 벌어질지 아무도 알 수 없다. 만약을 대비해 누구나 방호복을 안전하게 입고 벗을 줄 알아야 직원 생명은 물론 환자 돌봄 자신감도 증진된다고 믿었다. 방호복은 한 번 입는 데만, 또 벗는 데만 20분 넘게 걸린다. 안전하게 입고 벗기 까다로운 방호복을 능숙하게 다루려면 충분한 교육과 반복이 필요했다. 동시에 에볼라 등 신종감염병 예방 체계의 학문적 준비로 의료

<hr>

프리카에서 급격히 에볼라가 창궐하여 WHO가 '국제적 공중보건 비상사태'를 선언하였다.

팀을 구성하고 세미나 등 교육과 감염병 유입에 대비한 훈련도 동시에 진행하였다.

취임 후 곧 오랜 꿈이었던 '위기대응단^{CERT: Community Emergency Response Team}'도 만들었다. 미국에서 보건학을 공부하고 예방의학 수련의를 하던 시절, 그들의 선진재난관리 시스템에 감명을 받으며 '언젠가 우리나라에도 그런 시스템을 구축하고 싶다'고 늘 생각했다. 국립중앙의료원이야말로 CERT를 펼쳐 볼 곳이었다. 위기대응단은 2015년 4월 16일 국회에서 발대식을 했다. 세월호 참사 1주기여서 더 의미가 있었다.

위기대응단의 모든 단원은 심폐소생술^{CPR: Cardiopulmonary Resuscitation} 자격증을 갖는 것이 첫 번째 단계였다. 국립중앙의료원 모든 직원이 CPR 교육을 수강케 했다. 강도 높은 실전 교육에 시험도 통과해야 하는 의무훈련이었다. 힘든 과정이었으나 직원들의 열정은 놀라웠고 힘들게 시험을 통과한 직원들의 자신감 역시 고취되었다. 심폐소생술 훈련에 더하여 수십 시간의 응급 및 재난대응 심화교육과 시뮬레이션 훈련까지 마치는 정예부대도 만들었다. 이 모든 훈련을 거쳐 국립중앙의료원 위기대응단^{NMC CERT}은 창설되었다. 4월 27일에는 에볼라 등 신종감염병 대응 토론회를 개최하며 만일의 에볼라 유입 사태를 준비했다. 위기대응단 발족 한 달 후, 에볼라는 다행히 유입되지 않았으나 메르스가 왔다. 메르스 유입 예견은 못했으나 결과적으로 사전준비는 철저히 한 셈이다.

이 위기에서도 당황하며 비상대책반을 꾸릴 필요가 없었다. 이미 위기대응단이 만들어져 있어서 메르스 상황에서 즉시 '메르스 비상대책본부'로 기능을 전환했다. 비상대책본부는 기존 위기대응단 기본조직인 의료반, 기획반, 행정반에 메르스 상황실을 추가해 본격적으로 대응 활동에 돌입했다.

2) 국립중앙의료원에 첫 메르스 확진환자 전원을 시작으로

감염병 세부전문의들조차 생소했던 메르스MERS: Middle East Respiratory Syndrome (중동호흡기증후군) 발발은 전격적이었다. 2015년 5월 20일 새벽 7시 30분에 국립중앙의료원 의료진이 질병관리본부로부터 국내 첫 메르스 확진환자 전원 통보를 받았다. 즉시 긴급회의를 소집하고 필요한 대응이 긴박하게 전개되었다. 한편 에볼라 대응지침에 의하면 확진자가 발생할 경우, 음압병동이 있는 5개 병원이 돌아가면서 순차적으로 한 명씩 받게 되어 있었다. 그때까지 국립중앙의료원은 '국가지정격리병원'으로서의 역할을 수행해 왔을 뿐이었다. 그런데 그날 확진된 환자 세 명이 낮에 두 명, 밤에 한 명 모두 국립중앙의료원으로 이송되는 상황이 벌어졌다. 국내에서는 발생이 전무했던 바이러스의 첫 발생, 메르스 환자 확진으로 국립중앙의료원은 전혀 경험해 보지 못한 상황에 처했다. 의료원이 하는 모든 일이 새롭게 시도하는 일이어서 순간순간 쉽지 않은 의사결정으로 긴박한 상황이 계속되었다.

재난상황에는 냉정한 판단과 철저함이 생명이다. 원장은 신속하고 냉철하게 최종결정을 해야 하는 사령관이다. 일생 중환자를 보살피며 훈련되어 왔고 보건학과 예방의학 수련의를 거치며 재난의학에 대한 이해까지 준비되어 있어 천만다행이었다. 위기에 더 냉정해지는 경향은 젊어서부터 훈련되어 온 터다. 하루 종일 회의와 준비 작업이 거듭되었다. 모든 준비는 동시에 이루어져야 했다. 한편 급한 대로 메르스 문헌을 찾아보기 시작했다. 문헌을 최대한 빠르게 찾아 관련 의사 선생님들 서로가 즉시 공유하였다. 그날 틈틈이 찾아진 메르스 관련 문헌들을 읽으며 다른 일들도 동시에 진행되었다.

감염내과 전문의를 중심으로 호흡기내과, 영상의학과 등 다학제 통합 진료팀을 긴급 소집해 적극적 협진을 논의했다. 우리는 거대한 팀이었다. 팀스피릿이 반짝이며 힘을 발휘했고 그 힘은 나날이 더 커졌다. 시간이 지남에 따라 국립중앙의료원의 의료진 다학제 진료팀은 50여 명까지 확대되었다. 하루에 두세 시간 간신히 쪽잠을 청하며, 중증인 환자들을 '반드시 살려야 한다'고 최선을 다했다. 모두가 합심하였다. 대한민국 공공의료의 최전선 중심병원으로서 현장에서 모든 의료원 직원은 헌신과 열정을 다하였다. 목숨을 내놓고 하는 공적 사명감 없이는 수행할 수 없는 극한 상황이 이어졌다.

그러나 나날이 환자는 늘어 가는데 국가기관들과 정보가 원활히 공유되지 않아 안타까웠다. 가만히 있을 때가 아니었다. 국민 생명을 지키는 일이 최선이었다. 나중에 어떤 응징을 받더라도 아는 모든 지식과 경험을 동원하여 능동적으로 대처하기로 결심하고 끊임없이 보건복지부에 의견을 개진했다. 전국 212개의 공공보건의료기관을 관장하는 공공보건의료본부와 전국 500여 응급실들의 중앙기관인 중앙응급의료센터가 있는 국립중앙의료원의 모든 시스템을 최대한으로 동원할 수 있으므로 현장 중앙 컨트롤타워 역할은 우리에게 맡겨 주기를 끈질기게 청하며 설득했다. 생생한 답은 언제나 현장에 있다. 계속 확산되는 메르스 상황에 보건복지부는 6월 4일 국립중앙의료원을 '메르스 중앙거점 의료기관'[27]으로 지정했다. 드디어 공식적으로 전국적 방역 체계를 가동할 수 있었다. 중앙거점 의료기관 지정 후 전국거점 의료기관의 진료 상황을

---

27 당시 국립중앙의료원이 보건복지부에 요구한 메르스 중앙거점 병원의 역할은 크게 네 가지다. ① 메르스 환자에 대한 집중 진료, ② 전국 메르스 거점 병원의 진료 상황을 총괄·관리, ③ 메르스 진료 가이드라인 개발, ④ 지역거점 의료기관 지원 역할을 수행하는 임무다.

3부 국경 없는 감염병과 국가

24시간 체계로 총괄적으로 관리했다. 그간 쌓아 온 모든 지식과 경험은 이 재난 상황에서 놀라울 정도로 빠르게 작동했다. 우리 1,500여 명의 직원들은 한마음 한뜻으로 재난 상황에 임했고, 직원들의 위기대응 능력도 엄청난 속도로 발전하며 모두가 한 몸같이 움직였다.

이쯤에서 언론과의 특별한 에피소드를 소개한다. 첫 확진자 입원 다음 날인 5월 21일, 국립중앙의료원에서 질병관리본부 주최로 열린 〈긴급 메르스 전문가 위기평가 회의〉 이후에 광화문 정부청사에서 기자 브리핑이 있었다. 국민에게 정확한 정보를 알리기 위해, 2012년 9월 사우디아라비아에서 처음 보고된 이후 중동 지역에서 발표된 여러 논문을 근거로 들어 메르스가 감염력이 높은 질환이 아니며, 기저질환 없는 건강한 사람에게는 감염률이 낮으므로 국민께서는 크게 염려하지 않으셔도 된다고 설명하였다. 그러나 공들여 준비한 브리핑이 언론들에 의해 앞뒤 설명 모두 잘리고 '감염률 낮다'는 부분만 희화화하여 지속적으로 반복 방영되었다. 결과적으로 국민의 공포심 증폭을 유도하는 언론의 신종감염병을 대하는 황색시각과 얕은 실력을 본 허탈한 경험도 있다.

그 당시 이미 유수의 의학잡지인 NEJM^{New England Journal of Medicine}에 발표된 연구논문에 의하면 감염 후 집에서 지낸 메르스 환자 26명의 가족 280명을 대상으로 조사한 결과 2차 감염 사례는 12명(4%)에 불과했다. 국내에서도 결과적으로 가족 간 전파 비율은 5~10% 이내였다. 그마저도 간병자였다. 만약 공기로 전파되는 병이었다면 지역사회에서도 발생했을 것이다.[28] 열 번째 확진환자가 증상이 심하게 있으면서도 만석으로 중국으로 비행기를 타고 가도, 확진자가 밤새 고속버스를 타고 움직였어

---

28 대한감염학회, 『대한감염학회 백서 - 메르스 연대기』, 17쪽.

도 지역감염은 일어나지 않았다.

4. 환자 증가에 따른 임시 음압병실과 보호구 확보,
에크모^{ECMO}팀의 결성

공식적으로 중앙거점병원으로 지정된 다음 날 의료원 전체 소개疏開를 결정했다. 메르스 환자 전담병원으로의 전환을 위해 다른 병원으로 환자 전원에 착수했으나 쉽지 않았다. 안타깝지만 어려운 결정을 할 수밖에 없었다. 6월 6일 이후엔 하루에 20명 이상 새 환자가 발생하는 긴급 상황이 전개되었다.

임시 음압병실 탄생 전후 이야기다. 국립중앙의료원의 기존 격리병상은 18병상이 있었으나 사용 병실은 5실이었다. 생소한 신종전염병에 치사율이 높다고 알려진, 경중이 다른 메르스 환자를 윤리적·의학적으로 한 병실에 함께 있게 할 수 없는 일이다. 경중환자가 순식간에 중증환자가 될 수도 있다. 병실 하나에 환자 한 사람만 입원해야만 했다. 이 상태로는 점점 늘어나는 확진 환자를 감당할 수 없었다. 음압병실을 확보해야 했다. 신속한 결정을 위한 수시적 회의가 연속되었다. 그중에서 전 세계에 수소문을 해 음압텐트를 비행기로 수송해 오는 결정은 즉시 내렸다. 또 시설팀 직원 제안 역시 획기적이었다. 산업 시설에서 사용하는 이동식 음압기가 있으니 활용해 보자는 의견이었다. 치열한 토론 끝에 이동식 음압기로 응급 음압병실을 만들 수 있는지 즉시 실험해 보기로 했다. 병실 하나에 이동식 음압기를 설치하여 반복적으로 정밀하게 실험했다. 환자 생명과 우리 모두의 생명이 달린 일이었다. 결과는 만족

할 만했다. 뛸 듯이 기뻤다. 가히 신의 한 수였다. 소음을 제거할 수는 없었지만 거의 완벽한 음압병실이 만들어졌다. 이제 다른 병실들도 전환하면 되었다. 음압병실을 하나 만드는 데 일반적으로 2~3억 원이 드는데, 간이 음압병실은 수백만 원으로 단숨에 만들 수 있었다. 물론 응급상황의 야전병원같이 임시로 만든 병실일 뿐이지만 말이다.

위기 상황에 걸맞은 진료 환경이 항시 구축돼 있다면 더할 나위가 없지만 '최선'이 불가하다면 '차선'을 선택하는 수밖에 없다. 중앙거점 의료기관인 국립중앙의료원에서 격리병상이 없어 확진환자를 못 받는 일은 없어야 했다. 답은 이동식 음압기밖에 없었다. 곧 시설팀에서 2병동 전체 일반 병실을 음압병실로 개조하는 작업에 착수했다. 병실은 밤낮없이 건설현장으로 전환되었다. 서둘러야 했다. 결정은 단호했고 실천은 빛의 속도로 이루어졌다. 인력이 대거 투입된 끝에 반나절이 지나자, 일반 병실이 하나둘 음압병실로 모양새를 갖춰 갔다. 꼼꼼히 밤샘 작업이 계속되었다. 이틀 밤이 지난 6월 10일, 드디어 두 병동에 임시 음압병실 공사가 완료되어, 최대 43실, 동시에 43명 환자를 받을 수 있게 되었다. 이후 시설팀 직원들은 방호복을 입은 채 필요하면 하루에도 수차례 이동식 음압기가 있는 격리병실에 들어가 음압을 확인했다. 음압 기능이 제대로 작동하는지 불안해하는 의료진들의 걱정을 덜어 주기 위해서였다. 동시에 유럽에서 공수해 온 음압텐트 10여 동을 주차장에 설치했다.

필자의 머릿속은 계속 분주했다. 주차장 음압텐트까지 모두 환자가 오게 되는 극한 상황이 되면 그다음은 어디를 준비해야 할까. 아마도 잠실구장, 상암구장에 이동식 음압기를 설치한 컨테이너를 준비해야 할지도 모른다는 생각이 엄습했다. 매일 2~3시간밖에 못 자는 극한 상황이 지속되었지만, 머리는 더욱 맑고 냉철하게 돌아갔다. 마지막 안전 보루로서 국립중앙의료원이 이 나라를 지키지 않으면 안 되는 상황이었다. 사력을 다하여 지켜야 한다. 옛날 전장에 선 장군들의 마음이 이랬겠구나, 이순신 장군의 마음이 이랬겠구나 싶었다. 잠을 자도 되는 상황에서도 잠이 오지 않았다. 더 긴장하고 더 고민하지 않으면 안 되는 상황이었다. 가장 깨어 있어야 할 사람이 바로 원장이었다.

이때 등장한 이동형 음압기를 이용한 선별진료실, 음압병실들은 2020년부터 이어진 코로나19 팬데믹에서는 전보다 대규모로 확대 설치되어 유감없이 빛나는 역할을 하고 있다. 당시 언론에서는 검증되지 않은 산업용 이동식 음압기를 의료 현장에 투입했다며 비난했다. 그러나 그 상황에서는 어쩔 도리가 없었고, 그런 힐난을 고스란히 감수할 수밖에 없었다.

물품이 부족한 것도 큰 고민이었다. 의심 환자나 밀접 접촉자를 진료할 때도 조심해야 하는 판국에 확진환자는 말할 것도 없다. 방역 수준을 최고로 높이려면 가장 필요한 게 방호복이다. 연일 환자가 입원하는 상황에서 직원들을 보호해 줄 방호복은 턱없이 부족했다. 재고를 파악해 보니 며칠도 못 버틸 수준이었다.

메르스 사태 기간을 통틀어 필자는 나중에 문책을 당하더라도 모든 결정은 최선을 기준으로 해야 한다는 신념으로 메르스 대응에 임했다. 특히 생명을 내놓고 일하는 우리 의료진의 안전을 위한 방호복은 필히 확보해야 한다는 생각에 상황을 아는 순간 바로 생면부지의 3M 한국 총괄 사장에게 직접 전화를 걸었다. 수요가 급증하면서 국내에서는 이미 물량이 바닥났기 때문이다. 이웃나라에서는 아직 메르스가 발생하지 않았다는 사실에 착안해 "그 나라들에서는 환자가 발생한 상황이 아니니, 일본이든 중국이든 필리핀이든 수소문해 달라. 방호복이 있기만 하다면

3부 국경 없는 감염병과 국가

대한항공이든 아시아나항공이든 부탁해서 비행기 편에 사람들이 공수해 오면 될 테니 알아봐 달라"고 요청했다. 난감해하던 3M 한국총괄 사장도 곧 "나도 대한민국 국민입니다"며 적극적으로 도왔다. 감동이었다. 위기 상황에 우리는 모두 하나였다.

관련 보호복과 장비들의 비축 기간도 늘렸다. 43병상, 즉 43인을 치료하기 위한 물품의 한 달 이상 사용분을 비축하는 원칙을 세우고 매일 점검하였다. 그러면서도 한편으로는 필요한 경우 지역거점병원은 물론, 다른 필요한 병원들에도 공급했다. 비축은 재난 대비에 꼭 필요한 사항이며 당연한 일인데도 이 때문에 "국립중앙의료원이 보호 장구를 사재기한다"는 오해도 받았다. 하지만 그런 오해쯤이야 아무래도 상관없었다. 전국 방역을 책임지고 있는 원장으로 묵묵히 할 일을 했다. 오로지 의료진을 포함 직원들을 보호하고, 환자를 살리는 게 중요했다. 병원 직원 한 명이라도 감염자가 생기면 병원 전체를 폐쇄해야 했다. 그러면 메르스 환자는 갈 곳이 없다. 파멸국면이다. 무조건 막아야 했다. 뿌듯한 일은 나중에 의료원 전 직원을 대상으로 메르스 항체검사를 실시한 결과, 우리는 메르스 균으로부터 완벽히 우리를 보호한 자랑스러운 전사들이었다는 사실이었다.

6월 10일 이후 의료원은 29개 중환자 음압병실을 동시에 가동하면서도 안정적으로 운용되었다. 한편에서는 끊임없이 고강도 훈련을 시행하며 의료진을 실전에 투입하였다. 겹겹의 두꺼운 방호복을 입고, 온갖 복잡한 의료기기를 활용하여 중환자를 돌보는 일은 매우 고난도의 작업이었다. 중환자실 시뮬레이션룸을 만들어 훈련에 훈련을 거듭했다. 직원들의 직접적 고난이도 훈련도 점점 더 수월해지며 심리적 안정감도 증가하였다. 그럼에도 계속되는 초긴장 상태와 절대적인 시간의 하중으로 직원들의 피로감은 극에 달했다. 모두 몸은 파죽음이 되어 가면서도 초인적인 능력을 발휘하며 하루하루 헌신의 나날을 보냈다. 밤낮없이 환자를 돌보느라 상상할 수 없는 양의 일을 하면서도 생명을 구한다는 사명감 하나로 근무하였다. 이 일을 겪으며 인간에 대한 신뢰심이 한층 더 고취되었고, 동료애는 더 커졌다. 이보다 더 아름다울 수 없을 정도로 아름다운 사람들이 묵묵히 일하고 있었다.

6월 27일 미국 질병관리본부^{CDC} 팀이 의료원을 방문하였다. 우리의 열악한 상황을 보면서 어떻게 이렇게 열악한 곳에서 한 명의 감염자도 없이 이렇듯 훌륭하게 환자들을 돌보고 있었는지 감탄하였다. 사람의 힘, 우리 국립중앙의료원의 의료진과 직원들 모두의 팀스피릿 결과였다. 우리 시설의 열악함은 부끄러운 정도였지만 그런 상황에서도 이렇게 잘하고 있다는 것은 사람의 힘이 얼마나 큰지, 사랑과 헌신을 행동으로 실천하는 힘이 얼만큼의 기적을 만들 수 있는지, 참으로 자랑스러운 일이었다.

그전 6월 18일 잊지 못할 감동적인 사건이 있었다. 메르스 발발로 대한병원협회 부회장 취임을 미루었고, 외부회의는 물론 국제회의 강의까지 모두 취소했으나 이날은 꼭 성사시키고 싶은 뚜렷한 목적이 있어 회의에 참석했다. 병원협회 부회장 임명장을 받기도 한 이날은 개인적으로 잊을 수 없는 날이 되었다. 무조건 참석하여 무조건 의견을 제안하였다. 시간이 지나며 전국 여러 병원에 있는 메르스 환자들이 위중해지는 상황이 되면서 에크모^{ECMO} 시술과 치료가 곳곳에 절실하게 필요한 상황이었다. 그러나 이 ECMO 치료는 지방의료원에서 할 수 있는 곳은 거의 없을 정도로 고난도의 시술과 실력이 필요한 치료이므로, 병원협회에 속한 대형 대학병원들로 하여금 ECMO팀을 가동하게 하는 것이 목적이었다. 고가 장비인 ECMO 기계와 함께 중환자, 혹은 호흡기, 흉부외과의 세부전공 전문의들인 기라성 같은 교수들이 바로 움직여 줄까? 과연 가능할까? 내 구상은 매우 파격적이었으나 상식적으로 있을 수 없는 일이라 우선 저질러 보자는 생각이었다. 간곡히 부탁하였다. 그런데 이 엉뚱한 제안과 거의 동시에 고무적인 답변들을 들으며 의료계 특유의 민첩한 행동이 뒤따랐다. 각 대학병원이 긴박하게 움직이며 점심시간 경에 나온 제안이 그날 오후부터 가동되는 놀라운 일이 벌어졌다. ECMO 기계와 이에 익숙한 대학병원 교수들이 전국에 필요한 곳으로 인력과 기계를 공급했다. 이는 정말 획기적인 일이었다. 기적이었다. 이는 어떤 위기에서도 우리가 적절히 대응할 수 있음을 확인하는 순간이기도 했다. 이 자리를 빌려 당시 그 결정을 파격적이고 신속히 해 주신 당시 병원협회 임원진과 생명을 담보하며 긴급히 언제 어디서나 기꺼이 동참해 주신 중환자, 호흡기, 흉부외과 전문의, 간호사 선생님들께 진심으로 감사드린다.

메르스와 전쟁하는 동안 국민분들의 격려도 이어졌다. 온 국민과 함께했던 감동적인 경험이었다. 이어 의료원에 도착하는 사랑 가득한 기부 물품과 사회 각계에서 보내온 응원 메시지, 유치원생들이 고사리 같은 손으로 쓴 위문 편지와 감사 카드, 힘내라고 보내 주신 직접 기른 산삼 뿌리, 이름도 안 밝히시겠다는 수많은 국민의 격려는 그 역경 안에서도 우리를 힘 나게 했다. 국립중앙의료원 메르스 의료진에게 보내온 시민들의 위문과 격려는 실로 빛났고, 감동이었다.

국립중앙의료원이 정상화되기까지의 초기 60여 일간 모두 40명의 환자를 우리 의료원이 보살피게 되었다. 가장 많을 때는 동시에 중환자들이 29명까지 입원하여 있었다. 결과적으로 메르스 공식 종료가 선포될 때까지 전국 확진환자 186명 중 30명과 후에 삼성서울병원에서 이송된 환자 10명 포함 의심환자로 판명된 29명, 모두 59명을 돌보았다. 그 후에도 의심환자는 계속 국립중앙의료원에 이송되었다. 포괄적 감염관리능력은 물론이고, 의료진의 수준 높은 진료역량을 확인받은 역사와 감동이 있는 현장에서 필자는 최고결정권자로 일할 수 있었다. 우리는 하나였다. 국립중앙의료원의 더 자세한 메르스 대응 기록과 이후 국가의 대응에 관한 자세한 사항들은 할당된 지면이 제한되어 이 글에는 포함되지 못했다. 2022년에 발간된 『이화사학연구』 64집, 33-107쪽 종설논문을 참조하면 좋겠다.

5. 국가의 대응

최근의 코로나19 팬데믹뿐만 아니라, 21세기에 들어 신종감염병의 출현으로 인해 변하는 사회·정치·문화 상황은 유발 하라리의 지적같이 가히 '건강 위기가 아니라 정치적 위기'라고 할 수 있다. 인간안보 전체를 뒤흔드는 생물학적 재난이다. 코로나19는 가장 극명하게 모든 나쁜 상황을 드러냈을 뿐이다. 각 국가가 취한 대응도 다양했으며, 이제 코로나19 이전의 시대와 코로나19 이후의 시대는 현격히 다른 시대로 구분될 것이다.

다행히 대한민국은 코로나19 초기부터 지속된 정부의 결정장애와 무능에도 불구하고, 메르스로 이미 축적된 경험과 제도 개선 및 학습효과와 더불어 시민들의 적극적 협조로 초기 방역선진국의 면모를 발휘할 수 있었다. 대한민국 2020년의 방역 현상은 상당 부분 메르스라는 2015년의 신종감염병 집단 경험의 축적과 진화에서 이루어졌다. 한편 과학적 근거에 의한 정부 정책과 결정이 얼마나 중요한지는 이번 팬데믹의 와중에 보인 각국의 거버넌스에서 여실히 증명되었다. 우리 정부의 전반 2년여의 대응은 과학적 근거에 기반을 둔 것이 아닌, 제대로 된 시뮬레이션도 없는, 그때그때의 몇 사람에 의한 충동적 의사결정과 정치방역으로 이름 지어진 정치적인 결정이었다. 과학자의 한 사람으로 필자는 이 같은 결정이 우리 사회 각 분야에 미칠 후환이 몹시 두렵다. 정책결정자들이 세계 동향에 어둡고 과학 발전에 무지한 소치가 그대로 드러났다. 이 세상 지식 세계가 얼마나 넓고 깊은지, 그래서 일류 전문가들과 과학자들의 의견을 경청하는 일이 얼마나 중요한지를 모르는 정책결정자들의 행동은 얼마나 무모한지, 그리하여 얼마나 많은 예방 가능한 코로나19 환자 발현과 죽음을 그대로 방치하였는지 생각할수록 안타깝다.

2021년 공식 선진국이 된 대한민국[29]이지만 초고속 성장의 이면에 파열음이 존재한다. 정치 후진성이야말로 가장 안타까운 현상이다. 집단 지성과 협업(cowork, collaboration, cooperation, cocreation)의 중요성에 대한 자각도 부족하다. 다만 각 시민의 자기개발과 사적 영역의 뛰어난 발전이 이 결정적 단점을 상당 부분 상쇄하고 있다. 이 복잡계 세상에서 사회란, 다양성과 각 분야를 망라해야 한다. 진정한 의미의 바람직한 '강한 국가·강한 사회' 모형이 국가 위기 대응에도 빛을 발하는 슬기로운 사회가 되기 바란다. 지속 가능한 개발 목표의 기본 원칙같이, 한 명의 인간도 배제하지 않는 생명철학인 포용성inclusion을 기반으로, 겸손하고 다양한 전문

---

29 유엔무역개발회의(UNCTAD: United Nations Conference on Trade and Development) 제네바본부 제68차 이사회(2021.07.02.)에서 만장일치로 한국의 지위가 개발도상국 그룹에서 32번째로 선진국 그룹으로 격상되었다. 대한민국은 1964년 UNCTAD 설립 당시 원조수혜국으로 가입하였다.

성의 협업과 시민사회 성숙이 이루어지는 강한 사회가 되기 바란다.

현재진행형인 코로나19 국가 대응에 관해서는 앞으로 방대한 자료 분석과 연구들을 통해 정리될 것으로 기대한다. 이 글은 2020년 코로나19 대응에 결정적 영향을 끼친 바 있는, 그래서 대한민국을 2020 팬데믹 상황에서 초기 선진방역국의 반열에 올린 2015년 메르스 국가대응의 뼈아픈 경험에 주제를 국한한다. 지면 한계로 간단히 2015년 한국 사회를 뒤흔들었던 메르스의 국가대응과 그로 얻은 축적의 경험과 정책 변화를 살펴봄으로써 현 코로나19와 앞으로 도래할 신종감염병의 과학적 대응 진화에 도움이 되면 좋겠다.

1) 메르스를 전후한 국가의 대응

신종감염병과 국내 제도변화를 간략히 살펴본다. 21세기 들어 2003년 사스 이후 질병관리본부가 출범하였으며 음압병실의 필요성을 인식하게 되었다. 2009년 신종플루(신종 인플루엔자A[HINI]) 이후에 질병관리본부에 공중보건위기대응과를 설치하고 「감염병의 예방 및 관리에 관한 법률」이 전면 개정되었다. 이 과정에서 감염병 환자 진료에 필요한 음압격리병상을 전국적으로 일정 수준 구축하였고 메르스 진단기술도 갖추었다.[30] 「감염병의 예방 및 관리에 관한 기본계획('13-17)」도 만들어졌다. 그럼에도 불구하고 메르스 때 적나라하게 드러난 메르스 초기 대응 문제점은 정부의 고질적인 행정편의주의적 문제를 포함하여 한국적 보건의료 상황, 사회문화적 병문안 문화 등의 복합적 상황에 기인한다.

---

30 보건복지부, 『2015 메르스 백서』, 15쪽.

중동에서 2012년 9월 메르스 발생 후 2014년에는 감염병 위기경보를 '관심' 수준으로 하여 메르스방역대책반을 꾸렸다. 2014년 6월에 「중동호흡기증후군 예방 및 관리지침」을 만들었으며, 12월에 개정하였다. 공중보건위기대응사업단은 2014년 6월 '중동호흡기증후군(메르스)의 국내 유입 대비와 대응'을 주제로 포럼을 개최했으나 구체적인 준비로 연결되지는 못하였다(즉, 문제는 이러한 질병관리본부의 움직임이 의료현장에서는 체감을 못하는 상황이었다). 2015년 메르스 유행으로 인해 감염병 관리의 중요성을 인식하고 정부가 질병관리본부를 차관급으로 격상한 이후 2018년 질병관리본부가 『2018년 메르스 중앙방역대책본부백서』에서 밝혔듯이 2015년의 경험과 그 후의 제도적 정비 등이 2018년 메르스 초동대처를 가능케 했다. 2015년 즉시 병실 기준이 바뀌었고, 응급실 정비가 대대적으로 이루어지며 음압(응급)병실도 마련되었다. 통합병동이 대대적으로 확대되었고, 수십 년 동안의 병문안 문화에 근본적인 변화가 왔다. 2018년 3월 27일 「감염병 예방 및 관리에 관한 법률」이 또 전부개정 되어 법정감염병 분류가 기본 용어까지 바뀌며 2020년 1월 1일부터 시행되었다. 또한 질병관리본부를 중심으로 기후변화 관련 감염병, 즉 매개체 감염병과 인수공통감염병 등의 연구와 대책에 많은 노력을 기울이고 있어서 앞으로 기대가 크다. 메르스 후 새 대응 체제 조치로 「국가 인수공통감염병 관리대책(2019-2022)」을 수립하게 되었다.[31]

초기 방역 시스템의 문제, 특히 숙련된 일선 방역 전문가의 부족과 방역 행정상 실책은 메르스 초기 대응의 가장 큰 문제였다. 환자 이동 상황에 대한 정보통제는 위기소통의 가장 커다란 실책으로 기록되었다. 감

31　질병관리청, 『2020 감염병감시연보』, 2021.

염병의 대유행에 대한 1차적 대처에서 가장 중요한 사항은 메르스 사태에서 이미 경험했듯이 역학적 접근법이다. 정부의 문제는 초기 역학조사 체계에서 여실히 드러났다. 후에 역학조사 시스템을 강화하기 위해 자발적으로 나선 관련 의학 학회들의 적극적 협력으로, 민간역학조사단을 활용하여 부족한 인력과 전문성을 보완하였다. 역학조사 방법도 다양해졌으며 휴대전화 위치 확인 기능, 의약품안전사용서비스^{DUR: Drug Utilization Review}, CCTV 분석 등을 활용하였다.[32] 대응 초기에는 지역에서 의심 및 확진환자에 대한 내용을 오프라인으로 보고하였으나 이후 지역보건의료정보시스템^{PHIS: Public Health Information System}에 메르스 통합정보시스템이 구축되었다.

더욱이 지자체 단위 지역 인력 문제는 더 심각하여 지역에서 제한된 역학조사 자원으로 하는 확진자, 격리자 관리는 원천적으로 문제였다. 서울시장의 오판으로 한층 더 기하급수적으로 늘어난 16,000여 명 격리 대상자들 역학조사를 세세히 하고 잘 관리한다는 것은 거의 불가능한 업무였다. 그러나 지역에서도 보건소 직원 포함 지방자치단체 관계자들의 헌신으로 이를 완수하였으며 메르스 전파 차단에 크게 기여하였다. 기본적으로 헌신적인 현장의 공적 인력들, 대한민국 국민, 시민들, 민간전문가들의 끝없는 헌신의 결과였다.

2) 평가와 후속조치들

「감염병의 예방 및 관리에 관한 법률」 개정 등 신속한 관련법 개정과 정비 및 국가방역체계 개편방안 등 행정부의 후속 조치가 따랐다. 신

---

32 보건복지부, 『2015 메르스 백서』, 12쪽.

종·해외 유입 감염병을 제4군 감염병으로 지정하게 되었고 감염병의 예방 및 관리에 대한.국가와 지방자치단체, 의료인 및 의료기관, 국민의 권리와 의무가 강화되었다. 환자 관리에 필요한 정보 수집 및 관계기관 협조에 대한 법근거가 만들어졌다. 격리자 및 입원자의 경제적 불이익 보전을 위해 유급휴가, 치료비, 생활지원 및 재정적 지원과 의료기관 손실 보전 법적 근거도 만들어졌다. 2020년 코로나19에 발 빠르게 대처하는 법적 기반이 메르스 사태 진행 중과 직후에 모두 마련된 셈이다. 정부는 2015년 9월 국가방역 체계 개편방안을 제안하였다. 총 48개 추진과제에는 ① 질병관리본부 역량 강화, ② 신종감염병 거버넌스 및 협력 체계, ③ 방역 업무 개선 과제, ④ 병원감염관리 역량 강화, 시설 개선 및 병문안 문화 등이 포함되어 있다. 그러나 국립중앙의료원의 감염병중앙병원 계획은 2016년 구체적인 부분까지 마련되어 2017년 건축시행단계까지 갔으나 갑작스러운 정권교체와 더불어 전부 없던 일같이 되어 답보 상태로 5년이 흘렀다.

한편 국회에서도 '중동호흡기증후군 대책 특별위원회'를 구성하고 결과보고서를 제출했다.[33] 감사원은 국회의 요구로 보건복지부와 질병관리본부 등 18개 기관을 대상으로 감사하고 결과를 2016년 1월 14일 발표하였다.[34] 2015년 9월 1일 정부가 발표한 '국가방역 체계 개편방안'의 48개 과제 내용에 대한 검토 시행 후 개선 사항도 제안하였다.

---

33 중동호흡기증후군 대책특별위원회, 『중동호흡기증후군대책 특별위원회 활동결과보고서』, 2015.
34 감사원, 『감사결과보고서 - 메르스 예방 및 대응실태』, 2016.

3) 국가 감염병 대응역량 강화를 위한 제언

메르스 유행은 백신이나 신바이오기술, 첨단 의약품으로 통제된 것이 아니라 역학조사와 격리, 검역과 같은 전통적 방역 조치에 의해 종료되었다. 코로나19와 양상이 다르다. 무엇보다 중앙과 지방 역학조사 업무를 담당할 '공중보건조직과 인력'의 중요성이 대두되었다. 전 세계 신종감염병 정보의 실시간 인지와 국민을 직접 대하는 현장 의료인까지도 정보 공유와 소통이 필요하고 최신 지식을 포함하는 잘 만들어진 매뉴얼도 필요했다. 탁상공론 방식의 훈련은 무용지물이었다. 신속한 위기대응을 위해 발 빠른 위기상황 분석과 결정이 필요함을 깨달았다. 또한 감염병은 일차적으로 지역사회에서 발생하므로 격리자 관리는 지방자치단체에서 담당할 수밖에 없음도 잘 알게 되었다. 그러므로 지방자치단체도 자체적 대응이 가능하도록 전문성을 갖춘 '감염병 관리조직'이 필요하다.

중요한 점은 한국적 사회·문화적인 상황이 메르스 사태에 중대한 변수였음을 알게 된 것이다. 국내 병원의 밀집 환경이 감염병 확산 요인으로 작용하였으며, 과밀응급실, 병원감염관리 문제 등 감염병에 취약한 의료 체계의 구조적 문제를 비롯하여 문병 문화와 간병 문화의 일대 쇄신刷新이 필요해졌다. 메르스 이후 의료인은 물론, 행정부와 국민들이 신종감염병에 경각심을 가지게 되었으며, 의료 관련 감염이 공적인 영역에 속한다는 점을 인식하게 되었다. 국민도 적극적으로 감염병 예방에 마스크 착용과 손 씻기, 사회적 거리 두기 같은 예방조치가 중요하며, 응급실 방문을 포함한 병·의원 이용 과정에 감염 위험이 존재함을 알게 되었다. 모두가 감염병 예방수칙을 실천하고 의료 이용 문화 개선이 필요함을 인지하였다. 또 중요한 경험은 질병관리본부(보건복지부)와 지방자치단체 간

갈등으로 긴급한 상황에 혼란이 가중된 문제, 공중보건당국과 의료기관 간 정보 공유 부족과 파트너십 부족으로 겪은 어려움이었다. 아울러 질병관리본부, 지방자치단체 및 의료기관 간 '감염병 대응 네트워크' 구축 필요성도 제기되었다.

* * *

2015년 단기간이었지만 메르스 사태는 우리나라 사회 전체를 공포로 흔들었다. 잘못된 의학적 정보들의 무책임한 전달과 확대가 공포의 핵심이기도 했다. 행정부의 초기 무능과 언론의 무지함도 공포에 일조했다. 그 후 대응은 일사불란한 민관협업의 개가였다. 일반 의료기관에서도 감염병에 대한 인식과 관심이 메르스를 계기로 더 증대되어 감염병 전문의 독립 진료과도 여러 병원에서 만들어지게 되었고 철저한 감염관리 정책이 도처에 시행되었다.

메르스와 코로나19 위기를 반면교사로 미래 신종감염병에 대해서는 철저한 준비가 필요하다. 종합추진계획의 충실한 이행에 더하여 신종감염병과 질환들이 중증화되며 호흡기 질환을 필히 동반하므로, 2015년 기결정되고 추진되었던 새로운 시스템을 제안한 바 있다. 이는 국립중앙의료원 '중앙감염병전문병원' 설립과 부속 '국립중앙호흡기질환센터'의 지정으로 중심 역할을 맡기고, 전국에 기지정 되어 있는 호흡기질환센터와 환경부의 환경보건센터 등과 긴밀히 연계하여 여러 호흡기 질환 관리를 동시에 하는 미래지향적 중앙관리 시스템이었다.[35] 2015년 메르스 이후부터 꾸준히 정부를 설득하는 노력을 해왔으나 2017년 정권이 바뀌며 논의가 중단되었고 아직도 이루지 못했다. 2022년 탄생한 신정권에서 진화되기를 바란다. 사스, 신종플루, 메르스, 코로나19 등 신종감염병의 장기 치유를 위한 목적을 비롯하여 가습기 피해자들의 호흡기 질환과 고령사회 여러 노인성 호흡기 질환, 미세먼지, 황사와 꽃가루 등으로 인한 환경성 호흡기 질환을 망라하는 호흡기 질환 문제의 포괄적 해결을 위한 혁신적이며 전향적 대책이 될 것이다.

지금 우리는 전 세대보다 더 많은 위기, 더 복잡한 위기, 더 광범한 위기, 더 새로운 위기들을 숨가쁘게 맞고 있고 지속적으로 맞이할 것이다. 코로나19에서 보듯 앞으로 도래하는 위기들은 지난 위기들과는 전혀 다른 방향으로 진행될 것이다. 전 지구적 공동체 의식으로 서로 협업과 협력을 하며 나날이 발전하고 있는 과학과 기술에 의거, 과학적인 근거 중심의 과학적 의사결정을 하며 진화해야 한다.

재난에 대한 최상의 대비는 "최악의 상황을 가정하여 준비하되, 최악의 상황이 발생하지 않도록 하는 것이다." 그러나 한정된 자원으로 재난을 대비해야 하는 입장에서 평상시에 많이 사용되지 않는 장비를 보유하는 것은 부담스러운 결정이 아닐 수 없다. 이러한 부분을 해결하기 위해 공공의료기관과 민간의료기관의 연계 체계 구축이 필요하다. 평상시에는 장비·시설 등 의료기관들의 현황을 실시간으로 파악하고, 재난 상황 발생 시 상호협력(장비 대여, 환자 전원 협조 등)을 통해 대응해 나간다면 최소의 투자로 최상의 효과를 얻을 수 있을 것이다. 이로써 지속 가능한 상시대기운용시스템stand-by operation system이 가능할 것이다. 이를 위해 중앙 거점 의료기관으로서 국립중앙의료원에 상설 위기대응센터(가칭)를 만드

---

35 안명옥, 「기후변화와 한국의 감염병: 메르스와 최근 감염병 중심으로」, 2019, 63쪽.

는 것이 시급한 과제라 생각하고 있고, 이를 준비한 바 있다.

메르스 사태는 공공의료의 필요성과 중요성을 확인시켜 주었다. '위기는 곧 기회다'라는 말처럼 메르스와 코로나19 경험은 대한민국 공공보건의료 체계를 재점검하는 기회이기도 했다. 대한민국 국가중앙병원인 국립중앙의료원이 명실상부 국가 공공보건의료 대표기관으로서 위상을 정립해야 한다. 2015년 이후 구체적 계획이 모두 세워져 있었던 중앙감염병전문병원 설립을 비롯하여 국내 감염병관리의료기관 연계 시스템, 호흡기 질환의 통합 시스템 건립과 실행이 더 늦춰져서는 안 된다. 2017년 급작스레 정권이 바뀌며 준비하던 모든 것이 없던 일이 되어 무방비로 코로나19를 맞게 된 이 불행한 상황을 또 반복하지 않기 바란다. 마침 故 이건희 회장이 대한민국의 감염병 대응을 위해 국립중앙의료원에 기부한 7000억 원에 국가가 예산 매칭을 하여 정교하고 융합적인 협업, 교육, 연구 기능을 갖춘 명실상부 최고의 국가중앙감염병병원과 시스템이 전국을 아우르며 마련될 것을 기대한다. 윤석열 신정부가 '코로나19 대응 100일 로드맵'을 2022년 4월 27일 발표하였다. 전기한 상시대기운용^{stand-by operatio} 시스템 가동은 필수여야 한다. 정부도 메르스와 코로나19를 통해 현장 중심의 실제 작동 가능한 공공보건의료 모델 구축의 중요성을 절감하는 계기가 되었다고 생각하고, 앞으로 공공보건의료에 대한 체계적인 지원이 이루어질 것을 기대한다.

가장 커다란 메르스 경험 결과는 그 대응 결과다. 초기의 혼란을 대단한 위기의식으로 협업을 통해 지혜롭게 극복했다는 점이다. 슬기롭게 축적된 시간과 경험은 늘 빛을 발한다. 재난과 위기라는 도전에 어떻게 반응하는가가 중요하다. 천차만별의 결과를 만든다. 엄청난 양과 질의 지혜와 슬기로움을 축적시킴으로써 다음 위기에 잘 대비할 수 있음을 2015년 메르스 극복과 그 후속 조치들, 2020년 코로나19 초기 대응에서의 한국 사회의 긍정적 상황을 이미 목도한 바 있다. 2020~2022년으로 이어지는 코로나19 팬데믹 위기 대응에서의 지리멸렬한 대응 상황에서도 냉철하고 정밀한 비판적 분석과 대책 마련으로 넥스트 노멀^{next normal}[36]을 준비하기를 바란다. 그럼으로써 결국은 다음 신종감염병 위기를 포함한 재난을 지혜롭게 극복할 수 있는 탄탄한 토대가 되기를 진정 바란다. 역사에서 치열한 배움이 있기를 바란다.

지금 국가가 해야 할 가장 중요한 임무는 '미래사회에 대한 예측 아래 국민건강권을 어떻게 보장할 것인지에 대한 철학'을 전제로, 인간안보에 대한 청사진을 정밀하고도 구체적으로 계획하고 실행하는 일이다. 과학적 의사결정의 중요성을 속속들이 깨닫지 않으면 안 된다. 정책주체자들이 과학적 근거에 기반한 예리한 분석과 정책 결정이 미치는 영향력과 결과에 대한 깊은 성찰이 절대적으로 필요하다. 또한 정부만의 능력으로 해결할 수 있는 일이 아니므로, 발달된 민간자원과 공공자원을 어떻게 활용할 것인지 그 효과적인 운영의 묘를 정부가 보여 주어야 한다. 보건의료 영역에서 일하고 있는 많은 사람이 정부의 보건의료정책에 전폭적인 신뢰감을 가지고 일할 수 있도록 해 주면 좋겠다.

---

[36] The COVID Collaborative and The Rockefeller Foundation's Pandemic Prevention Institute, 2022. Getting to and Sustaining the Next Normal: A Roadmap for Living with Covid. https://www.covidroadmap.org/

2000년대 글로벌 전염병 거버넌스의 변화[1]

최은경·이종구

2015년 6월에 발생한 메르스 유행이 종식되었음을 선언한 지 얼마 되지 않은 9월, 글로벌 보건 안보 구상(GHSA: Global Health Security Agenda)' 두 번째 회의가 서울에서 개최되어 47개국 대표단과 9개 국제기구 관계자들이 모여 '서울 선언문'을 채택하였다.[2] 글로벌 보건 안보 구상' 회의 장면은 일국의 전염병 대응이 더 이상 일국 차원의 정책이 아니라 해외 보건의료 기구와 전문가들의 협의를 통해 다루어지고 있음을 상징적으로 보여 주는 장면이라 할 수 있다.

2차 세계대전 이후 서구 국가들은 백신과 항생제의 발전으로 감염병은 더 이상 문제가 아니라고 생각하였다. 아프리카, 아시아 및 라틴아

---

1 이 글은 『의사학』 25(3)(2016)에 실린 저자들의 논문 「2000년대 글로벌 전염병 거버넌스의 변화: 글로벌 보건 안보의 대두와 국내 전염병 관리 체계의 변화」를 수정한 것이다.
2 「글로벌보건안보구상 사흘간 일정 마쳐 … '서울선언문' 채택」, 『헤럴드경제』, 2015.09.09.

메리카에서 감염병으로 인한 피해가 여전하였지만 이들 피해는 별달리 염두에 두지 않았다. 그러나 불과 수십 년 만에 감염병은 전 세계적인 위기로 부상하였다. HIV/AIDS와 SARS 유행은 가장 대표적인 감염병 위기를 만들어 낸 사례라 할 수 있다. 감염병으로 인한 위기를 목도한 오늘날 새로이 등장한 '보건안보health security' 프레임은 감염병 위기를 일국 차원의 위기가 아닌 글로벌 차원의 위기로 간주하고 다국가적, 초국가적 협력을 통해 해결하도록 한다. 보건안보 개념은 한 국가의 안보 개념을 넘어서 글로벌 전염병 거버넌스를 재조직하기 위하여 실시간 질병 감시와 정보 취합, 보고와 대응 등 감염병 대비 전 과정에서 지역과 초국가 기구가 끊임없이 교류, 협력하는 방향으로 바뀌고 있다. 2005년 국제보건규칙International Health Regulation의 전면 개정은 글로벌 전염병 거버넌스의 변화를 가장 잘 보여 준 사례이다. 한국 또한 이러한 글로벌 차원의 변화에서 예외가 아니다.[3] 본 연구는 글로벌 전염병 관리 체계와 한국의 체계 변화의 수평적, 수직적 맥락을 짚고, 향후 방향을 모색하려는 의도에서 시도되었다.

---

3 본 논문은 '신종감염병'과 '글로벌 전염병 거버넌스' 개념을 함께 사용한다. 전자는 emerging infectious disease를 의미하고 후자는 global infectious disease governance를 의미하여 결국 같은 '감염병'을 지칭한다. 그러나, 신종감염병은 1990년대부터 해외에서 주로 많이 쓰인 반면, 한국에서는 2010년에야 기존의 전염병예방법이 감염병의 예방 및 관리에 관한 법률로 표현이 바뀐 만큼 감염병/전염병 표현이 혼재되어 있다. 본 글은 국내와 해외의 용어가 다른 시기를 다루고 있는 만큼 신종감염병이란 표현과 글로벌 전염병 거버넌스라는 표현을 둘 다 유지하였다. 즉 거버넌스, 관리 체계를 다룰 때는 전염병이란 용어를 사용하고 해외의 신종감염병 관련 논의는 감염병이란 표현을 주로 사용하였다.

1. 2000년대 이전 글로벌 전염병 거버넌스
: 전통적 국제보건규칙 체제의 시작

1) 전통적 국제보건규칙의 수립

전염병 전파 방지를 목적으로 검역이 처음 실시된 것은 14세기 무렵이다. 그러나 전염병 발생에 관해 국가 간 교류, 교역의 감시 및 제한에 관한 국제적 논의가 처음 시작된 것은 1851년이다. 1817년부터 영국 등 유럽 각국에서 콜레라가 크게 유행하였고, 1830년대 초 프랑스 정부는 콜레라 유행에 대한 경각심으로 지중해 국가들의 위생 상태 조사를 위하여 프랑스 공중위생 고등위원회 서기 듀페이롱P. de Segur Dupeyron을 파견하였는데, 그는 각국이 서로 다른 검역 수단을 사용함에 따라 방역에 어려움이 크므로, 국제회의를 개최하여 외래 질병 유입 방지를 위한 보호 조치를 표준화할 필요가 있다고 보고하였다.[4] 그의 제안이 있은 지 20년 후, 1851년 프랑스 정부의 주도하에 12개국이 모여 첫 국제위생회의International Sanitary Conference를 개최하였다. 첫 회의에서 각국은 콜레라 유행에 대처하기 위하여 검역이 필요하고, 전염병의 국제 전파는 더 이상 일개 국가 차원에서만 다룰 수는 없으며, 교역과 여행을 통해서 전파되기 때문에 국제적 협력이 필요하다는 데에 공감하였다. 이후 7차에 걸친 회의 끝에 1892년 최초로 국제위생협약ISC: International Sanitary Convention이 체결되었으며 1903년 최종적으로 콜레라와 페스트를 다루는 하나의 협약으로 탄생

---

4 N. Howard-Jones, *The Scientific Background of the International Sanitary Conferences 1851-1938*, World Health Organization, 1975, p. 11.

하게 되었다.

1903년 체결된 국제위생협약의 골자는 특정 전염병의 발생을 타국에 서로 보고하는 한편, 과학적 근거에 기반한 검역 수단을 마련하는 데에 있었다. 각국은 보고된 정보에 기반하여 항구와 공항에서 가능한 검역 조치와 적절한 공중보건 수단을 취해야 했다. 협약의 목적은 가능한 한 엄격한 규정을 통해 검역이 이루어지도록 하여 각국이 필요 이상의 과도한 검역 조치를 취하지 못하게 함으로써 교역에 어려움이 없도록 하는 데에 있었다.[5] 협약이 체결된 후 1907년 국제위생기구OIHP: Office International d'Hygiène Publique가 수립되었는데, OIHP는 전염병에 대한 검역과 규제를 강화하고 전염병 관련 정보를 교환하는 역할을 수행하였다.

이렇듯 위생 협약이 체결되고 위생 관련 국제기구가 수립되었지만 2차 세계대전 이전까지 각국에 일관된 구속력을 발휘했다고 보기는 어렵다. OIHP가 설립되기 전 아메리카대륙 보건기구PAHO: Pan American Health Organization, 1차 세계대전 후 국제연맹 산하에 수립된 국제연맹 보건위원회 LNHO: League of Nations Health Committee 등 보건 관련 국제기구가 수립되었으나 이들 기구 내 협약의 수위는 통일되지 못하였다. 하지만 2차 세계대전 이후 UN이 창설되고 1948년 UN 산하에 보건 관련 기구로 WHO가 설치되면서 국제 보건기구가 WHO로 수렴되었다. 1951년 5월 25일 WHO가 기존의 국제위생협약들을 하나의 협약으로 정리, 채택함으로써 국제위생규칙ISR: International Sanitary Regulation이 탄생한다.

국제위생규칙은 과거 국제위생협약과 달리 협약을 체결한 각국에 국제법과 같이 기능할 수 있게 되었다. 이는 WHO가 헌장 21조 (a) '질병

---

5 World Health Organization, *International Health Regulations(1969)*, 1983, p. 5.

의 국제적 확산을 방지하는 것을 목적으로 하는 위생과 검역의 요건 및 기타 절차'에 따라 검역에 필요한 단일 규칙을 수립할 수 있는 권한을 부여받았기 때문에 가능했다.[6] 국제위생규칙은 페스트, 콜레라, 황열, 티푸스, 재귀열, 두창 등을 보고 의무 질병으로 포함하였고, 보고 체계상 각 회원국은 이들 질병의 환자가 1명이라도 발생하면 그 사실을 WHO에 보고하여 「역학 주보Weekly Epidemiological Record」에 발표하도록 하였다. 이렇듯 6개 질병을 규칙의 대상으로 삼은 이유는 이들 질병이 임상적으로 진단 가능하고, 각 지역에서 '검역 가능한 질병'이라는 점에 있었다. 국제위생규칙은 1969년 국제보건규칙IHR: international Health Regulation으로 명칭이 변경되었으며 두창이 소멸됨에 따라 1981년 보고 의무 질병에서 제외되었다.

2) 국내 질병 보고 체계 정비와 국립보건원의 탄생

단독정부 수립 후 WHO 가입에 노력을 기울여 왔던 한국은 1949년 6월 세계보건총회 표결을 거쳐 WHO에 가입하였다. 미군정은 1947년 8월 25일 보건후생부령 제2호로 해공항 검역 규칙을 제정함으로써 해방 후 처음으로 검역을 법적으로 규정하였는데, 각 항구에 검역소를 설치하고 콜레라, 페스트, 두창, 티푸스, 황열 5개 질병을 검사를 요하는 질병으로 정하였다.[7]

---

6   특히 WHO는 헌장 제22조에 "다만 통고서에 기재된 기한 내에 사무국장에게 거절 또는 유보를 통한 회원국에 대하여는 효력을 발생하지 아니한다"라고 규정함으로써 규칙에 관하여 'opt-out' 규칙을 적용하였다. 이는 거부 의사를 표명한 회원국 외에는 조약 이행을 준수케 하는 효과를 발휘하였다. World Health Organization, *Constitution of the World Health Organization*, 1948.

7   「해공항검역규칙」 제5조, 『미군정관보』, 1947. 08. 25.

1951년 세계보건총회에서 국제위생규칙이 채택되면서 한국 정부 또한 이를 준수하기 위한 법률상 검역 체계를 법적으로 손보게 된다. 우선 1954년 2월 2일 법률 제307호로 해공항검역법을 제정하고 콜레라, 페스트, 두창, 발진티푸스, 재귀열과 황열 등 국제위생규칙의 보고 의무 질병을 검역 대상 전염병으로 지정하였다. 해공항검역법은 국제위생규칙과 함께 한국에서 검역 업무 수행의 기본적인 법규로 활용되었다. 또한 같은 날 법률 308호로 전염병예방법을 공포하여 위 6개 질병 중 황열을 제외한 5개와 발진열, 장티푸스, 파라티푸스, 성홍열, 디프테리아, 세균성이질, 유행성뇌척수막염, 유행성뇌염을 제1종 전염병으로 지정, 환자를 지자체에 신고하도록 하였다.[8] 1955년 7월 23일에는 보건사회부 사무분장규정을 제정, 세계보건기구 협조 사항, 급성전염병 격리 수용과 소독 조치에 관한 사항, 역학조사에 관한 사항 등이 보건사회부 방역국 예방과의 업무가 되었다. 1963년 세계보건기구 협조 및 검역, 급성전염병 관련 행정 사항은 보건국 방역과로 이전되었다. 1970년 방역과가 폐지되면서 소관 업무는 보건사회부 보건국 보건과로 통합되었으며, 이는 1991년 후천성면역결핍증 유행의 여파로 보건국 방역과가 부활할 때까지 계속되었다.[9]

1959년 12월 18일에는 중앙보건원 직제를 공포하여 보건사업에 관한 조사, 연구 기능을 담당하고 역학, 환경위생 등의 업무를 수행토록 하였다.[10] 이는 1년 후 국립보건원으로 개칭되었으며 1963년 12월 7일 국립

— 8 「전염병 예방법(법률 제308호)」, 『관보(호외)』, 1954. 02. 02.
9 「보건사회부직제 중 개정령(대통령령 제4505호)」, 『관보』, 1970. 01. 05.
10 중앙보건원은 기존 중앙성병원, 중앙결핵원, 중앙간호연구원이 통합된 국립중앙보건소를 바탕으로 건립되었다. 「중앙 보건원 직제(대통령령 제1542호)」, 『관보』, 1959. 12. 18.

보건원 직제에 의해 국립화학연구소, 국립방역연구소 및 국립생약시험소가 국립보건원으로 통합된다. 이로써 전염병 예방을 위한 연구, 치료 약품의 생산을 담당하는 단일 기관인 국립보건원이 탄생하였고 1967년 국립보건연구원으로 개칭하였다. 이러한 국립보건원의 탄생은 행정을 제외한 국가 보건 및 방역에 필요한 기능들, 즉 보건 요원 훈련 및 보건 사업 조사 연구와 전염병 치료약품 생산 등을 결합시킨 것이라 할 수 있다.

2. 신종감염병의 대두와 신新국제보건규칙 체제의 등장

1) 신종감염병 개념의 시작

1951년 제정된 후 국제위생규칙은 2005년 개정되기까지 50년간 큰 변화가 없었다. 네 차례 개정을 거쳐 1969년 국제보건규칙로 개칭되고, 1973년 콜레라에 관한 조항을 손보고, 1981년 두창이 전 세계적으로 소멸됨에 따라 검역 대상 질병에서 두창을 제외시키는 것 외에는 큰 변화가 없었다. 국제보건규칙이 변화 없이 유지된 것은 과거에 비해 전염병에 대한 관심이 줄어든 것도 컸다. 전 세계적으로 공중보건 조치가 성공을 거두고 백신과 항생제를 통해 전염병을 효과적으로 퇴치함에 따라 전염병 사망이 급격하게 감소한 것이다.[11] 상대적으로 WHO는 급성전염병이 아닌 만성질환 관리에 더 주력하였다. 전문가들은 검역과 전염병 전

---

[11] CDC, "Achievements in Public Health, 1900-1999: Control of Infectious Diseases," *Morbidity and Mortality Weekly Report* 48(29), 1999, pp. 621-648.

파 방지 수단으로써 국제보건규칙이 유효하지 않다고 비판하였다. 상당
수의 국가가 타국의 과도한 검역 규제 우려 때문에 질병 보고 의무를 지
키지 않고 있어 실효성이 별로 없었다.

전염병에 대한 분위기의 전환은 1981년부터 HIV/AIDS가 유행하면
서 비롯되었다. "오늘날 유행하는 전염병으로 가장 많은 수의 사망자를
낸 것으로 알려진" HIV/AIDS의 유행으로 글로벌 공중보건에서 감염병
의 중요성이 새롭게 부각되었다. 과학기술의 발전, 무역 및 교역의 증가
와 글로벌화, 도시화 등 전 세계적인 변화가 감염병으로부터 안전하게
만드는 것이 아니라 취약하게 만들 수 있다는 인식이 등장하였다.

국제적으로 신종감염병Emerging Infectious Disease 개념이 등장하기 시작한
것은 1990년대이다. 1992년 미국의학한림원Institute of Medicine이 "신종감염병:
미국 보건에 대한 미생물 위협Emerging Infections: Microbial Threats to Health in the United States"
를 발표하면서 신종감염병에 관한 논의가 본격적으로 수면 위로 떠올랐
다. 1989년 록펠러 대학, 미국 NIH의 알레르기와 감염병 연구소, 포가티
국제센터가 공동 후원하여 새로이 등장하는 바이러스 및 감염원에 관한
콘퍼런스를 가졌다. 미국의학한림원 보고서는 이러한 신종 바이러스에
대한 우려와 논의를 받아 안은 것이었다.[12]

미국의학한림원 보고서가 주목한 신종감염병EID: Emerging Infectious Disease은

---

12 미국의학한림원 보고서가 발간되기 이전 록펠러대학 바이러스학자 스테판 모스(S. S.
Morse)가 일상적인 바이러스 변이와 구분되는 신종감염병의 개념을 정교하게 했다고 볼
수 있다. 그는 특히 오늘날 문명에서 바이러스 진화를 예측하는 것이 불가능하기 때문에
이를 예측하는 프로그램의 시행을 주장하였다. J. Lederberg et al., *Emerging Infections:
Microbial Threats to Health in the United States*, Washington, D.C.: National Academy
Press, 1992. 모스의 개념에 관한 연구로는 다음을 참조. N. B. King, "The Scale Politics
of Emerging Diseases," *Osiris* 19, 2004, pp. 62-76.

인간에서 발생이 증가한, 특히 미국에서 지난 20년간 발생 빈도가 증가한 질병이었다. 기존에 알려지고 감소 추세에 있는 질병은 제외되었으나 '오래된' 감염원이라 할지라도 환경 변화에 따라 재출현한 경우 이 개념에 포함되었으며, 인수공통감염병 또한 당연히 포함되었다. 이렇듯 신종 감염병의 위험 요인이 증가하는 이유를 아래와 같이 분석하였다.

첫째, 인구학적·면역 저하·행태 등 인간적 요소.
둘째, 기술과 산업의 발달이 오히려 물의 오염·병원 감염·식품의
　　　오염을 유발.
셋째, 댐 건설·산림 파괴·지구온난화 등 토지 이용의 변화로 인한
　　　새로운 병원체에 노출.
넷째, 인구와 상품의 이동에 따른 병원체의 이동.
다섯째, 미생물의 독소 생산·약제 내성 증가에 대한 적응과 변화.
여섯째, 전쟁·재난·공중보건 대책 와해 혹은 약화 등.

저자들은 이에 대한 대책으로 새로운 감염병의 발생과 유행의 추적, 인지하는 감시망의 확립이 가장 중요하다고 보았다. 역학·임상 정보·실험실 정보 수집이 가능한 전염병의 감시, 전국 단위 병원 감염 감시망 구축, WHO와 함께 효과적인 글로벌 감염병 감시망 구축을 제안하였다. 또한 개입 방법으로 다섯 가지를 강조했다.

첫째, 미국 CDC 등 공중보건 시스템의 강화.
둘째, 미국 NIH의 연구 능력 향상, 과학자와 역학자의 훈련, 역학
　　　조사관제도 강화, 취약지 공중보건장학의 배치 강화 방안.

셋째, 안전하고 효과적인 백신과 의약품의 개발 및 보급, 비상시
　　에 대비한 비축.

넷째, 적절한 살충제 사용을 통한 매개곤충 관리.

다섯째, 캠페인, 맞춤형 공중 교육과 행태 변화.

　이 보고서가 나온 다음 해인 1993년 미국과 캐나다는 신종감염병에
대응하기 위한 국제적공조를 시작하였다. 1993년 12월 캐나다 연방정부
질병통제실험센터Canadian federal government's Laboratory Center for Disease Control는 워크숍을
개최하여, 「락 트렘블랜트 선언Lac Tremblant Declaration」을 공표하였다. 이 워크
숍에 WHO 관계자들도 참석하였다.[13] 이어서 미국 CDC는 감시, 실용적
연구 개발, 예방과 통제, 인프라 구축의 4대 전략 목표를 지닌 '신종감염
병 예방 전략 권고 보고서'를 만들었다. 특히 전략 목표 1은 미국과 해외
의 전염성 질환 감시 능력을 개선, 확대하는 데 주안점을 두었다.[14] 이를
위해 역학·생의학 연구를 위하여 CDC, WHO, 미 국방부, UN FAOFood and
Agriculture Organization, NIH, 해외 연구기관 등이 포함된 글로벌 컨소시엄을 예
시로 제안한바, 이는 미국인의 보호를 목적으로 한 국제 비정부 기구 및
컨소시엄을 통한 연구와 질병 감시 프레임을 제시한 것이다.

13 "Proceedings and recommendations of the Expert Working Group on Emerging Infectious Disease Issues. Lac Tremblant Declaration. December 1993," *Canada communicable disease report* 20(2), 1994, pp.ⅲ-21- ⅲ-25; L. Weir & E. Mykhalovskiy, *Global Public Health Vigilance: Creating a World on Alert*, London: Routledge, 2016, pp. 41-44에서 재인용

14 R. T. Bryan et al., "Addressing Emerging Infectious Disease Threats: A Prevention Strategy for the United States: Executive Summary," *Morbidity and Mortality Weekly Report* 43(RR-5), 1994, pp. 1-16.

2) 국제보건규칙 개정의 시작: 전염병 조사와 국제 공조 촉구

미국과 캐나다의 연합은 WHO의 노선 변화에 큰 영향을 주었다. 회원국들 사이에서도 HIV, AIDS 외에도 남미의 콜레라, 인도의 페스트 등 오래된 전염병이 재발하고 또 다른 새로운 감염병으로 에볼라가 발생하는 등 신종전염병에 대응해야 한다는 요구가 있었다.[15] WHO는 1994년, 1995년, 1996년 세 차례 신종감염병에 관한 자문회의를 개최하였는데, 1994년 첫 번째 자문회의는 미국의학한림원 보고서 작성 책임자인 조슈아 리더버그[J. Lederberg]가 의장으로 참가하였다.[16] 1995년 1월에 열린 2차 회의 결과는 그해 5월 WHO 총회에서 수정, 보완되어 채택되었으며 조직 개편이 시작되었다.[17] 본 보고서를 바탕으로 WHO는 회원국에 목표 달성을 위한 인프라 구축을 촉구하였고, 1995년 5월 WHO 총회에서 국제 전염병 대응을 목적으로 국제보건규칙을 새로이 개정하고 업데이트하도록 승인하였다.

1995년 10월 WHO는 신종감염병에 대응하기 위하여 기존 전염성질 환과[DCD: Division of Communicable Disease]를 해체하고 신종전염병과 기타 전염병 조사 및 통제과[EMC: Division of Emerging and other Communicable Diseases Surveillance and Control]를 설치하였다. 또한 이 과의 미션으로 1996년 5개년 전략계획을 만들었다.

---

15 World Health Organization, *Frequently Asked Questions About the International Health Regulations*, 2005.

16 World Health Organization, "Emerging Infectious Diseases," *Bulletin of the World Health Organization* 72(6), 1994, pp. 845-850.

17 World Health Organization, *Revision and Updating of the International Health Regulations*, WHA48, 1995; *Communicable Disease Prevention and Control: New, Emerging, and Re-Emerging Infectious Diseases*, WHA48, 1995.

IHR의 개정 제안은 EMC의 5개년 전략계획 중 목표 1: '전염성 질환의 국제 감시를 강화'하는 목표를 내세웠다. 본 개정 제안의 골자는 특정 질환이 아닌 질병 증상을 보고하는 데에 있었다. 즉, 더 이상 발생한 질병 결과만 국제 협력이 필요한 것이 아니라 '질병이 될 수 있을 만한 증상들'의 조합만으로도 국제 협력이 필요하다고 보고 통제의 범위를 확대하였다. 그리고 각 지역에 긴급 보고 팀^{rapid response team}을 구성하고 전염성 질환 발생 후 24시간 이내 대응이 가능하게 하였다.[18] EMC는 유행병 발발 경보, 확인, 특정 질병 조사 네트워크 유행병 대응 등의 활동으로 5년간 운영한 후 "국제 유행병 발생 경보와 대응 네트워크^{GOARN: Global Outbreak Alert and Response Network}"를 제안하였는데, 네트워크의 기능은 유행 대응의 3단계: 유행 발생 경보^{Alert}, 유행 대응^{Response}, 유행 사전 준비^{Preparedness} 등으로 하고 초국가적으로 활용할 수 있는 데에 주안점을 두었다.

1995년 시작된 국제보건규칙 개정 준비 작업은 그해 12월 비공식 전문가 자문을 거쳐 1998년에서야 WHO 회원국들 사이에 초안이 회람되었다. 개정 초안은 기존 국제보건규칙 체계(IHR 1969)의 3개 질병의 보고 체계에서 국제 공중보건상 중요한 유행성 질병의 발생 모두를 긴급하게 보고하는 메커니즘을 골자로 하되, 원인이 확인되지 않는 임상 증상의 즉각적 보고가 이루어지게 할 것이 제안되었다. 이에 따라 급성 출혈열 신드롬, 급성 호흡기 신드롬, 급성 설사 신드롬, 급성 황달 신드롬, 급성 신경성 신드롬, 그 외에도 공중보건상 중요한 질병의 증상들을 보고하는 등의 내용을 담았다.[19]

---

18 World Health Organization, *Emerging and Other Communicable Diseases: Strategic Plan: 1996-2000*, 1996, p. 8.

19 World Health Organization, Regional Office for South-East Asia, *Revision of the*

3) 국제보건규칙 개정의 완성: 생물 테러, SARS 유행과 글로벌 보건 안보 프레임의 부상

1998년 제출된 국제보건규칙 개정 작업은 2000년대 들어 두 가지 사건으로 새로운 동력을 받기 시작하였다. 첫 번째 사건은 2001년 9.11 테러 직후에 발생한 미국의 탄저 테러였다. WHO는 2000년 '국제 유행 발생 경보와 대응 네트워크GOARN'를 정식으로 수립하고 2001년 총회에서 「공중보건안보: 유행 경보와 대응Global Health Security: Epidemic Alert and Response」 결의안을 통과시킴으로써 각국 정부만이 아니라 정부 산하 기관, 비정부기관과 민간단체들의 협력을 통해 정보를 취득, 행동할 수 있게 하였다. 이 결의안은 또한 질병 관련 정보를 "국제적 우려의 대상이 되는 보건위기"로 새롭게 정의하였다.[20] GOARN은 비정부기관이자 초국가적 기구로서 국제적 보건위기 관련 정보를 취합, 운영하기 시작하였다. WHO의 선언이 있은 지 얼마 되지 않아 탄저균 테러가 발생하였다. 이후 생물학적 위험에 대한 제1세계의 경각심 강화와 함께 생물학적 위험에 맞선 '글로벌 보건안보Global Health Security' 구상이 강화되었다. 2001년 11월 7일 미국 보건

International Health Regulations: Rc51, 1998, p. 4.

20 World Health Organization, *Global Health Security: Epidemic Alert and Response*, WHA44, 2001. WHO는 "또 다른 우려는 감염 물질의 의도적 이용의 증가이다. 자연적으로 발생하는 유행병 외에도 의도적, 혹은 사고에 의해 생물학적 물질이 확산되어 유행이 발생할 수 있다"라고 명시하며 유행 발발을 생물 테러 가능성과 관련지었으며, 글로벌 보건안보 사안으로 규정하였다. 이후 WHO는 글로벌 공중보건안보를 "지역과 해외의 경계를 넘어 인구의 보건을 위험에 처하게 할 수 있는 급박한 공중보건 사건에 대한 취약점을 최소화하기 위해 필요한 활동"이라고 정의한다. 공중보건에 해를 끼칠 수 있는 모든 위험을 공중보건안보에서 최소화시켜야 할 목표로 간주하며, 안보가 유지되지 않는 것은 경제적·정치적 안전성, 교역, 재화와 서비스에 대한 접근, 인구 안전성에 부정적 영향을 끼칠 수 있는 상황으로 해석하고 있다. World Health Organization, *The World Health Report 2007*, 2007, p. ix.

복지부 장관의 요청으로 캐나다, 프랑스, 독일, 이탈리아, 일본, 멕시코, 영국, EU, 그리고 WHO가 캐나다 오타와에 모여 글로벌 보건 안보 이니셔티브Global Health Security Initiative를 발족했다. 글로벌 보건 안보 이니셔티브는 9.11 테러 이후 시민의 보건안보를 개선하고 테러리즘 대응에 보다 철저히 준비하기 위해 국제 협력이 필요하다는 점을 분명히 밝혔다.[21] 글로벌 보건안보 이니셔티브는 국제 생물학적·화학적 방사능 테러에 대응하는 조직임을 천명하고, 첫 회합에서 WHO의 질병 조사 네트워크를 지원하고 질병 발생에 대한 협력적 전략을 개발할 것을 선언하였다. 이 이슈를 받아들여 WHO는 2002년 5월 18일 총회에서 "건강에 영향을 미치는 생물 및 화학 물질 또는 방사능 물질의 자연적 발생, 우연적 누출, 그리고 의도적 사용에 대한 글로벌 공중보건 대응"을 논의 결과로 채택하였다.[22] 본 결의안은 각국으로 하여금 생물학적 테러와 화학적 테러를 글로벌 공중보건 위협으로 간주하고 각국의 국가 보건 시스템을 강화할 뿐만 아니라 위기 상황 대비 및 대응 태세 전환을 촉진하였고, 글로벌 보건안보 프레임을 가속화했다.

두 번째 사건은 2003년 중국발 SARS 유행이었다. SARS 유행은 WHO 회원국에 뼈저린 경험을 남겼다고 볼 수 있다. 하나는 선진 국가들 또한 전 세계적으로 실시간 전염성 질환의 위협에 노출될 수 있다는 점이었고 다른 하나는 중국과 같이 정부의 전염병 유행 관련 정보 투명

---

21 Global Health Security Initiative, "Health Ministers Take Action to Improve Health Security Globally", Ottawa, 2001. http://ghsi.ca/ministerial-statements/ottawa-november-2001/ (2023.01.16. 검색).

22 World Health Organization, *Global Public Health Response to Natural Occurrence, Accidental Release or Deliberate Use of Biological and Chemical Agents or Radionuclear Material That Affect Health*, WHA55, 2002.

성이 부족한 경우 손실이 커질 수 있다는 두려움이었다. 중국 정부가 초기에 SARS 관련 정보를 투명하게 공개하지 않았고 첫 발생 후 몇 개월이 지난 후에야 WHO에 보고했기 때문에 WHO는 정부 보고보다 GOARN의 정보에 의지하며 대응하였다. 국제보건규칙 1969 체제는 정부의 보고에만 의존하도록 되어 있었기 때문에, 사스 유행에 대한 WHO의 여행 경보도 문제가 될 수 있었다. 그럼에도 불구하고 유행 관련 투명한 정보 공개, WHO의 여행 경보와 체계가 필요하다는 점은 시간이 지날수록 더욱 분명해졌다.

SARS의 경험으로 각국은 주권국의 전염병 거버넌스를 넘어선 글로벌 전염병 거버넌스의 중요함을 깨닫게 되었다. 새로운 글로벌 전염병 거버넌스의 대두는 국제보건규칙 개정에 반영되었으며, 국가 보고에 의존하지 않는 상시적 글로벌 감시-경보-대응 체계가 거버넌스의 핵심이 되었다. 2002년 증상 보고 체계에 대한 WHO의 자체 현장 실험 결과, 활용하기 어렵다는 결과가 나왔고, 2001년 스웨덴 감염병 통제원이 전문가 자문을 통해 긴급한 국제 공중보건 사건을 정의하는 기준을 수립하자 WHO는 그 결과물을 수정, 보완한 후 사용하였다.[23] 이 개념은 보고 알고리즘에 기반하여 보고해야 하는 '국제적 고려 대상이 되는 공중보건위기' 개념으로 발전한다. '공중보건위기'는 단순히 증상 기반의 감염병만을 공중보건위기로 간주하는 것이 아니라 테러 문제의 요소가 되는 화학적 제제에 따른 위험 또한 포함할 수 있는 광의의 개념으로 도입되었다. 신종감염병에서 출발한 환경과 생물학적 변이의 실시간 감시 시스템이

---

23 B. J. Plotkin et al., "Infectious Disease Surveillance and the International Health Regulations," *Infectious Disease Surveillance*, N. M. Mikanatha et al. (eds.), New Jersey: Blackwell Publishing Ltd., 2007, p. 21.

9.11 테러와 SARS 유행이라는 사건을 거쳐 글로벌 보건 안보 프레임 속에서 테러를 포함한 긴급한 시민의 위험과 공중보건위험을 포괄하는 시스템으로 발전한 것이다.

WHO가 2002년 「글로벌 위기-글로벌 대책Global Crises－Global Solutions」 보고서를 펴내면서 국제보건규칙 개정 작업의 핵심 요소가 재정비되었다. 2003년 5월 WHO 총회에서 국제보건규칙의 개정 여부가 승인되었다.[24] 「글로벌 위기-글로벌 대책」 보고서는 국제보건규칙(IHR 1969) 체제의 한계인 관리 대상 감염병이 3개 질병 밖에 해당이 되지 않는 점, 국가 보고에 지나치게 의존하는 점, 협력 메커니즘이 없는 점 등을 지적했다. 개정 국제보건규칙은 다음과 같은 핵심 지침을 내세웠다.

① 국제적 우려 대상이 되는 모든 공중보건 비상사태all public health emergencies of international concern를 보고하는 것.
② 모든 나라가 국제보건규칙 절차를 위한 국가대표 기관focal point을 가질 것.
③ 각국은 국내 질병 위험을 급히 보고하고 분석하여 질병이 국제적으로 전파될 가능성이 있는지 결정하는 능력을 갖출 것.
④ 회원국은 기밀이 필요한 임시 보고를 WHO에 할 수 있게 함.
⑤ WHO는 공식 보고 외 정보를 사용할 수 있으며, 회원국은 WHO의 정보 신뢰성 확인 요청에 응할 의무를 가질 것.

---

24 World Health Organization, *Global Crises, Global Solutions: Managing Public Health Emergencies of International Concern through the Revised International Health Regulations*, 2002.

「글로벌 위기-글로벌 대책」 보고서에서 제시한 개념은 2005년 국제 보건규칙 최종판에서 거의 다 반영되었다.

새로운 국제보건규칙의 개념은 1969년의 것과도, 1998년 개정 초안 과도 달랐다. 우선 1998년 국제보건규칙의 특징이었던 증상 중심의 보 고 개념은 폐기되었다. 보고 범위는 공중보건 비상사태를 가져올 수 있 는 위험 일반으로 확장되었다. 각국은 단순히 질병을 WHO에 보고하는 것이 아니라, 자체 조사 인프라를 갖추고 발생한 유행의 정체와 위험 정 도를 확인하도록 하였다. WHO가 각국 정부 차원을 넘어서는 정보에 대 한 해명을 요구할 때 각국은 이에 응할 의무를 지게 되었다. WHO 사무 국의 권한은 과거 국제보건규칙 체제에 비해 훨씬 확장되었으며, 이는 '글로벌 보건 안보Global Health Security'의 개념을 각국이 승인한 것이었다.

3. 한국 질병관리본부의 수립
: SARS 유행과 단일 전염병 관리 체계의 탄생

1) 해외 유입 전염병에 대한 우려와 국립보건원의 확장

질병관리본부는 글로벌 감시-경보-대응을 골자로 한 국제적 국제보 건규칙 개정 흐름과 2003년 SARS 유행의 여진 속에서 탄생한다. 1990년 대부터 시작된 해외 유입 전염병과 신종 및 재출현 전염병에 대한 우려 를 바탕으로 한 방역 체계의 재정비 흐름 속에 2003년 SARS 유행을 계기 로 본 기관이 수립된바, 그 과정을 살펴볼 필요가 있다.

SARS 유행이 있기 전부터 전염병 감시 체계 개선을 위한 노력이 있었다. 1994년 보건사회부는 우리나라가 전염병 발생 관련 정보를 전염병 환자를 진단한 의사의 보고에 의존하는 수동적인 감시 체제에 머무르고 있어 문제가 된다고 밝혔다. 또한 1988년 해외여행 자유화 이후 해외 전염병 유입의 특별 관리가 필요하다는 경각심이 높아졌다.[25] 1995년에 이어 1996년 콜레라가 유행함에 따라 전염병 조기 발견과 사전 예측, 신속하고 정확한 대처를 위해 전염병 온라인 방역 체제를 갖추는 방안을 추진하였다. 1998년 국립보건원을 중심으로 전염병 관리와 연구 기능을 담당하기로 결정한 뒤, 1999년 보건복지부 직제를 개정하여 국립보건원에 전염병관리부를 신설하고 보건복지부의 전염병 예방, 질병 관리 기능을 국립보건원으로 이관하였다.[26] 이로써 1960년부터 보건요원 훈련, 질병 예방을 위한 역학 조사와 생물학적 제제 생산 기능이 중심이었던 국립보건원은 명실상부한 질병 예방 연구뿐 아니라 보건행정의 중심 기관으로 자리매김하였다. 이를 뒷받침하기 위하여 1999년 기존 전염병예방법이 "신종 전염병의 출현과 전염병 발생 양상의 변화에 대응하기 위하여 법정전염병의 종류 및 분류를 변경하고, 국가와 지방자치단체에 대하여 예방접종 부작용에 대한 역학조사와 전염병 발생 감시의 의무를 부과"할 목적으로 의원입법으로 전문 개정되었다. 이에 따라, 제4군의 전염병이 신설되어 보건복지부령으로 정하는 국내에서 새로 발생한 신종전염병증후군, 재출현 전염병 또는 국내 유입이 우려되는 해외 유행 전

25 「전염병 감시체제 너무 허술/발병정보 의사신고에만 의존」, 『세계일보』, 1994. 02. 22.; 「해외전염병 특별관리/국립의료원 전담병원 지정/보사부」, 『국민일보』, 1994. 05. 03.; 「해외유입 전염병 특별관리/말라리아 등 23종 치료제 비축/보사부」, 『국민일보』, 1994. 06. 09.

26 보건복지부, 『1999년 보건복지백서』, 2000, 318쪽; 『2002년 보건복지백서』, 2003, 434쪽.

3부 국경 없는 감염병과 국가

염병을 추가하는 동시에 국립보건원 및 시·도에 역학조사반을 두어 전염병 발생에 대응할 것을 명시하였다.[27]

또한 2001년 미국의 탄저 테러는 한국의 일일 질병감시 체제를 강화하는 계기가 되었다. 탄저 테러에 대한 국민의 불안이 높아지자 10월 10일 국립보건원에 생물테러 전담조직을 편성키로 결정하고 전국 242개 보건소와 시·도를 전산망으로 연결하고, 생화학 물질을 분석하는 체제를 가동하였고 2,600개 의료기관을 표본감시 기관으로 지정하는 등 생물학적 테러 대책을 긴급 도입하였다. 그리고 2003년도 전염병 관리 대책에 전염병 조기 유행 발견 및 사전 예측 능력 배양, 생물테러 등 사전 대비 체계 구축을 새로 삽입하였다. 국제적인 공조 체제 및 정보교류 체계를 유지하면서 각종 전염병에 대한 감시 체계를 가동하고 감염병 전문가 네트워크Korean Pro-MED 및 2001년 3월에 신설된 전염병정보관리과를 통해서 일일 정보수집 체계를 수립·운영하였다.

2) 2003년 SARS 유행과 질병관리본부의 탄생

2003년 SARS 유행은 신종전염병 발생에 대하여 범정부적으로 대응하는 계기가 되었다. 2003년 4월 28일 중국 베이징에서 돌아온 40세 남자가 국내 첫 SARS 추정 환자로 신고되고 총 75건이 신고되어 이 중 17명의 의심환자, 3명의 추정환자가 발생하였으나 실제 발생환자는 없어 전 세계적 유행을 '성공적으로 방어'한 사례가 되었다. 참여정부 초기에 이 사건은 '범정부 차원의 종합적 대응, 중앙정부와 지방자치단체 간의 신

---

27 「전염병예방법 중 개정 법률(법률 제6162호)」, 『관보』, 2000. 01. 12.

속·정확한 의사소통에 따른 정확한 조치'라 치하받으면서 방역 성공 사례가 되었다.

그러나 SARS 유행 대응은 표면적 성공을 넘어 내부적으로 신종 전염병 위기 대응 체계의 향후 변화 방향을 보여 주는 것이기도 하였다. 우선 검역 관련 문제점이 드러났는데 당시 검역 관련 전문 인력이 부족했던 점, 검역의 법적 근거가 미비했던 점이 지적되었다. 2003년 SARS 유행 중 열린 제238회 6차 국회보건복지위 상임위원회에서 국립보건원 대상 질의에서 확인할 수 있듯, 해외로부터 입국하는 인원을 실시간 감시하는 것만으로도 인력의 부족이 심하였던 것이다.[28]

SARS 유행이 마무리되면서 신종감염병 유행에 대비한 검역 체계의 제도적 정비는 신속하게 이루어졌다. 2003년 8월 전염병예방법을 개정하여 신종전염병과 생물테러 전염병을 추가하도록 전염병 분류를 재정비하였다.[29] 검역전염병의 정의에 기존 3개 질병(콜레라, 페스트, 황열)에 "신종 전염병증후군과 생물 테러 전염병, 그 밖에 원인 미상의 해외 유행 전염병 등"을 추가하고 각 질환의 최대 잠복기 시간 동안 격리, 검역이 가능하도록 하였다. 그러나 무엇보다 중요한 것은 국립보건원의 국내 발생 중심의 전염병 대응 체제가 질병관리본부로 확대 개편되면서 국경 지역의 검역이 통합되어 단일한 전염병 관리 체계가 수립되는 것이었다.

2003년 7월 보건복지부에서 국립보건원의 확대 개편 방안을 대통령에게 보고하면서 질병관리본부 건립이 가시화되었다. 정부는 국립보건원을 질병관리본부로 확대 개편함으로써 전통적으로 국내의 유행 질병

---

28 제238회 『제6차 보건복지위원회 회의록』, 2003. 04. 21.
29 「전염병예방법 중 개정 법률(법률 제6962호)」, 『관보』, 2003. 08. 06.

3부 국경 없는 감염병과 국가

대응에 기능이 집중되어 있던 방역과 연구, 그리고 해외 유행 질병 유입 방지 기능이었던 검역을 일원화함으로써 국내외의 공중보건위기 대응에 동시적이고 통합적으로 대응하고자 하였다.[30] 이는 각국에서 글로벌 전염병 거버넌스를 위한 기관을 일원화하고 질병 위험을 긴급히 파악, 해외에 전파 가능성을 보고토록 한 「국제보건규칙 2005」 개정 요구와 일치하였다. 국제보건규칙(IHR 2005) 개정 흐름 속에서 질병관리본부라는 단일 기관이 출범하게 된 것이다.[31]

질병관리본부는 검역법 개정(안)이 2003년 12월 29일 국회를 통과함에 따라 정식 출범하게 되었다. 질병관리본부는 새로운 질병 관리 체계의 의미를 다음과 같이 설명하였다.

① 전염병에 대한 방역 기능을 강화한다.
② 질병 관련 시험, 연구 기능을 전문화한다.
③ 검역과 방역 기능을 일원화한다.

무엇보다 ③을 위해 해·공항에 위치해 있던 국립검역소를 질병관리본부에 포함시켜 검역과 방역 기능을 일원화하였고, 질병관리본부 내 국

---

30 2000년 보건복지부 지원 과제 보고서에 이미 검역 기능을 국립보건원으로 이관하여 업무수행과 관리를 일원화하는 견해가 제출된 바 있었다. 검역 기능의 통합은 신종 및 재출현 전염병 국가 대응의 선 과제였다 할 수 있다. 보건복지부, 『신종 및 재출현 전염병의 위기관리를 위한 국가전략 개발 연구』, 2000, 430쪽.

31 SARS 이전 동아시아 한중일 3국 모두 국제보건규칙 개정에 소극적으로 대응하였으나 SARS 유행을 겪고 국제보건규칙 개정이 마무리되면서 별도로 한중일 보건부장관 회합을 2007년부터 정기적으로 개최하는 등 동아시아 지역 보건 외교에 나서고 있다. A. Kamradt-Scott et al., "The International Health Regulations (2005): Asia's Contribution to a Global Health Governance Framework," *Asias Role in Governing Global Health*, K. Lee et al. (eds.), London: Routledge, 2013, pp. 83-98.

립보건연구원은 질병 관련 시험 및 연구기관 기능을 전담토록 하였다. 또한 국립보건원의 전염병관리부를 질병관리본부 전염병관리부와 질병조사감시부로 확대하였다. 특히 질병조사감시부에 검역관리과, 질병감시과 등을 두어 검역과 질병 감시가 유기적으로 연결되도록 하였다.[32] 그리고 글로벌 전염병 관리 체계의 공조를 분명히 하고 질병관리본부가 국제 협력뿐 아니라 국제 보건외교의 역할을 수행함을 밝혔다.[33]

국제보건규칙의 공중보건위기 프레임 또한 국정 과제에 적용되기 시작하였다. 2003년 9월부터 국가안전보장회의[NSC]에서 위기관리센터가 컨트롤타워가 되어, 전통 안보뿐만 아니라 재난(인적 재난, 자연 재난) 등을 포함하여 33개의 국가위기 유형을 만들고 이를 관리할 「국가위기관리기본지침」을 대통령훈령 제124호로 제정하였다. 전염병 또한 11개 재난 유형 중 하나로 관리하여 위기대응 표준 매뉴얼을 만들었다.[34] 안보의 일종으로 보건 안보 개념을 도입하고 위기관리 매뉴얼을 만들기 시작한 것이다. 또한 2003년 조류 인플루엔자가 발생하자 인수공통전염병에 대비하기 위하여 2004년 4월에 인수공통전염병 대책위원회가 확대 개편되었고 2006~2007년 조류인플루엔자 유행이 심화되자 2007년 5월 공중보건위기대응팀을 질병관리본부 내 신설, 신종감염병 위기 상황을 전담하기

---

32 질병관리본부, 『2004 질병관리백서』, 2005, 8-9쪽.

33 "전염병은 이제 한 나라의 차원이 아니라 전 국가적인 차원의 문제이므로 국제적인 공조 체제를 구축해 나가지 않고서는 전염병을 예방하고 관리해 나가기 어려운 실정이다. 따라서 인접국 간에 상호 신뢰를 바탕으로 한 양해각서(MOU)를 체결하여 협력 및 교류가 활성화되어 전염병을 사전에 차단하고, 각종 국제회의에 적극 참여하여, 우리나라의 입장을 표명하고 국가 위상을 강화해 나가고자 한다." 질병관리본부, 『2004 질병관리백서』, 66쪽.

34 「정가 브리핑 / NSC '위기관리 4단계 경보시스템' 구축」, 『문화일보』, 2004. 09. 08.; 송호진, 「이명박·박근혜의 '노무현 지우기' 위기관리 매뉴얼까지 지웠다」, 『한겨레21』, 2014. 04. 29.

3부 국경 없는 감염병과 국가

에 이른다.[35] 이렇듯 2004년 전염병 관리 총괄기관으로 질병관리본부의 수립은 국가 위기로서 생물테러와 신종 및 재출현 감염병에 대응하는 프레임의 출발이 되었다고 볼 수 있다.

4. 코로나 팬데믹과 심화된 글로벌 보건 거버넌스 위기

2023년 1월 현재 코로나 팬데믹은 6억 7천만 명의 환자 수와 6백 72만 명의 사망자 수를 낳고 있다. 코로나 팬데믹은 2005년 국제보건규약의 개정 이후 지속되어 온 글로벌 보건 거버넌스 체제에 대한 가장 큰 도전 중 하나이다. 코로나 팬데믹에 대하여 각국 대응이 취약했던 이유에 대하여 다양한 진단이 나온다.

하나는 국제보건규칙(IHR 2005)의 이행에 강제력이 없어 많은 국가가 국제보건규칙의 요구 수준에 부응하는 데에 실패했다는 점이다. 소득 수준이 낮은 국가는 국제보건규약의 요구 수준을 이행하기에 자원이 턱없이 빈약하며, 소득 수준이 높은 국가는 경제에 미치는 악영향 때문에 요구 이행을 주저한다.

다른 하나는 각국 내에서 포퓰리즘적 입장이 증가함으로 말미암

---

35 2013년까지 한국의 공중보건위기 대응은 국내에 단 한 건의 조류인플루엔자 인체 감염 사례가 발생하지 않았던 점을 들어 성공적인 것으로 평가받았다. H. Y. Lee et al., "Public Health Crisis Preparedness and Response in Korea," *Osong Public Health Res Perspect* 4(5), 2013, pp. 278-284. 그러나 이러한 평가는 2015년 메르스 유행으로 수정되었으며, 응급대응센터의 부재, 위기 의사소통의 부족, 백신과 치료약제의 해외수입 의존 등이 취약점으로 지적된 바 있다. 국가과학기술자문회의, 『과학기술기반 신흥안보(Emerging Security) 대응 방안』, 2015.

아 국제보건규약이 고의적으로 무시되고 있다는 점이다.[36] 포퓰리즘적 성향의 지도자들은 국제보건규칙 이행의 요구를 내정 간섭으로 일축하고 과학적 근거에 따른 공중보건 조처를 무시하기 쉽다. 중국과 같은 권위주의 정권에서 문제는 더욱 심각하다. 개정된 국제보건규칙에 따르면 WHO는 정부의 공식 보고가 아닌 민간 보고를 통해 정보를 취합할 수 있게 되어 있으나, 2019년 중국 우한시에서 코로나가 발발했을 때 중국 정부의 공식 보고가 지연됨에 따라 루머를 근거로 대응하기 어려워 WHO와 각국의 빠른 대응이 어려웠다.

마지막으로 코로나 팬데믹으로 내셔널리즘이 더욱 심화되어 팬데믹 대응 물자와 인력의 분배에 대한 국제적 공조 메커니즘이 제대로 작동하지 않거나 약화되었다는 점이다. 특히 백신 내셔널리즘의 부흥은 팬데믹을 장기화시킬 수 있는 나쁜 선례가 되어 국제 공조 노력에 치명타를 남겼다.[37]

코로나 팬데믹 이후 국제보건규칙은 새롭게 도마에 오르고 있다. 코로나19 대응 기간 동안 국제보건규칙의 기능에 관한 검토위원회가 구성되어, 2021년 4월 3개 분야 40가지의 권고안을 남겼다.[38] 팬데믹 준비와 대응에 관한 독자적인 패널이 국제적으로 구성되어 고위급 국제보건 위협 이사회 구성 등 더 급진적이고 구체적인 제안을 제안하기도 하였다.[39] 그러나 이러한 제안이 국제보건규칙에 반영되는 것은 미지수이다.

---

36 D. Leonhardt & L. Leatheby, "Where the Virus Is Growing Most: Countries with 'Illiberal Populist' Leaders," *New York Times*, 10 Jun. 2020.

37 「선진국의 '코로나 백신 국가주의' 공멸 될 수도… 공생 해법 찾아야」, 『서울신문』, 2020. 08. 28.

38 IHR Review Committee, *Report of the Review Committee on the Functioning of the International Health Regulations (2005) During the Covid-19 Response*, 2021.

다국가 협약인 국제보건규칙을 개정하거나 새로운 국제보건 거버넌스 시스템을 마련하는 것은 각국의 이해관계가 걸려 있는 첨예한 문제이기 때문이다. 현재 미국을 중심으로 제안되고 있는 국제보건규칙 개정 수준은 처음 국제적으로 우려되는 공중보건위기가 발발했을 때 48시간 내에 보고해야 한다는 것, 그리고 각국의 국제보건규약 준수 수준을 평가하는 검토위원회를 설치하는 것 등이다.[40] 그러나 이러한 개정 역시 주권 침해 가능성을 바탕으로 한 저항을 넘기 쉽지 않아 보인다.

* * *

전통적으로 협약을 통해 국가 간 전파되는 전염병을 관리한 것이 글로벌 전염병 거버넌스의 시작이라고 할 수 있다. 1892년 국제위생협약을 시작으로 각국은 일국에서 전염병이 발생하면 표준화된 검역을 통해 전파를 방지하고자 하였다. 검역 대상은 검역 질환으로 공시한 전염병으로 한정되었으며 국가는 주권의 범위 내에 전염병을 확인, 관리하고 검역 전염병이 발생한 경우 WHO에 보고하였다. 한국 역시 정부 수립 직후 검역과 질병 보고 등 전염병 관리 체제를 정비하였고 전염병 연구기관으로 국립보건원을 수립하였다.

39 Independent Panel for Pandemic Preparedness and Response, "Covid-19: make it the last pandemic," 2021. https://theindependentpanel.org/wp-content/uploads/2021/05/COVID-19-Make-it-the-Last-Pandemic_final.pdf (2023.01.16. 검색).

40 World Health Organization, *Proposal for Amendments to the International Health Regulations (2005) (A75/18)*, 2022.

그러나 1990년대 신종감염병의 등장으로 국제보건규칙(IHR 1996) 체제로 대표되는 글로벌 전염병 거버넌스는 크게 변화하기 시작하였다. 초국가적 질병 감시 및 대응이 필요하다는 요구가 커졌고 2001년 생물 테러와 2003년 SARS 유행 경험으로 글로벌 보건 안보 프레임이 대두되었다. 결과적으로 2005년 기존의 국제보건규칙이 전면 개정됨으로써 새로운 글로벌 전염병 관리 체제가 수립된다. 새로운 전염병 거버넌스는 전염병만이 아니라 생물테러를 포함한 위험 일반을 다루며, 국제 공중보건 위기 초래 사건으로 확대 적용되었다. 이를 위해 전염성 질환의 국제 협력 및 감시를 강화하고 초국가, 비정부기관의 역할이 확대되며 각국은 자국 내에 발생한 위험을 파악, 즉시 보고할 수 있도록 재조직되는 특징을 담게 되었다.

　　한국 역시 2003년 SARS 유행을 계기로 전염병 관리 체제가 크게 변화하였다. 1990년대 말부터 국립보건원 내에 방역 행정과 연구를 결합시켜 다양한 유입 전염병 발생을 다룰 수 있게 하였다. 그러나 2003년 SARS 유행 이후 검역 기능까지 합친 단일 질병 관리 체제로서 질병관리본부가 탄생한다. 전염병 유행이 보건안보로서 국가안보 프레임으로 포섭되면서 질병관리본부는 검역, 방역, 감시 및 연구를 일원화할 뿐만 아니라 일종의 국제보건 외교의 역할까지 담당하게 되었다. 이는 SARS와 조류인플루엔자 유행 경험을 바탕으로 신新국제보건규칙 체제에 한국이 대응한 결과라 할 수 있다.

　　2020년 코로나 팬데믹 이후 국제보건규칙(IHR 2005)으로 대표되는 글로벌 보건 거버넌스 체제의 전망은 밝지 않다. 코로나 팬데믹 과정에서는 연성법 체계의 강제력이 없는 국제협약으로, 보고 등의 조항을 지키지 않는 사례가 발생하였고[41] 자국 우선주의의 압력을 벗어난 국제 공조 노력이 큰 효력을 보지 못한 탓이다. 향후 이보다 심각한 전 세계적인 유행이 발생할 수 있기 때문에 더욱 강화된 글로벌 보건 거버넌스가 이루어져야 한다는 주장이 많으나 실제 받아들여질지는 아직 불투명하다. 2005년 이후 글로벌 보건 거버넌스 체제의 수립과 활동에 대한 다각적 평가가 더욱 필요하다.

---

41 R. Habib et al, "Do not violate the International Health Regulations during the COVID-19 outbreak." https://doi.org/10.1016/S0140-6736(20)30373-1 (2023.01.16. 검색).

참고문헌

1장 역병의 시대 초기 국가 사망등록의 두 가지 예

AbouZahr, C. et al., "Civil Registration and Vital Statistics: Progress in the Data Revolution for Counting and Accounting," *Lancet* 386, 3 Oct. 2015.

Alter, G. C. & A. G. Carmichael, "Classifying the Dead: Toward a History of the Registration of Causes of Death," *Journal of the History of Medicine and Allied Sciences* 54, 1999.

Biganzoli, E. et al., "The Milano Sforza Registers of the Dead: Health Policies in Italian Renaissance," undergoing peer review, 2022. https://www.medrxiv.org/content/10.1101/2021.02.10.20249093v2

Bloom, J., *Paper before Print: The History and Impact of Paper in the Islamic World*, London: Yale University Press, 2001.

Bouk, D., K. Ackermann & D. Boyd, "A Primer on Powerful Numbers: Selected Readings in the Social Study of Public Data and Official Numbers," *Data & Society*, 2022. https://datasociety.net/library/a-primer-on-powerful-numbers-selected-readings-in-the-social-study-of-public-data-and-official-numbers/

Boyle, P., "How are COVID-19 Deaths Counted? It's Complicated," *American Association of Medical Colleges News*, 18 Feb. 2021.

Carmichael, A. G., "The Legal Foundations of Postmortem Diagnosis in Later Medieval Milan," *Death and Disease in the Medieval and Early Modern World: Perspectives from Across the Mediterranean and Beyond*, L. Jones & N. Varlik (eds.), Suffolk: Boydell and Brewer, 2022.

_____, "Registering deaths and causes of death in late medieval Milan," *Death in Medieval Europe: Death Scripted and Death Choreographed*, J. Rollo-Koster (ed.), London: Routledge, 2017.

Coomans, J., *Community, Urban Health, and Environment in the Late Medieval Low Countries*, New York: Cambridge University Press, 2022.

de Savigny, D. et al., "Integrating Community-Based Verbal Autopsy into Civil Registration and Vital Statistics (CRVS): System-Level Considerations," *Global Health Action* 10, 2017.

Di Giammatteo, L. & J. A. Mendelsohn, "Reporting for Action: Forms of Writing between Medicine and Polity in Milan, 1580-1650," *Civic Medicine: Physician, Polity and Pen in Early Modern Europe*, J. A. Mendelsohn, A. Kinzelbach & R. Schilling (eds.), London: Routledge, 2020.

Donato, M. P., *Sudden Death: Medicine and Religion in Eighteenth-Century Rome*, V. Mazzei (trans.), London: Routledge, 2014.

Dover, P., *The Information Revolution in Early Modern Europe*, Cambridge: Cambridge University Press, 2021.

Graunt, J., *Natural and Political Observations⋯ Made upon the Bills of Mortality*, London: the Royal Society, 1662, reprinted in P. Laslett (ed.), *The Earliest Classics*, Folkestone: Gregg, 1973.

Hamlin, C., "Forensic Cultures in Historical Perspective: Technologies of Witness, Testimony and Judgment (Justice?)," *Studies in the History and Philosophy of Biological and Biomedical Sciences* 44, 2013.

Herlihy, D. & C. Klapisch-Zuber, *Tuscans and their Families, A Study of the Florentine Catasto of 1427*, London: Yale University Press, 1985 (1978).

Jones, L., *Patterns of Plague: Changing Ideas about Plague in England and France, 1348-1750*, Montreal: McGill-Queens University Press, 2022.

Kirshner, J., "Introduction: The State is 'back in'," *Journal of Modern History* 67, suppl., 1995.

Kreier, F., "Morgue Data Hint at Covid's True Toll in Africa," *Nature* 603, 31 Mar. 2022.

Mueller, B. & S. Nolen, "Death Toll During Pandemic Far Exceeds Totals Reported by Countries, W.H.O. Says," *New York Times*, 6 May 2022.

Munkhoff, R., "Searchers of the Dead: Authority, Marginality, and the Interpretation of Plague in England, 1574-1665," *Gender & History* 11(1), 1999.

Nolen, S., "Gift from the Grave," *New York Times*, 19 Apr. 2022.

Park, K., *Secrets of Women: Gender, Generation, and the Origins of Human Dissection*, New York: Zone Books, 2010.

Robertson, J. C., "Reckoning with London: Interpreting the *Bills of Mortality* before John Graunt," *Urban History* 23, 1996.

Roger, E. C., "*To be shut up:* New Evidence for the Development of Quarantine Regulations in Early Tudor England," *Social History of Medicine 33*(4), 2019.

Rothman, K. J., "Lessons from John Graunt," *The Lancet 347*, 1996.

Rusnock, A., *Vital Accounts: Quantifying Population in Eighteenth-Century England and France*, Cambridge: Cambridge University Press, 2002.

Scott, J. C., *Seeing Like a State: How Certain Schemes to Improve the Human Condition Have Failed*, London: Yale University Press, 2000 (1998).

Setel, P. W., S. B. Macfarlane & S. Szreter et al., "A Scandal of Invisibility: Making Everyone Count by Counting Everyone," *Lancet 370*, 3 Nov. 2007.

Slack, P., *The Impact of Plague in Tudor and Stuart England*, London: Routledge & Kegan Paul, 1985.

Slauter, W., "Write Up Your Dead," *Media History 17*, 2011.

Szreter, S., "The Right of Registration: Development, Identity Registration, and Social Security-A Historical Perspective," *World Development 35*, 2007.

Szreter, S., "The Parish Registers in Early Modern English History: Registration from

Above and Below," *Identification and Registration Practices in Transnational Perspective: People, Papers and Practices*, I. About, J. Brown & G. Lonergan (eds.), London: Palgrave Macmillan, 2013.

Tilly, C., "War Making and State Making as Organized Crime," *Bringing the State Back In*, P. Evans, D. Reuschemeyer & T. Skocpol (eds.), Cambridge: Cambridge University Press, 1985.

_____, "Cities and States in Europe, 1000-1800," *Theory and Society 18*(5), 1989.

Timmermans, S., *Postmortem: How Medical Examiners Explain Suspicious Deaths*, Chicago: University of Chicago Press, 2007.

Vaglienti, F., "Marginalia: Esempi di umane miserie nei Registri dei Morti di età sforzesca," *Saggi di storia e diplomatica per Giuliani Albini*, A. Gamberini & M. L. Mangini (eds.), Milano: Bruno Mondadori, 2020.

Wernimont, J., *Numbering Lives: Life and Death in the Quantum Media*, Massachusetts: MIT Press, 2018.

World Health Organization, "International Statistical Classification of Diseases and Related Health Problems (ICD)." https://www.who.int/classifications/classification-of-diseases

2장 해항 검역과 동아시아: 1919-1920년 타이완과 조선의 콜레라 방역

『官報』

『朝鮮總督府官報』

『臺灣日日新報』

「瘟疫章程設定에 關한 件」, 『舊韓國外交關係附屬文書』第1卷(海關案1), 고려대학교 아세아문제연구소 영인본, 1972.

臺灣總督府,『臺灣事情』, 1922.

內務省衛生局,『法定傳染病統計』, 1924.

桐林茂·藍田俊郎 編,『臺灣海港檢疫史』, 臺北: 臺北州港務部檢疫課, 1936.

朝鮮總督府,『大正八年虎列刺病防疫誌』, 1920.

_____,『大正九年コレラ病虎防疫誌』, 1921.

_____,『朝鮮衛生事情要覽』, 1922.

朝鮮總督府警務局,『朝鮮防疫統計』, 1941.

臺灣總督府警務局,『大正八九年コレラ病流行誌』, 1922.

臺灣總督府編,『臺灣總督府事績提要』, 1920.

_____,『(復刻本)臺灣總督府事務成績提要』43, 臺北: 成文出版社, 1985.

문명기,「식민지 '문명화'의 격차와 그 함의 - 의료부문의 비교를 통해 보는 대만·조
　　선의 '식민지 근대'」,『한국학연구』46, 2013.

_____,「일제하 대만·조선 공의(公醫)제도 비교연구: 제도 운영과 그 효과」,『의사
　　학』23(2), 2014.

박윤재,「조선총독부의 지방 의료정책과 의료소비」,『역사문제연구』21, 2009.

백선례,「1919·20년 식민지 조선의 콜레라 방역활동: 방역당국과 조선인의 대응을
　　중심으로」,『사학연구』101, 2011.

신규환,「제1·2차 만주 폐페스트의 유행과 일제의 방역행정, 1910-1921」,『의사학』
　　21(3), 2012.

정민재,「일제하 한국에서의 전염병 발생과 대책」, 한성대학교 사학과 석사학위논
　　문, 2006.

Park, Y. J., "Anti-Cholera Measures by the Japanese Colonial Government and the
　　Reaction of Koreans in the Early 1920s," *The Review of Korean Studies* 8(4),
　　2005.

_____, "Sanitizing Korea: Anti-Cholera Activities of Police in Early Colonial
　　Korea," *Seoul Journal of Korean Studies* 23(2), 2010.

金穎穗,「植民地朝鮮におけるコレラの大流行と防疫對策の変化: 1919年と1920年の流行を中心に」,『アジア地域文化研究』8, 2012.

飯島渉,『ペストと近代中国: 衛生の「制度化」と社会変容』, 東京: 研文出版, 2000.

山本俊一,『日本コレラ史』, 東京: 東京大學出版會, 1982.

梁瓈尹,「國家與檢疫: 日治時期臺灣海港檢疫制度之研究」, 臺灣師範大學 歷史學系 碩士論文, 2009.

魏嘉弘,「日治時期臺灣亞洲型霍亂之研究(1895-1945)」, 臺灣師範大學 歷史學系 博士論文, 2012.

蔡承豪,「流感與霍亂: 臺灣傳染病情個案之探討(1918-1923)」,『臺灣學研究』15, 2013.

3장 국가의 전시 감염병 통제: 2차 세계대전과 말라리아

Malaria Control in War Areas, 1942-1943, Georgia: U.S. Public Health Service, 1943.

_____, *1943-1944*, Georgia: U.S. Public Health Service, 1944.

_____, *1944-1945*, Georgia: U.S. Public Health Service, 1945.

The Bulletin of the U.S. Army Medical Department, 1944, 1945.

"Malaria Control in the Army," *The Bulletin of the U.S. Army Medical Department*, Nov. 1944.

"Preventive Medicine: Malaria Control," *The Bulletin of the U.S. Army Medical Department* 4(3), 1945.

Andrews, J. M., "Advancing Frontiers in Insect Vector Control," *American Journal of Public Health* 50, 1950.

Andrews, J. M. & J. Grant, "Experience in the United States," *Journal of National Malaria Society* 4, 1945.

Andrus, E. C., D. W. Bronk & G. A. Carden Jr. (eds.), *Advances in Military Medicine* 2, Boston: Little, Brown and Co., 1948.

Baxter, J. P., *Scientists against Time*, Boston: Little, Brown and Company, 1946.

Boyd, M. F., "An Historical Sketch of the Prevalence of Malaria in North America," *The American Journal of Tropical Medicine and Hygiene* 21, 1941.

Coggeshall, L. T., "Malaria As a World Menace," *Journal of the American Medical Association* 122, 1943.

Faust, E. C., "Clinical and Public Health Aspect of Malaria in the United States from an Historical Perspective," *American Journal of Tropical Medicine, s1,* 25(3), 1945.

Faust, E. C. et al., "Malaria Mortality and Morbidity in the United States for the Year 1943," *Journal of National Malaria Society* 4(1), 1945.

Freeborn, S. B., "The Malaria Control Program of the U.S. Public Health Service," *Journal of Economic Entomology* 37(4), 1944.

Hart, T. A., "The Army's War against Malaria," *The Scientific Monthly* 62(5), 1946.

Hart, T. A. & W. Hardenberg, "The Southwest Pacific Area," E. C. Hoff, M.D. (ed.), *Preventive Medicine in World War II*, Washington, D.C.: Medical Department U.S. Army, 1963.

Rogers, J. A., "The Treatment and Clinical Prophylaxis of Malaria," Circular Letter, no. 135, *The Army Medical Bulletin*, 1942.

Russell, P. F., *Man's Mastery of Malaria*, London: Oxford University Press, 1955.

_____, "The United States and Malaria: Debits and Credits," *Bulletin of the New York Academy of Medicine* 44, 1968.

Simmons, J. S. & T. H. G. Aitken, *The Anopheline Mosquitoes of the Northern Half of the Western Hemisphere and of the Philippine Islands*, Philadelphia: Medical field Service school, 1942.

Stevick, C. P. "Has Malaria Disappeared?" *North Carolina Medical Journal* 2, 1951.

White, C. M. et al., "Malaria Control in the United States," *Journal of National*

Malaria Society 4, 1945.

Beadle, C. & S. L. Hoffman, "History of Malaria in the United States Naval Forces at War: World War I Through the Vietnam Conflict," *Clinical Infectious Diseases* 16(2), 1993.

Condon-Rall, M. E., "Allied Cooperation in Malaria Prevention and Control: The World War II Southwest Pacific Experience," *Journal of the history of Medicine and Allied Sciences* 46(4), 1991.

_____, "U.S. Army Medical Preparations and the Outbreak of War: The Philippines, 1941-6 May 1942," *The Journal of Military History* 56, 1992.

_____, "The Army's War against Malaria: Collaboration in Drug Research During World War II," *Armed Forces & Society* 21(1), 1994.

_____, "The Role of the US Army in the Fight against Malaria, 1940-1944," *War & Society* 13(2), 1995.

Etheridge, E. W., *Sentinel for Health: A History of the Centers for Disease Control*, Berkeley: University of California Press, 1992.

Grant, L., "Malaria; Continuing Pestilence from World War II to the Vietnam War, 1939-1975," *Epidemics and War*, California: ABC-CLIO, LLC, 2018.

Hays, C. W., "The United States Army and Malaria Control in World War II," *Parassitologia* 42, 2000.

Humphreys, M., "Kicking a Dying Dog: DDT and the Demise of Malaria in the American South, 1942-1950," *Isis* 7(1), 1996.

_____, *Malaria: Poverty, Race, and Public Health in the United States*, Baltimore and London: The Johns Hopkins University Press, 2001.

Loomis, J. S., *Epidemics: The Impact of Germs and Their Power over Humanity*, California: Turner Publishing Company, 2018.

Ockenhouse, C. F., "History of U.S. Military Contributions to the Study of Malaria,"

Military Medicine 170(4), 2005.

Paltzer, S., "The Other Foe: The U.S. Army's Fight against Malaria in the Pacific Theater, 1942-1945," On Point 21(3), 2016.

Rosenberg, C. E. & J. L. Golden (eds.), Framing Disease: Studies in Cultural History, New Jersey: Rutgers University Press, 1997.

Russell, E. P., "'Speaking of Annihilation': Mobilizing for War Against Human and Insect Enemies, 1914-1945," The Journal of American History 82(4), 1996.

Snowden, F. M., Epidemics and Society: From the Black Death to the Present: with a New Preface, Connecticut: Yale University Press, 2020.

Whorton, J. C., Before Silent Spring: Pesticides and Public Health in Pre-DDT America, New Jersey: Princeton University Press, 1974.

4장 명청시대 역병과 정부의 대응: 양호 지역을 중심으로

『明實錄』

『申報』

乾隆『江南通志』

同治『廣濟縣志』

同治『大冶縣志』

民國『醴陵縣志』

同治『房縣志』

光緒『湘潭縣志』

同治『湘鄕縣志』

光緒『善化縣志』

同治『綏寧縣志』

乾隆『永順府志』

同治『應山縣志』

同治『鐘祥縣志』

乾隆『辰州府志』

同治『通城縣志』

乾隆『漢陽府志』

同治『衡陽縣志』

光緒『衡州府志』

光緒『湖南通志』

光緒『興寧縣志』

康熙『武昌府志』

嚴如熤,『嚴如熤集』(2), 湖南: 岳麓書社, 2013.

龔勝生,『中國三千年疫災史料彙編』(二卷), 香港: 齊魯書社, 2019.

김대기,「중국 원대 의료관원의 선발과 관리 - 醫戶제도와 의학과거제의 실시를 중심으로」,『의사학』26, 2017.

김현선,「明淸時代 兩湖 山岳地域 人口 移動과 疫病」,『명청사연구』52, 2019.

_____,「청대 양호 지역개발과 전염병」,『동양사학연구』151, 2020.

박정숙,「中國 城隍神의 原型에 관한 考察」,『中語中文學』43, 2008.

빌, P. E. 지음, 정철웅 옮김,『18세기 중국의 관료제도와 자연재해』, 민음사, 1995.

오금성 주편,『명청시대사회경제사』, 이산출판사, 2007.

정철웅,『자연의 저주-명·청시대 장강 중류 지역의 개발과 환경』, 책세상, 2012.

조원,「元 중후기 醫政제도의 변화와 실상 -『至正條格』의 관련 條文을 중심으로」,『역사와 세계』60, 2021.

최지희,「청대 사회의 용의(庸醫) 문제 인식과 청말의 변화」,『의사학』28, 2019.

龔勝生,「中國疫災的時空分佈變遷規律」,『地理學報』58(6), 2003.

金賢善,『明淸兩湖疫災:空間分佈, 影響因素與社會應對』, 華中師範大學博士學位論文, 2016.

羅義群, 『苗族牛崇拜文化論』, 北京: 中國文史出版社, 2005.

鄧鐵濤 主編, 『中國防疫史』, 南寧: 廣西科學技術出版社, 2006.

潘桂娟, 『中醫歷代名家學術研究叢書: 吳有性』, 北京: 中國中醫藥出版社, 2017.

常存庫, 『中國醫學史』, 北京: 中國中醫藥出版社, 2017.

梁其姿, 『施善與教化』, 北京: 北京師範大學出版社, 2013.

梁峻·鄭蓉·張磊 主編, 『疫病史鑒』, 北京: 中醫古籍出版社, 2020.

余新忠, 「淸代江南疫病救療事業探析-論淸代國家與社會對瘟疫反應」, 『歷史研究』6,
    2001.

_____, 『淸代江南的瘟疫與社會』, 北京: 中國人民大學出版社, 2003.

_____, 『瘟疫下的社會拯救』, 北京: 中國書店, 2004.

楊鵬程, 「淸季湖南疫災與防治」, 『湖南工程學院學報』16(2), 2006.

_____, 『湖南災荒史』, 湖南: 湖南人民出版社, 2008.

_____, 「1912年以前湖南的疫災流行與防治」, 『湖南城市學院學報』31(2), 2010.

楊鵬程·肖玄鬱, 「民國時期(1912-1928年)湖南省瘟疫的預防救治措施」, 『歷史教學』
    22, 2013.

楊湘容, 「試析1920年湖南瘟疫」, 『災害學』16(3), 2001.

易法銀·陽春林·朱傳湘, 『湖湘歷代名中醫傳略』, 湖南: 湖南科學技術出版社, 2009.

王蕾, 『明淸時期兩湖平原的自然災害與民間信仰』, 湖北: 武漢大學碩士學位論文, 1999.

李文海·夏明方·朱滸 主編, 『中國荒政書集成』(二冊), 天津: 天津古籍出版社, 2010.

_____ 主編, 『中國荒政書集成』(三冊), 天津: 天津古籍出版社, 2010.

李燦東 主編, 『中醫醫政史略』, 北京: 中國中醫藥出版社, 2015.

李玉尚, 「霍亂在中國的流行(1817-1821)」, 『歷史地理』17, 2001.

_____, 「近代中國的鼠疫應對機制 - 以雲南, 廣東和福建爲例」, 『歷史研究』1, 2002.

_____, 『環境與人 - 江南傳染病史研究(1820-1953)』, 復旦大學博士學位論文, 2006.

李向軍, 『淸代荒政研究』, 北京: 中國農業出版社, 1995.

林富士, 「瘟疫與政治: 傳統中國政府對於瘟疫的響應之道」, 『書城』, 2003.

張國剛 主編,『中國社會歷史評論』(3卷), 中華書局, 2001.

張國雄,『明淸時期的兩湖移民』, 陝西: 陝西人民教育出版社, 1995.

張兆裕,「明代萬曆時期災荒中的蠲免」,『中國經濟史硏究』3, 1999.

張牛美,「政府與疫病防治 ― 以1946-1948年間的漢口爲例」,『華中師範大學硏究生學報』2, 2008.

張雲,「1840−1937年間兩湖地區瘟疫初探」, 湖北: 武漢大學碩士學位論文, 2005.

蔣建平,『淸代前期米穀貿易硏究』, 北京: 北京大學出版社, 1992.

蔣仁梅,「明代湖南的朝賑硏究」, 湖南: 湖南科技大學碩士學位論文, 2008.

周榮,『明淸社會保障制度與兩湖基層社會』, 湖北: 武漢大學出版社, 2006.

陳可冀 主編, 周文泉 編著,『淸宮醫案硏究』, 北京: 中醫古籍出版社, 2003.

陳鋒,『明淸以來長江流域社會發展史論』, 湖北: 武漢大學出版社, 2006.

陳旭,「明代瘟疫與明代社會」, 西南大學碩士學位論文, 2011.

肖玄鬱,「民國前期(1912-1927)湖南疫災防治硏究」, 湖南科技大學碩士學位論文, 2011.

賀樂,「改土歸流後淸政府對永順府的控制」,『懷化學院學報』33(6), 2014.

湖南省會同縣志編纂委員會編,『會同縣志』, 北京: 生活·讀書·新知三聯書店, 1994.

胡玉,「宋代應對疾疫醫療措施初探」,『樂山師範學院學報』19(11), 2004.

5장 19세기 경화사족 홍길주의 자선 의국 용수원 구상

『숙수념』1·2, 박무영 역, 태학사, 2021.

『표롱을첨』상·중·하, 박무영 외 역, 태학사, 2006.

『항해병함』상·하, 박무영 외 역, 태학사, 2006.

『현수갑고』상·하, 박무영 외 역, 태학사, 2006.

김새미오, 「『서연문견록』에 보이는 연천 홍석주」, 『漢文學報』 18, 2008.

김성수, 「18세기 후반 의학계의 변화상: 『欽英』으로 본 조선후기 의학」, 『한국문화』 65, 2014.

김하라, 「『흠영』에 기록된 감염병의 경험」, 『국문학연구』 43, 2021.

김호, 「18세기 후반 居京 사족의 위생과 의료」, 『서울학연구』 11, 1998.

_____, 『허준의 동의보감 연구』 일지사, 2000.

_____ 「16~17세기 조선의 지방 의국 운영: 경북 영주의 濟民樓를 중심으로」, 『국학연구』 37, 2018.

_____, 「16세기 지방의 의서 편찬과 환난상휼의 實踐知」, 『조선시대사학보』 89, 2019.

_____ 「시골 양반 역병 분투기 ― 18세기 구상덕의 『승총명록』을 중심으로」, 『역사비평』 131, 2020.

_____, 「조선시대 제주의 주변성과 의료」, 『한국학연구』 59, 2020.

_____, 「정조대의 방역: 안전과 호혜의 모색」, 『민속학연구』 49, 2021.

_____, 「『마과회통』의 원경(遠景), 보식(保息)의 정치」, 『다산학』 40, 2022.

梁其姿, 『施善與教化: 明清的慈善組織』, 新北: 聯經, 1997.

夫馬進, 『中國善會善堂史研究』, 東京: 同朋舍出版, 1997.

신동원, 『호열자, 조선을 습격하다: 몸과 의학의 한국사』, 역사비평사, 2004.

우인수, 「조선후기 상주 존애원의 설립과 의료 기능」, 『대구사학』 104, 2011.

이홍식, 『홍길주의 꿈, 상상, 그리고 문학』, 태학사, 2009.

_____, 「항해 홍길주의 이용후생론 ― 醫藥에 대한 관심을 중심으로」, 『한국실학연구』 19, 2010.

周啓榮, 「醫治公衆: 清代士商社会的公共文化與慈善醫療服務」, 『新史學』 9, 2017.

최식, 「이헌명이 바라본 항해 홍길주」, 『동양한문학연구』 21, 2005.

_____, 『조선의 기이한 문장 ― 항해 홍길주 산문 연구』, 글항아리, 2009.

Columbian Centinel, 25 Jun. 1803.

이현주, 「제임스 스미스(James Smith, 1771-1841)의 두창 박멸의 꿈과 국가백신기구」, 『의사학』 31(70), 2022.

Becker, A. M., "Smallpox in Washington's Army: Strategic Implications of the Disease during the American Revolutionary War," *The Journal of Military History* 68, 2004.

Brunton, D., *The Politics of Vaccination: Practice and Policy in England, Wales, Ireland, and Scotland, 1800-1874*, New York: University of Rochester Press, 2013.

Cash, P., *Dr. Benjamin Waterhouse: A Life in Medicine and Public Service*, Massachusetts: Boston Medical Library & Science History Publications, 2006.

Colgrove, J., *State of Immunity: The Politics of Vaccination in Twentieth-Century America*, California: University of California Press, 2006.

_____, "'Science in a Democracy': The Contested Status of Vaccination in the Progressive Era and the 1920s," *Isis* 96, 2005.

Durbach, N., *Bodily Matters: The Anti-Vaccination Movement in England, 1853-1907*, North Carolina: Duke University Press, 2005.

Hervé, B., *Vaccination: A History from Lady Montagu to Genetic Engineering*, Arcueil: John Libbey Eurotext, 2011.

Hodge, J. G. Jr. & L. O. Gostin, "School Vaccination Requirements: Historical, Social, and Legal Perspectives," *Kentucky Law Journal* 90, 2002.

Huerkamp, C., "The History of Smallpox Vaccination in Germany: A First Step in the Medicalization of the General Public," *Journal of Contemporary History* 20, 1985.

Lee, H. J., "Public Health and the Emergence of New Clinical Settings for Smallpox Inoculation in Boston, 1753 to 1764," *The Korean Journal of American History* 43, 2016.

Lilienfeld, D. E., "The First Pharmacoepidemiologic Investigations: National Drug Safety Policy in the United States, 1901-1902," *Perspectives in Biology and Medicine* 51(2), 2008.

Lupton, A., "The Prussian Vaccination Law of 1835," *The British Medical Journal* 1(2252), 27 Feb. 1904.

Najera, R. F., "American Presidents and Vaccines: Thomas Jefferson and the Virginia Inoculation Riots," The History of Vaccines: An Educational Resources by the College of Physicians of Philadelphia, 20 Jun. 2021. https://historyofvaccines. org/blog/american-presidents-and-vaccines-thomas-jefferson-and-the-virginia-inoculation-riots

Rusnock, A., "Catching Cowpox: The Early Spread of Smallpox Vaccination, 1798-1810," *Bulletin of the History of Medicine* 83(1), 2009

Sköld, P., "From Inoculation to Vaccination: Smallpox in Sweden in the Eighteenth and Nineteenth Centuries," *Population Studies* 50, 1996.

_____, "Offer and Request: Preventive Measures against Smallpox in Sweden 1750-1900," *Health Transition Review* 7, 1997.

Wehrman, A. M., "The Siege of 'Castle Pox': A Medical Revolution in Marblehead, Massachusetts, 1764-1777," *The New England Quarterly* 82, 2009.

_____, *The Contagion of Liberty: The Politics of Smallpox in the American Revolution*, Baltimore: Johns Hopkins University Press, 2022.

Weir, J. M., "A Challenge to the Cause: Smallpox Inoculation in the Era of American Independence, 1764-1781," Ph.D. Dissertation, George Mason University, 2014.

"What is an Exemption and What Does it Mean?" Centers for Disease Control and Prevention vaccines site, 12 Oct. 2017. https://www.cdc.gov/

vaccines/imz-managers/coverage/schoolvaxview/requirements/exemption.
html#:~:text=All%20states%20and%20the%20District,for%20religious%20or%20
philosophical%20reasons

Willrich, M., *Pox: An American History*, London: Penguin Books, 2011.

Wolfae, R. M. & L. K. Sharp, "Anti-Vaccinationists Past and Present," *British Medical Journal* 325, 2002.

7장 무균 사회의 욕망과 한센병 통제 제도의 변화와 지속

갱생원, 『갱생원연보』, 1995.

국가인권위원회, 『한센인 인권 실태조사』, 2005.

국립소록도갱생원, 『소록도 갱생원 연보』, 1958.

국립소록도병원, 『한센병 그리고 백년의 성찰: 의료편』, 2017.

대한나관리협회, 『연보』, 1985.

_____, 『한국나병사』, 1988.

『東醫寶鑑』

보건사회부, 『나병관리세미나자료』, 1970.

_____, 『나병관리사업지침』, 1973.

_____, 『만성병관리사업지침』, 1983.

_____, 『나병관리사업지침』, 1984.

_____, 『한센인 피해사건 진상조사 보고서』, 2011.

소록도갱생원, 『연보』, 1957.

Cantlie, J., *Report On The Conditions Under Which Leprosy Occurs In China, Indo-China, Malaya, The Archipelago, And Oceania: complied chiefly during 1894,*

London: MacMillan and Co. , 1897.

Dharmendra, 『한국 나 관리 사업 보고서(*Report on Leprosy Control Project in Korea*)』, 보건사회부, 1966.

갈승철, 「한국나병의 역사적 고찰」, 『대한나학회지』 1(1), 1960, 13-31쪽.

김재형, 『한센인의 격리제도와 낙인차별에 관한 연구』, 서울대학교 사회학과 박사학위 논문, 2019a.

_____, 「"부랑나환자" 문제를 둘러싼 조선총독부와 조선사회의 경쟁과 협력」, 『민주주의와 인권』 19(1), 2019b, 123-161쪽.

_____, 「식민지기 한센병 환자를 둘러싼 죽음과 생존」, 『의사학』 28(2), 2019c, 469-508쪽.

_____, 「한센병 치료제의 발전과 한센인 강제격리정책의 변화」, 『의료사회사연구』 3, 2019d, 5-40쪽.

박윤재, 「19세기 말 - 20세기 초 병인론의 전환론과 도시위생」, 『도시연구』 18, 2017, 7-30쪽.

신동원, 「세균설과 식민지 근대성 비판」, 『역사비평』 58, 2002.

_____, 『호환 마마 천연두: 병의 일상 개념사』, 돌베개, 2013.

오중근 · 유준, 「한국 나병의 관리 및 추세」, 『대한나학회지』 7(1), 1970, 1-28쪽.

유상현, 「나병과 세균 검사」, 『서광(*Vision*)』 1(5), 1963.

유준 · 정민, 「"트립신" 소화법에 의한 나의 조기진단과 조기증상의 재검토」, 『나학회지』 1(1), 1960, 53-61쪽.

이학송, 「대한나병협회의 나갈 길」, 『나병관리세미나자료』, 보건사회부, 1970, 135-142쪽.

정근식, 「한국에서 근대적 나(癩)구료의 형성」, 『보건과 사회과학』 1(1), 1997a, 1-30쪽.

_____, 「식민지적 근대와 신체의 정치」, 『사회와 역사』 51, 1997b, 211-265쪽.

정민, 「"한센"씨병 이란 어떠한 것인가?: (2) 세균학적 검사」, 『서광(*Vision*)』 1(2), 1963, 4쪽.

최시룡, 「흉골골수천자에 의한 나의 진단」, 『대한나학회지』 2(1), 1963, 57-69쪽.

국가와 감염병

하용마, 「환자발견」, 『나병관리세미나자료』, 보건사회부, 1970, 65-74쪽.

Allen, H. N., 「Report on the Health of Seoul(Corea, 1885)」, 여인석 옮김, 『알렌의 의료보고서』, 역사공간, 2016.

Allen, H. N. & J. W. Heron, 「First Annual Report of the Korean Government Hospital, Seoul(1886)」, 여인석 역, 『알렌의 의료보고서』, 역사공간, 2016.

Gelber, R. H. & J. Grosset, "The chemotherapy of leprosy: An interpretive history," *Leprosy Review* 83, 2012, pp. 221-240.

Gussow, Z., *Leprosy, Racism and Public Health*, Colorado: Westview Press, 1989.

Kraut, A. M., *Silent Travelers: Germ, Genes, and The "Immigrant Menace,"* Baltimore and London: The Johns Hopkins University Press, 1994.

Leung, A. Ki Che, *Leprosy in China: A History,* New York: Columbia University Press, 2009.

Lie, H. P., "Work in Norway," *Leprosy Review* 1(2), 1928, pp. 8-14.

Noussitou, F. M., 「Analysis of present organization, allocation of resources and operational achievements of the Leprosy Control Programme in Korea」, 『나병관리세미나자료』, 보건사회부, 1970, 45-51쪽.

Pandya, S. S., "The First International Leprosy Conference, Berlin, 1897: the politics of segregation," *História, ciências, saúde—Manguinhos* 10(1), 2003, pp. 161-177.

Parascandola, J., "Miracle at Carville: The Introduction of Sulfones for the Treatment of Leprosy," *Pharm. Hist* 40, 1998, pp. 59-66.

Tomes, N., *The Gospel of Germs*, Massachusetts: Harvard University Press, 1998.

Wilson, R. M. & T. I. Kang, "Statistical data of 709 Korean cases of leprosy," *International Journal of Leprosy* 2(4), 1934, pp. 447-451.

藤野豊 編, 『歴史のなかの「癩者」』, 東京: ゆみる出版, 1996.

8장 기후변화, 흑사병 그리고 대전환

Biraben, J.-N., *Les hommes et la peste en France et dans des pays européens et méditerranéens 2*, Paris, 1975-1976.

Chronicon Abbatie de Parco Lude, E. Venables (ed.), Lincs. Rec. Soc., 1891.

Chronicon Henrici Knighton, J. R. Lumby (ed.), Rolls Ser., 1889.

Die Chroniken des Wigand Gerstenberg von Frankenberg, H. Diemar (ed.), Marburg, 1909.

김범영, 『지구의 대기와 기후변화』, 학진북스, 2014.

램, 허버트 H., 『기후와 역사』, 김종규 역, 한울, 2004.

러디먼, 윌리엄 F., 『지구의 기후변화: 과거와 미래』(3판), 이준호·김종규 역, 시그마프레스, 2015.

박흥식, 「흑사병과 중세 말기 유럽의 인구문제」, 『서양사론』 93, 2007, 5-32쪽.

_____, 「중세 말 도시의 환경문제와 대응」, 『서양사론』 100, 2009, 39-63쪽.

베링어, 볼프강, 『기후의 문화사』, 안병옥·이은선 역, 공감, 2010.

브로델, 페르낭, 『물질문명과 자본주의』 I-1, 주경철 역, 까치, 1995.

스콧, 수잔·크리스토퍼 던컨, 『흑사병의 귀환』, 황정연 역, 황소자리, 2005.

아부-루고드, 재닛, 『유럽 패권 이전. 13세기 세계체제』, 박흥식·이은정 역, 까치, 2006.

페이건, 브라이언, 『기후는 역사를 어떻게 만들었는가. 소빙하기 1300-1850』, 윤성옥 역, 중심, 2000.

Aberth, J., *From the Brink of the Apocalypse. Confronting Famine, War, Plague and Death in the Later Middle Ages*, 2nd ed., New York: Routledge, 2010

Allmand, C., *The Hundred Years War. England and France at War c.1300-c.1450*, Revised ed., Cambridge: Cambridge University Press, 2001.

Altizer, S., et al., "Climate Change and Infectious Diseases. From Evidence to a

Predictive Framework," *Science* 341, 2013, pp. 514-519.

Appleby, A. B., "The Disappearance of Plague: A Continuing Puzzle," *The Economic History Review* 33(2), 1980, pp. 161-173.

Ari, T. B. et al., "Plague and Climate; Scales Matter," *PLoS Pathogens* 7(9), 2011, pp. 1-6.

Baillie, M. G. L., *New light on the Black Death: the cosmic connection*, Stroud: The History Press, 2006.

Bartlett, K. R. (ed.), *The Civilization of Italian Renaissance*, Toronto: University of Toronto Press, 1992.

Bazanova, L. P. et al., "Seasonal peculiarities of plague agent (Yersinia pestis) transmission to the long-tailed suslik by fleas (Citellophilus tesquorum) in Tuva," *Zoologichesky Zhurnal* 86, 2007, pp. 846-852.

Bowsky, W., *The Finance of the Commune of Siena, 1287-1355*, Oxford: Clarendon Press, 1970.

Büntgen, U. et al., "Digitizing Historical Plague," *Clinical Infectious Diseases* 55(11), 2012, pp. 1586-1588.

Campbell, B. M. S., "Nature as historical protagonist: environment and society in pre-industrial England," *The Economic History Review* 63(2), May 2010, pp. 281-314.

_____, *The Great Transition. Climate, Disease and Society in the Late-Medieval History*, Cambridge: Cambridge University Press, 2016.

Cui, Y. et al., "Historical variations in mutation rate in an epidemic pathogen, Yersinia pestis," *PNAS* 110(2), 2013, pp. 577-582.

Dols, M. W., *The Black Death in the Middle East*, Princeton: Princeton University Press, 1977.

Earn, D. J. D. et al., Acceleration of plague outbreaks in the second pandemic, *PNAS* 117(44), Nov. 2020, pp. 27703-27711.

Eisen, R. J. & K. Gage, "Transmission of flea-borne zoonotic agents," *Annual Review Entomology* 57, 2012, pp. 61-82.

Gottfried, R. S., "Epidemic Disease in Fifteenth Century England," *The Journal of Economic History* 36(1), 1976, pp. 267-270.

_____, *The Black Death. Natural and Human Disaster in Medieval Europe*, New York/London: The Free Press, 1983.

Green, M., "The Four Black Deaths," *The American Historical Review* 125(5) 2020, pp. 1600-1631.

Grove, J. M., *Little ice ages: ancient and modern*, London: Routledge, 2004.

Hatcher, J., *Plague, Population and the English Economy*, London: Springer, 1977.

Jackson, P., *The Mongols and the West, 1221-1410*, Harlow: Pearson Longman, 2005.

Kausrud, K. L. et al., "Climatically driven synchrony of gerbil populations allows large-scale plague outbreaks," *Proceedings of the Royal Society B: Biological Sciences* 274(1621), 2007, pp. 1963-1969.

_____, "Modeling the epidemiological history of plague in Central Asia: Palaeoclimatic forcing on a disease system over the past millennium," *BMC Biology* 8(112), 2010, pp. 1-14.

Kedar, B. Z., *Merchants in Crisis: Genoese and Venetian Men of Affairs and the Fourteenth-Century Depression*, New Haven: Yale University Press, 1976.

Kershaw, I., "The Great Famine and Agrarian Crisis in England," *Past & Present* 59(1), 1973, pp. 3-50.

Ladurie, E. Le R., "Un Concept: L'Unification Microbienne du Monde (XIV°-XVII° Siècles)," *Schweizerische Zeitschrift für Geschichte* 23, 1973, pp. 627-696.

Lane, F. C., *Venice, A Maritime Republic*, Baltimore: Johns Hopkins University Press, 1973.

Lee, H. F. et al., "Climate change, population pressure, and wars in European history," *Asian Geographer* 36(1), 2019, pp. 29-45.

Mann, M. E. et al., "Underestimation of volcanic cooling in tree-ring-based reconstructions of hemispheric temperatures," *Nature Geoscience* 5, 2012, pp. 202-205.

McMichael, A. J., "Paleoclimate and bubonic plague: a forewarning of future risk?" *BMC Biology* 8(108), 2010, pp. 1-3.

Monecke, S. et al., "Modelling the black death. A historical case study and implications for the epidemiology of bubonic plague," *International Journal of Medical Microbiology* 299(8), 2009 pp. 582-593.

Newfield, T. P., "A cattle panzootic in early fourteenth-century Europe," *The Agricultural History Review* 57(2), 2009, pp. 155-190.

Nicholas, D. M., *Medieval Flanders*, London: Routledge, 1992.

Ottersen, G. et al., "Ecological effects of the North Atlantic Oscillation," *Oecologia* 128(1), 2001, pp. 1-14.

Ostfeld, R. S., "Climate change and the distribution and intensity of infectious diseases," *Ecology* 90(4), 2009, pp. 903-905.

Pfister, C. et al., "Winter severity in Europe: The fourteenth century," *Climatic Change* 34(1), 1996, pp. 91-108.

Raftis, J. A., *The estates of Ramsey Abbey*, Toronto: Pontifical Institute of Mediaeval Studies, 1957.

Reijniers, J. et al., "Plague epizootic cycles in Central Asia," *Biology Letters* 10(6), 2014, pp. 1-4.

Samia, N. I. et al., "Dynamics of the plague—wildlife—human system in Central Asia are controlled by two epidemiological thresholds," *PNAS* 108(35), 2011, pp. 14527-14532.

Schmid, B. V. et al., "Climate-driven introduction of the Black Death and successive plague reintroductions into Europe," *PNAS* 112(10), 2015, pp. 3020-3025.

Semenza, J. C. & B. Menne, "Climate Change and Infectious Diseases in Europe," *Lancet Infect Dis* 9, 2009, pp. 365-375.

Slack, P., "The Disappearance of Plague: An Alternative View," *The Economic History Review* 34(3), 1981, pp. 469-476.

Stenseth, N. C. et al., "Plague dynamics are driven by climate variation," *PNAS* 103(35), 2006, pp. 13110-13115.

Titow, J. Z., "Evidence of Weather in the Account Rolls of the Bishopric of Winchester, 1209-1350," *The Economic History Review* 12(3), 1960, pp. 385-386.

Waley, D. & P. Denley, *Later Medieval Europe 1250-1520*, 3rd ed., London: Routledge, 2001.

Winks, R. W. & T. F. Ruiz, *Medieval Europe and the World. From Late Antiquity to Modernity, 400-1500*, Oxford: Oxford University Press, 2005.

Yue, R. P. H. et al., "Examining the Direct and Indirect Effects of Climatic Variables on Plague Dynamics," *Atmosphere* 11(4), 2020, pp. 1-17.

Yue, R. P. H. & H. F. Lee, "The delayed effect of cooling reinforced the NAO-plague connection in pre-industrial Europe," *Science of the Total Environment* 762, 2021, pp. 1-9.

Zhang, D. D. et al., "The causality analysis of climate change and large-scale human crisis," *PNAS* 108(42), Oct. 2011, pp. 17296-17301.

9장 세계화 시대, 신종감염병의 습격과 대응: 메르스를 중심으로

감사원, 『감사결과보고서 - 메르스 예방 및 대응 실태』, 2016.

국립중앙의료원, 『국립중앙의료원 메르스 비상대응 60일의 기록』, 2015.

_____,『국립중앙의료원 메르스 비상대응 70일의 기록』, 2015.

_____,『2015 국립중앙의료원 메르스 비상대응 백서』, 2015.

_____,『메르스(MERS) 감염병관리기관 실무대응지침(v1.0, v1.1, v1.2, v1.3, v1.4, v2.0, v2.1, v2.2)』, 2015.

국회 중동호흡기증후군 대책 특별위원회,『중동호흡기증후군 대책 특별위원회 활동결과보고서』, 2015, 505쪽.

대한감염학회,『대한감염학회 백서 - 메르스 연대기』, 2017.

보건복지부,『2015 보건복지부 메르스 백서(본책)』, 2016.

질병관리본부,『2018년 메르스 중앙방역대책본부 백서』, 2019.

안명옥,「기후변화와 한국의 감염병: 메르스와 최근 감염병 중심으로」,『생태환경과 역사』 5, 2019, 31-67쪽.

_____,「세계화 시대, 신종감염병의 습격과 대응 - 메르스를 중심으로」,『이화사학 연구』 64, 2022, 33-107쪽.

이종훈,「연속된 감염경로, 단절된 정보경로: 캐나다 사스(SARS) 사태와 한국 메르스(MERS) 사태의 교훈」,『한국사회』 21(1), 2020, 63-100쪽.

이현숙·박진서,「2015년 한국 메르스 사태의 회고 - 제3대 국립의료원 원장 안명옥 인터뷰」,『생태환경과역사』 5, 2019, 137-209쪽.

전상일·지근화,「실력이 준비고, 힘이다」,『메르스의 영웅들, 우리가 기억해야 할 어떤 이야기』, 둘다북스, 2016.

Sneader, K. & S. Singhal, "Beyond coronavirus pandemic: The path to the next normal", 23 Mar., 2020.

https://www.mckinsey.com/industries/healthcare-systems-and-services/our-insights/beyond-coronavirus-the-path-to-the-next-normal.

10장 2000년대 글로벌 전염병 거버넌스의 변화

『관보』

『국민일보』

『매일경제』

『문화일보』

『미군정관보』

『서울신문』

『제6차 보건복지위원회 회의록』

『한겨레』

『한겨레21』

New York Times

국가과학기술자문회의, 『과학기술기반 신흥안보(Emerging Security) 대응 방안』, 2015.

보건복지부, 『1999년 보건복지백서』, 2000.

_____, 『2002년 보건복지백서』, 2003.

_____, 『신종 및 재출현 전염병의 위기관리를 위한 국가전략 개발 연구』, 2000.

질병관리본부, 『2004 질병관리백서』, 2005.

Bryan, R. T. et al., "Addressing Emerging Infectious Disease Threats: A Prevention Strategy for the United States: Executive Summary," *Morbidity and Mortality Weekly Report* 43(RR-5), 1994, pp. 1-16.

CDC, "Achievements in Public Health, 1900-1999: Control of Infectious Diseases," *Morbidity and Mortality Weekly Report* 48(29), 1999, pp. 621-648.

Howard-Jones, N., *The Scientific Background of the International Sanitary Conferences 1851-1938*, Geneva: World Health Organization, 1975.

IHR Review Committee, *Report of the Review Committee on the Functioning of the*

International Health Regulations (2005) During the Covid-19 Response, 2021.

Kamradt-Scott, A. et al., "The International Health Regulations (2005): Asia's Contribution to a Global Health Governance Framework," *Asias Role in Governing Global Health*, K. Lee et al. (eds.), London: Routledge, 2013, pp. 83-98.

King, N. B., "The Scale Politics of Emerging Diseases," *Osiris* 19, 2004, pp. 62-76.

Lederberg, J. et al., *Emerging Infections: Microbial Threats to Health in the United States*, Washington, D.C.: National Academy Press, 1992.

Lee, H. Y. et al., "Public Health Crisis Preparedness and Response in Korea," *Osong Public Health and Research Perspectives* 4(5), 2013, pp. 278-284.

Leonhardt, D. & L. Leatherby, "Where the Virus Is Growing Most: Countries with 'Illiberal Populist' Leaders," *New York Times*, 10 Jun. 2020.

Weir, L. & E. Mykhalovskiy, *Global Public Health Vigilance: Creating a World on Alert*, London: Routledge, 2016.

World Health Organization, *Communicable Disease Prevention and Control: New, Emerging, and Re-Emerging Infectious Diseases*, WHA48, 1995.

_____, *Revision and Updating of the International Health Regulations*, WHA48, 1995.

_____, *Constitution of the World Health Organization*, 1948.

_____, *Emerging and Other Communicable Diseases: Strategic Plan: 1996-2000*, 1996.

_____, "Emerging Infectious Diseases," *Bulletin of the World Health Organization* 72(6), 1994, pp. 845-850.

_____, *Frequently Asked Questions About the International Health Regulations*, 2005.

_____, *Global Crises, Global Solutions: Managing Public Health Emergencies of International Concern through the Revised International Health Regulations*, 2002.

_____, *Global Health Security: Epidemic Alert and Response*, WHA44, 2001.

_____, *Global Public Health Response to Natural Occurrence, Accidental Release or Deliberate Use of Biological and Chemical Agents or Radionuclear Material That Affect Health*, WHA55, 2002.

_____, *International Health Regulations(1969)*, 1983.

_____, *Proposal for Amendments to the International Health Regulations (2005) (A75/18)*, 2022.

_____, *The World Health Report 2007*, 2007.

_____, Regional Office for South-East Asia, *Revision of the International Health Regulations*, RC51, 1998.

Plotkin, B. J. et al., "Infectious Disease Surveillance and the International Health Regulations," *Infectious Disease Surveillance*, N. M. Mikanatha et al. (eds.), New Jersey: Blackwell Publishing Ltd., 2007, pp. 18-31.

Global Health Security Initiative, "Health Ministers Take Action to Improve Health Security Globally," Ministerial Statements, Ottawa, 2001. http://ghsi.ca/ministerial-statements/ottawa-november-2001/ (2023.01.16. 검색).

Independent Panel for Pandemic Preparedness and Response, "Covid-19: make it the last pandemic," 2021. https://theindependentpanel.org/wp-content/uploads/2021/05/COVID-19-Make-it-the-Last-Pandemic_final.pdf (2023.01.16. 검색).

R. Habib et al, "Do not violate the International Health Regulations during the COVID-19 outbreak." https://doi.org/10.1016/S0140-6736(20)30373-1 (2023.01.16. 검색).

찾아보기

〈표지 그림 설명〉

 코로나 바이러스 (관련 장: 1장, 10장)

 1665년 런던 페스트 유행과 시신 수거 (관련 장: 1장)

 국립중앙의료원 (관련 장: 9장)

 식민지 조선에서 호구 검역 (관련 장: 2장)

 1630년 밀라노 페스트 유행 때 산 바빌라 광장 [Melchiorre Gheradini, circa 1630] (관련 장: 1장)

 1872년 뉴욕 빈민의 백신 접종[Solomon Eytinge Jr., 1873] (관련 장: 6장)

뒤표지 그림 | 존 그란트의 『사망표에 대한 자연적 그리고 정치적 관찰』 1676 출판본 표지 (관련 장: 1장)